図解 面白いほどよくわかる!

日本史

橋場日月

西東社

もくじ

●本書は特に明記しない限り、2019年3月1日現在の情報に基づいています。
●人名が複数ある場合は、最も一般的なものを掲載しています。
●人物の生没年に関しては、異説があるものもあります。

第4章 戦国時代～安土桃山時代

第5章 江戸時代

第1章 縄文時代～奈良時代

- 約5000年前　火焔土器の出現
- 紀元前5世紀　稲作の開始
- 239年頃　卑弥呼が魏に遣使
- 300年頃　大規模古墳の出現
- 607年　第２回遣隋使の派遣
- 645年　大化の改新
- 672年　壬申の乱
- 694年　藤原京遷都
- 751年　東大寺大仏殿の完成

縄文時代 ⇔ 奈良時代

天皇を頂点とする律令国家が成立！

大和政権は、聖徳太子の政策や大化の改新を通して、天皇中心の律令国家を確立させる。藤原京、平城京などの巨大な都城が築かれ、東大寺には大仏が造立された。

607年 （▶P15）

第2回遣隋使派遣

日本から隋へ向かう遣隋使船。

645年 （▶P16）

大化の改新（乙巳の変）

蘇我入鹿を襲う中大兄皇子と中臣鎌足。

古墳時代／飛鳥時代

年	年表
587	蘇我馬子が物部守屋を滅ぼす
593	聖徳太子が推古天皇の摂政となる
600	第1回遣隋使の派遣
603	**冠位十二階**の制定
604	**憲法十七条**の制定
607	小野妹子らを**遣隋使**として隋に派遣
608	小野妹子、裴世清らとともに帰国
620	聖徳太子、『天皇記』『国記』を著す
626	蘇我蝦夷、大臣に就任
630	第1回遣唐使の派遣
642	蘇我入鹿、国政に参加する
643	蘇我入鹿、山背大兄王を襲撃
645	**大化の改新**（乙巳の変）
646	改新の詔
660	百済の滅亡
663	**白村江の戦い**
671	大友皇子、太政大臣に就任
672	**壬申の乱**で大海人皇子が勝利
673	大海人皇子が天武天皇として即位
684	八色の姓の制定

天皇：推古／舒明／皇極／孝徳／斉明／天智／弘文／天武

人物生没年

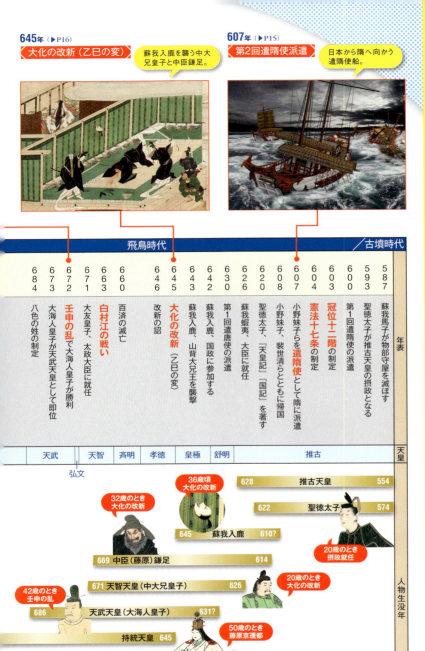

751年（▶P22）
大仏殿完成
聖武天皇が完成させた東大寺大仏殿。

694年（▶P20）
藤原京遷都
日本最初の本格的都城・藤原京の大内裏。

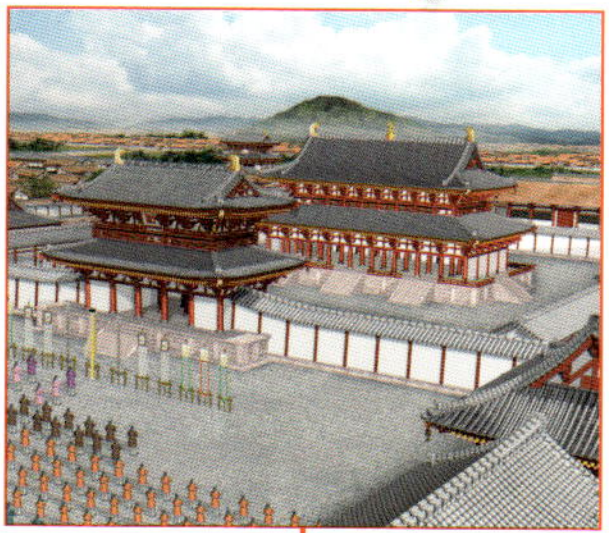

672年（▶P18）
壬申の乱
壬申の乱の舞台となった瀬田の唐橋。

時代	年	できごと
奈良時代以前	690	持統天皇が即位
	694	**藤原京**に遷都
	701	大宝律令の制定
	708	和同開珎を発行
奈良時代	710	**平城京**に遷都
	712	『古事記』が成立
	720	『日本書紀』が成立
	723	三世一身法の制定
	724	聖武天皇が即位
	729	長屋王の変
	737	藤原四兄弟が天然痘で死去
	740	藤原広嗣の乱
	743	墾田永年私財法の制定
		大仏造立の詔
	751	**東大寺大仏殿**の完成
	752	大仏開眼供養
	754	鑑真が来日し、東大寺戒壇院を築く
	764	藤原仲麻呂（恵美押勝）の乱
	769	宇佐八幡神託事件
	781	桓武天皇が即位
	784	長岡京に遷都
	788	最澄が比叡山寺（延暦寺）を創建
平安時代	794	**平安京**に遷都

天皇：持統｜文武｜元明｜元正｜聖武｜孝謙｜淳仁｜称徳｜光仁｜桓武

人物	生年	没年
吉備真備	693?	775
聖武天皇	701	756
孝謙天皇	718	770
大伴家持	718?	785
和気清麻呂	733	799
桓武天皇	737	806
藤原不比等		720
行基		749
鑑真	688?	763

25歳のとき入唐

51歳のとき東大寺大仏殿完成

37歳のとき宇佐神宮神託事件

43歳のとき大宝律令編纂

702

76歳のとき大仏造立の詔

堺市博物館蔵

67歳のとき来日

約5000年前 縄文時代

火焔《かえん》土器の出現
世界に類を見ない独自の縄文文化が発展

縄文時代のおもな遺跡

笹山遺跡出土の火焔土器。十日町市博物館蔵

亀ケ岡遺跡から出土した遮光器土偶の石像。

笹山《ささやま》遺跡（新潟県）
縄文中期の集落遺跡で、出土した火焔土器約20点は、国宝に指定されている。

三内丸山《さんないまるやま》遺跡（青森県）
縄文中期～後期の大規模集落遺跡で、６本の巨大な柱の建物跡や、大型竪穴式住居跡が発見された。

亀ケ岡《かめがおか》遺跡（青森県）
縄文晩期の集落遺跡で、漆や文様で飾られた「亀ケ岡式土器」が出土した。

福井洞穴《ふくいどうけつ》（長崎県）
約1万2000年前の縄文草創期の遺跡。石器のほかに、隆起線文《りゅうきせんもん》土器や爪形文《つめがたもん》土器が出土した。

大湯環状列石《おおゆかんじょうれっせき》（秋田県）
縄文後期の遺跡。ふたつの環状列石があり、「日時計」と呼ばれる特殊な遺構がある。

鳥浜《とりはま》貝塚（福井県）
縄文草創期～前期の貝塚で、弓や漁網などが出土。栽培種であるヒョウタンやエゴマの種子も発見された。

上野原《うえのはら》遺跡（鹿児島県）
縄文早期、約9500年前の集落遺跡で、日本最古の大規模定住集落とされる。

大森《おおもり》貝塚（東京都）
縄文後期～晩期の貝塚で、1877年に、アメリカの動物学者モースが発見した。

日本人の先祖の生活が様変わりした

旧石器時代、人は獲物を追って移動しながら食糧を確保した。だが地球が氷河期から温暖期に入ると**マンモス**を代表とする大型哺乳《ほにゅう》類《るい》は姿を消し、人は豊かな土地に**竪穴式住居《たてあなしき》**などで定住する生活へと移行する。同時に、すでに1万6500年前には出現していた土器が、この時代になって**縄文土器**、そして**火焔《かえん》土器**へと変化を遂げていく。中期頃には**陸稲耕作《りくとう》**も大陸から伝わったとされ、日本人の生活は大きく転換した。

日本史余話

大陸からやって来た日本人の祖先

日本人の祖先は、大陸の古モンゴロイドといわれる。縄文時代には、新モンゴロイドも渡ってきたという。

新モンゴロイド
寒冷地で適応し、縄文時代頃に南下して、一部が日本に上陸
2万年前頃に移動
古モンゴロイド
約3万年前の日本

稲作の開始
食糧の安定供給を実現した稲の栽培

稲作の伝播経路
ジャポニカ（稲の短粒種《たんりゅうしゅ》）は、長江中・下流域で誕生し、朝鮮半島や東シナ海を経由して日本に伝わったと考えられている。
黄河
淮河
長江
長江中・下流域
アッサム・雲南
西江
登呂
板付
おもな稲作遺跡

ねずみ返し

高床式倉庫《たかゆかしき》
収穫した米を貯蔵するための倉庫。湿気やねずみから米を守る。

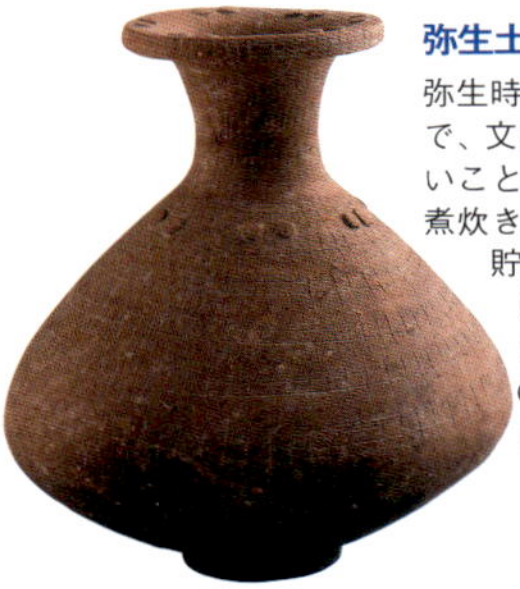

弥生土器
弥生時代の土器で、文様が少ないことが特徴。煮炊き用の甕《かめ》や、貯蔵用の壺《つぼ》（写真）、盛り付け用の高杯《たかつき》などがある。

銅鐸《どうたく》（復元）
弥生時代に製造された釣鐘《つりがね》型の青銅器。宗教的儀式に祭器として使用されたと考えられている。写真は古代の製法で再現された銅鐸。

水稲耕作の様子
竪穴式住居
地面を約50cm掘り下げて建てた半地下式の住居。
荒起《あらお》こし
田植え前に鋤《すき》などで田を掘り起こす。
代掻《しろか》き
田植え前に、田を平にする。
田植え
苗を田に植える。
畔《あぜ》づくり
田に水をためるため、堤をつくる。

中国
縄文時代
B.C. 600
500
稲作の開始
400
春秋戦国時代
300
200
秦
弥生時代
100
前漢
0
新
100
後漢
200

水稲は暮らしを支える一方、貧富の差も生んだ

縄文時代晩期に伝来した水稲耕作は、水の豊かな日本の気候に適合して列島各地へと伝播《でんぱ》していった。農作業を省力化するために**打製石器**はより鋭利な**磨製石器**に進化し、**青銅・鉄**の金属製農工具も大陸から取り入れられた。こうした先端技術とともに、**ムラ**は強力な指導者のもと、共同で水田を開拓・運営し大型化する。団結の象徴である**銅鐸**は同時に強者と弱者の貧富の差の発生をも表した。土器も、より高い温度で焼き上げられた実用的な**弥生土器**に移行した。人々は**苧麻《からむし》**の**繊維**で布を織り、衣服としたらしい。

弥生文化の特徴

1. 水稲耕作の普及
2. 弥生土器の製作
3. 青銅器・鉄器の使用
4. 磨製石器の使用
5. 機織り技術の導入

239年頃
弥生時代

卑弥呼が魏《ぎ》に使いを送る
中国の歴史書に名を残した邪馬台国の女王

復元された卑弥呼の館
邪馬台国は、外堀をめぐらして柵で囲み、物見櫓《ものみやぐら》で監視をしていたと考えられている。卑弥呼は、館の奥深くにひそんで姿を現さず、卑弥呼の言葉は弟から人々に伝えられた。

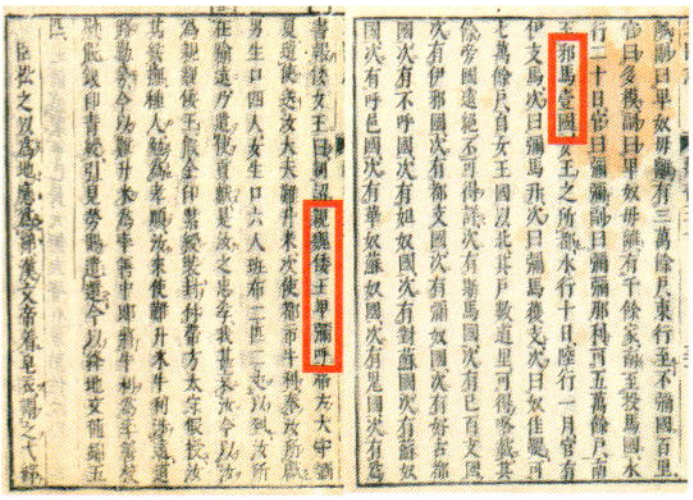

『魏志』倭人伝
『魏志』倭人伝とは、中国の歴史書『三国志』の中の『魏志』東夷伝倭人条の略称。「邪馬壹国」「親魏倭王卑弥呼」などの文字が見られる。

当時は今とは逆の左前で服を着た。

吉野ケ里遺跡《よしのがりいせき》
佐賀県にある吉野ケ里遺跡は、弥生時代で最大級の環壕集落遺跡。外壕で囲まれた集落には十数棟の竪穴式住居が建ち並び、邪馬台国を想起させる。

卑弥呼《ひみこ》（生没年不詳）
邪馬台国を呪術によって治めた巫女《みこ》的な女王。中国の魏に使いを送り、「親魏倭王」の称号を得る。

神託を告げ大衆の心をとらえた謎の女王・卑弥呼

後漢《ごかん》の時代（57年）、**奴国《なこく》**（現在の福岡市付近）が**光武帝《こうぶてい》**に朝貢して印を授かったことが『**後漢書《ごかんじょ》**』**東夷伝《とういでん》**に記され、江戸時代に「漢の倭の奴《わのな》の国王」の金印が博多湾の**志賀島《しかのしま》**で発見されている。それから2世紀ほど経った弥生時代末期、中国は魏《ぎ》・呉《ご》・蜀《しょく》の三国時代だった。魏の史書『**魏書《ぎしょ》**』**東《とう》夷伝倭人《いでんわじん》**の条にこうある。「**邪馬壹国**（**邪馬台国《やまたいこく》**）は女王が治めるところだ」。邪馬台国の女王が、魏に使者を送り込んだのだ。

女王は**卑弥呼《ひみこ》**と呼ばれる**鬼道《きどう》**の遣《つか》い手（巫女《げじょ》）で、独身を守り、宮殿の奥で下女1000人にかしずかれて表には姿を現さず、弟が国政を補佐した、と同書は記す。魏の明帝《めいてい》から「**親魏倭王《しんぎわおう》**」の呼称とともに金印を授かった卑弥呼は、その権威を背景に王国の安定を図ったが、やがて南の**狗奴国《くなこく》**との争いがはじまり、そのさなかに卑弥呼は世を去った。邪馬台国が九州にあったのか大和にあったのか、現在もその真実は明らかになっていない。

中国
B.C.600
縄文時代
春秋戦国時代
400
秦
200
前漢
弥生時代
0
新
後漢
200
卑弥呼が魏に遣使
魏晋南北朝
古墳時代
400

300年頃
古墳時代

巨大化した日本独自の陵墓"前方後円墳"

大規模古墳の出現

近畿地方のおもな前方後円墳

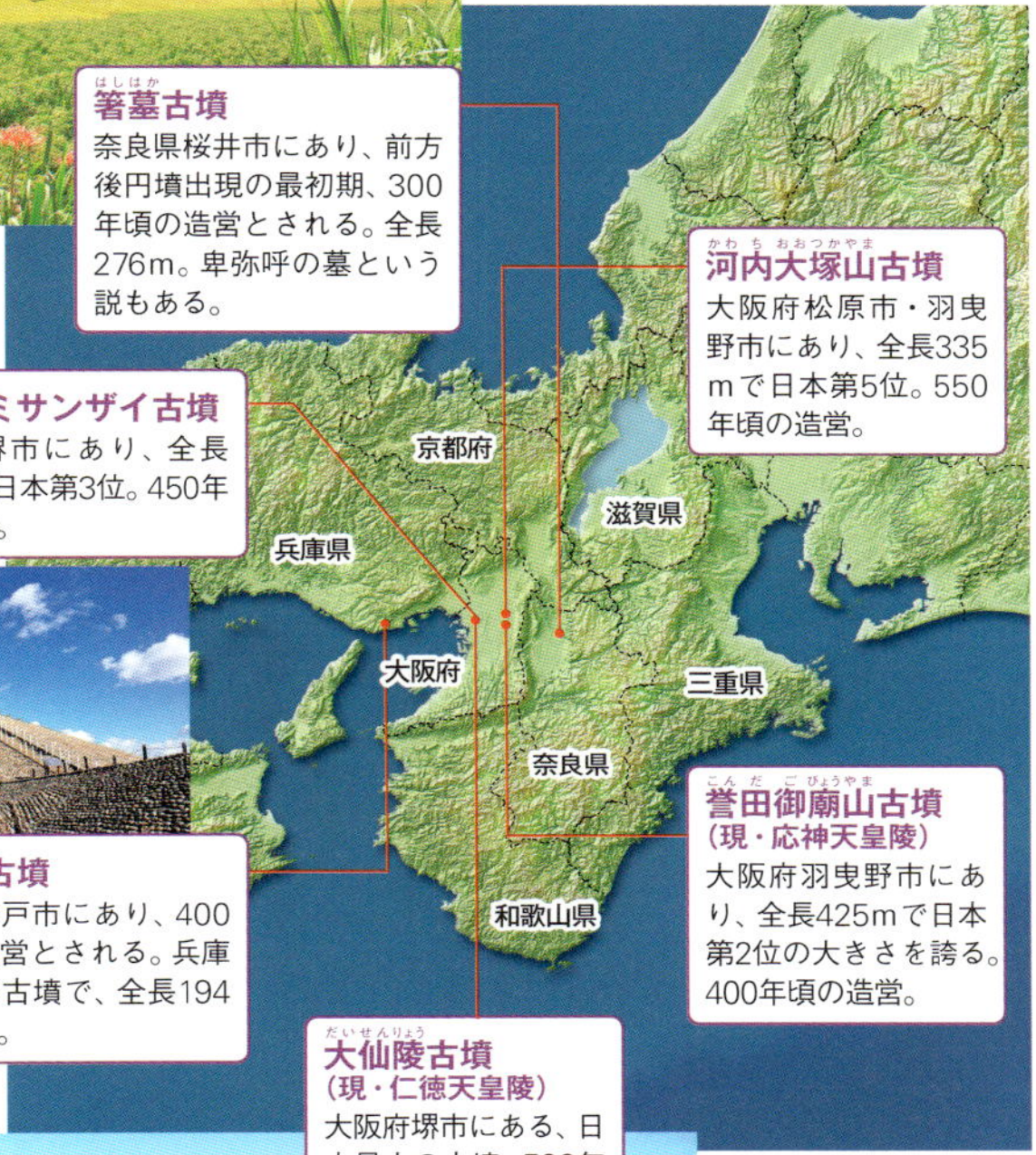

箸墓《はしはか》古墳
奈良県桜井市にあり、前方後円墳出現の最初期、300年頃の造営とされる。全長276m。卑弥呼の墓という説もある。

河内大塚山《かわちおおつかやま》古墳
大阪府松原市・羽曳野市にあり、全長335mで日本第5位。550年頃の造営。

上石津《かみいしつ》ミサンザイ古墳
大阪府堺市にあり、全長365mで日本第3位。450年頃の造営。

五色塚《ごしきづか》古墳
兵庫県神戸市にあり、400年頃の造営とされる。兵庫県最大の古墳で、全長194mである。

誉田御廟山《こんだごびょうやま》古墳（現・応神天皇陵）
大阪府羽曳野市にあり、全長425mで日本第2位の大きさを誇る。400年頃の造営。

大仙陵《だいせんりょう》古墳（現・仁徳天皇陵）
大阪府堺市にある、日本最大の古墳。500年頃の造営。全長486m。

古代支配者の権力の象徴として築かれた古墳

支配者を葬る**墳墓《ふんぼ》**は、日本では独自の形として発展していく。石や土を積み上げて作った小さな丘状の古墳が**円形**・**方形**ほかさまざまなバリエーションを生んだ。さらに地域の権力が統一されて「**王**」「**大王《おおきみ》**」が誕生していくことによって動員力・経済力が膨張し、墳墓は巨大化していった。それとともに円墳と方墳が組み合わされた**前方後円墳《ぜんぽうこうえんふん》**などの複雑な形状をもつ古墳が現れる。

奈良県桜井市の**箸墓古墳《はしはか》**は前方後円墳の最初期の例と考えられており、卑弥呼の墓ではないかという説も存在する。

後円部が大きく、くびれも目立つその形に対し、後代の**大仙陵古墳《だいせんりょう》**（大阪府）は前方部が大きい。人民を動員して築造された当時、古墳は白い石が表面を覆い、キラキラと輝いて王の権威と力を誇らしく示してみせたのだ。

日本史余話

金印は中国に臣従した証《あかし》

1784年、志賀島から金印（漢委奴国王印《かんのわのなのこくおういん》）が発見された。中国の歴史書『後漢書《ごかんじょ》』の「東夷伝《とういでん》」に、後漢王朝を開いた光武帝《こうぶてい》が、倭（日本）の奴国王の使節に金印を授けたことが記されており、これがその金印と推定されている。金印は中国皇帝が、諸国の王を臣下だと認める証として授けたものであった。

▲光武帝。

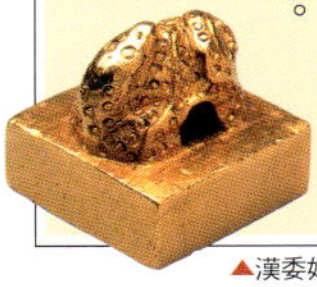
▲漢委奴国王印（福岡市博物館蔵
画像提供：福岡市博物館 / DNPartcom）。

特集

大和朝廷と覇権を争った出雲国《いずものくに》の真実

現在の出雲大社本殿

2012年に大屋根の葺き替えが終わった本殿。現在の本殿は、1744年に建てられたもので、高さは約24m。

引橋

本殿から伸びる引橋《ひきはし》(階段)は、長さが1町(約109m)あったといわれる。

古代の出雲大社本殿

古代の出雲大社は、高さが約48mもある巨大建築であり、海を望む海岸近くに建っていた。当時の本殿は、大国主命をまつるために、太い柱で高々と空中に持ち上げられていた。

出雲大社
鳥取県
島根県
岡山県
広島県
山口県

神話と産鉄の強国・出雲、大和朝廷に敗れる

出雲《いずも》では**大和朝廷**によって任命された古代出雲と**出雲大社**《いずもたいしゃ》の支配者、古代国造家《くにのみやつこけ》が現代でも続いており、千家家《せんげけ》と北島家《きたじまけ》がある。その初代は**天孫降臨**《てんそんこうりん》の一族ということになっているから、今も出雲では神話時代が続いているといっていいだろう。

大和朝廷の勢力下に入る以前も、出雲は独自の神話に彩られた一大独立勢力だった。代表的な神話として有名な**ヤマタノオロチ**の大蛇は、胴体と首が砂鉄の採れる川を表し、赤い口が**タタラ**(砂鉄精錬炉)を、舌がそこからのぼる炎を表しているという説もあるように、出雲は**鉄**の産出地だったため、それを**鋼**《はがね》に精錬して武器や農具を作ることで強力な力をもつに至ったものと思われる。出雲の主・**大**《オオ》**国主命**《クニヌシノミコト》は**建御雷神**《タケミカヅチノカミ》(大和朝廷)に敗れて**国譲り**を迫られ、社を築き、まつってくれと頼んで自害したという。天空高く築かれた出雲大社は、大国主命に仮託された古代出雲人の魂の社なのだ。

日本神話のあらすじ

伊邪那美命
伊邪那岐命

❶ 日本列島の誕生

高天原《たかまがはら》と呼ばれる天上の世界に生まれた伊邪那岐命《イザナギノミコト》、伊邪那美《イザナミノ》命《ミコト》は、矛で海をかきまわし、日本列島を生む。

火の神
伊邪那岐命

❷「黄泉国《よみのくに》」へ行く男女神

伊邪那岐命、伊邪那美命は次々に神を生むが、火の神によって伊邪那美命は焼かれ黄泉国へ行く。伊邪那岐命は火の神を殺し、黄泉国まで追う。

右目 月読命
左目 天照大御神
鼻 須佐之男命

❸ 禊《みそぎ》で生まれた神々

伊邪那岐命は黄泉国から地上に戻り、水中にもぐって禊をする。左目を洗うと天照大御神《アマテラスオオミカミ》、右目を洗うと月読命《ツクヨミノミコト》、鼻を洗うと須佐之男命《スサノオノミコト》が生まれた。この三神を三貴子《さんきし》と呼ぶ。

天照大御神

❹ 天岩屋《あまのいわや》

高天原を支配する天照大御神は、須佐之男命が乱暴するため、天岩屋に閉じこもる。八百万の神々は、天岩屋の前で踊り、笑い転げ、その騒ぎにつられて天照大御神は天岩屋から引き出される。

❺ ヤマタノオロチ

高天原から追放された須佐之男命は出雲国にたどり着き、8つの頭をもつ大蛇「ヤマタノオロチ」を退治する。

大穴牟遅神＝大国主命
稲羽の素兎

❻ 稲羽《いなば》の素兎《しろうさぎ》

須佐之男命の子孫・大穴牟遅神《オオナムジノカミ》は、稲羽の浜で皮をはがされた素兎を助ける。その後、大穴牟遅神は大《オオ》国主命《クニヌシノミコト》と名乗り、葦原中国《あしはらなかつくに》をつくる。

大国主命
建御雷神
建御名方神

❼ 国譲り

天照大御神は、大国主命に葦原中国を譲るように要求する。使者の建御雷神《タケミカヅチノカミ》は大国主命から承諾を得たが、子の建御名方神《タケミナカタノカミ》は承諾せず、建御雷神に力比べを挑むが敗れる。大国主命は宮殿（出雲大社）の建設を条件に国を譲る。

❽ 天孫降臨《てんそんこうりん》

天照大御神は、葦原中国の統治を邇々芸命《ニニギノミコト》に委ね、三種の神器（勾玉《まがたま》・剣《つるぎ》・鏡《かがみ》）を授けた。邇々芸命は五伴《イツノトモノ》緒《オ》をはじめとする神々を従えて、日向《ひむか》の高千《たかち》穂《ほ》の霊峰に降り立った。これを「天孫降臨」という。邇々芸命は葦原中国で御子をもうけ、その3代あとに初代天皇・神武《じんむ》天皇が誕生するのである。

※神名の表記や読みは、読みやすさを考慮して、略称や現代かなづかいで記入しています。

本殿
本殿とは、ご神体（神が宿るとされるもの）を安置している建物で、神社の最奥部にある。出雲大社は、切妻造で妻入形式の、「大社造《たいしゃづくり》」と呼ばれる建築様式である。
千木
千木《ちぎ》は、屋根の上にあるV字型の板。
切妻造
二方向のみ屋根の勾配がある形式が切妻造《きりつまづくり》。
妻入
出入口が屋根の棟木と垂直にあるものを「妻入」と呼ぶ。
宇豆柱

心御柱

９本の柱に支えられる本殿の中心にある太柱。写真は境内から出土した鎌倉時代の心御柱。直径1メートルの杉を3本束ねている。

593年
飛鳥時代

天皇中心の国家建設を目指した伝説の皇子

聖徳太子が摂政に就任

聖徳太子関連年表

574	**用明天皇**と**穴穂部皇女**との間に**厩戸王**として誕生
587	**蘇我馬子**とともに**物部守屋**を滅ぼす
593	**推古天皇**の**摂政**となる
594	**仏教**（三宝）**興隆の詔**が発せられる
600	第1回**遣隋使**の派遣
601	**斑鳩宮**を造営
603	**冠位十二階**の制定
604	**憲法十七条**を定める
607	**小野妹子**を第2回**遣隋使**として派遣
608	答礼使として隋から**裴世清**が来日
618	**隋**が滅亡し、**唐**が建国
620	蘇我馬子とともに『**天皇記**』『**国記**』を編纂
622	**斑鳩宮**で死去

宮内庁所蔵

聖徳太子《しょうとくたいし》（574～622）
厩戸王、厩戸皇子ともいう。推古天皇の摂政として、冠位十二階や憲法十七条を定め、天皇中心の国家建設を目指す。

蘇我馬子《そがのうまこ》（？～626）
飛鳥時代の豪族で、崇峻《すしゅん》天皇を暗殺して朝廷の実権を握る。仏教を深く信仰する。

聖徳太子生誕の地に建つ橘寺
太子が誕生の場所に建てたと伝えられる寺院で、愛馬「黒駒」の像がある。

物部守屋と戦う聖徳太子と蘇我馬子
太子と馬子は協力して、仏教の排斥を主張する有力豪族の物部守屋を滅ぼした。

仏教を信奉する厩戸王、保守派の物部氏を打倒

大陸から**仏教**が渡来したのは飛鳥時代、**宣化《せんか》天皇**の西暦538年のことという。以来、大和朝廷は仏教保護派の**蘇我氏《そがし》**（先端技術・経済担当）と反対派の**物部氏《もののべし》**（軍事担当。ちなみに、物部とは武器を意味し、武士＝もののふの語源となる）の二派に分かれ、激しく対立してきた。**用明《ようめい》天皇**の皇子・**厩戸王《うまやとおう》**（**厩戸皇子《うまやとのみこ》**）は大臣《おおおみ》・**蘇我馬子《そがのうまこ》**と濃い縁戚関係にあり、ともに仏教保護をとなえて587年に大連《おおむらじ》・**物部守屋《もののべのもりや》**を滅ぼすことに成功する。**丁未《ていび》の乱**である。

このとき厩戸王は陣中で四天王の仏像を手彫りしながら「勝利のあかつきには四天王のために寺を建立します」と祈ったといい、のちに**四天王寺《してんのうじ》**が創建されることとなった。

その後、**崇峻《すしゅん》天皇**を経て叔母の**推古《すいこ》天皇**が即位すると、厩戸王は**摂政**となり、名実ともに政治と宗教のリーダーとなる。「10人の訴えを同時に裁いた」という伝説が残るほど優秀な厩戸王は、矢継《やつ》ぎ早《ばや》に政策を繰り出していく。

天皇
欽明
敏達
用明
崇峻
聖徳太子の摂政就任
推古
舒明
皇極
孝徳
斉明
天智
弘文
天武
持統
文武

古墳時代
600
飛鳥時代
700

遣隋使

遣隋使は、聖徳太子が小野妹子を遣使として、隋に派遣した使節。遣隋使船は、大阪の住吉大社近くの住之江津《すみのえのつ》から出発し、瀬戸内海を通って、九州から玄《げん》界灘《かいなだ》に出たという。

新興国家を担った厩戸王の外交と内政

厩戸王は600年に大陸へ第1回の**遣隋使**《けんずいし》を派遣する。当時の大陸を支配していた**隋**《ずい》**王朝**を後ろ盾にしようというわけだが、できるだけ対等の関係を目指し、7年後の第2回遣隋使では「日出《いず》る処《ところ》の天子、書を日没《ぼっ》する処の天子に致《いた》す。つつがなきや（日が出る国の天子が、日が沈む国の天子に手紙を書きます。お元気ですか）」という有名な国書を作成して隋の**煬**《よう》**帝**《だい》を面食らわせている。

内政面では強大な権力を握った大叔父・蘇我馬子との調整に苦慮しながらも、603年には「**冠位**《かんい》**十二階**《じゅうにかい》」を制定し、翌年には「仏を信じ、天皇を敬え」と説く「**憲**《けん》**法十七条**《ぼうじゅうしちじょう》」を定めた。こうして、従来の**氏姓**《しせい》**制度**から脱して朝廷の新しい序列を整備し、優秀な人材を集めることによって、天皇を頂点とした支配体制を固めていった。現在、「**聖徳太子**《しょうとくたいし》」という呼称は後世の作為だとして否定されがちだが、朝廷への貢献度という点ではそう呼ばれるにふさわしい逸材だったといえる。

遣隋使の答礼使・裴世清《はいせいせい》**一行**　第2回遣隋使として小野妹子は、隋の皇帝・煬帝に国書を渡し、その答礼使である裴世清とともに帰国した。裴世清は煬帝の国書を推古天皇に伝えたという。

日本史余話

蘇我馬子の墓は土をはぎ取られた!?

蘇我馬子の墓と推定される石《いし》舞《ぶ》台《たい》古墳は、玄《げん》室《しつ》が露出している。もとは1辺約51メートルの方墳と考えられているが、蘇我氏懲罰の意味を込めて、盛土がはぎ取られたという。

▲石舞台古墳（奈良県）。長さ約7.7m、幅約3.5m、高さ約4.7m。

645年
飛鳥時代

乙巳《いっし》の変・大化の改新
中大兄皇子と鎌足による政権奪取のクーデター

皇極天皇《こうぎょく》(594~661)
35代天皇。中大兄皇子、大海人皇子の母。のちの655年、37代斉明《さいめい》天皇として再び即位する。

蘇我入鹿《そがのいるか》(610?~645)
父・蘇我蝦夷《えみし》から大臣を譲られる。聖徳太子の子・山背《やましろの》大兄王《おおえのおう》を襲撃して自害させ、実権を握る。

乙巳の変で襲われる蘇我入鹿
645年、宮中儀式の最中に、中大兄皇子自らが刀で入鹿を切りつけた。驚く皇極天皇に対し、中大兄は「入鹿は皇室を滅ぼし、皇室を奪おうとしている」と告げたという。入鹿の死を知った蘇我蝦夷は、自宅に火を放って自害した。

中大兄皇子《なかのおおえのみこ》(626~671)
中臣鎌足と共謀して入鹿を殺害。政治の実権を握って、大化の改新を行う。皇太子のまま政務を執り、668年に38代天智《てんじ》天皇として即位。

中臣鎌足《なかとみのかまたり》(614~669)
役人出身で、中大兄とともに乙巳の変を起こす。大化の改新を助け、その功績により藤原の姓を授かる。

飛鳥板蓋宮跡《あすかいたぶきのみやあと》
奈良県にある皇極天皇の皇居で、乙巳の変の舞台となったことで知られる。

入鹿の首塚
飛鳥板蓋宮跡近くにあり、切られた入鹿の首が飛んできたとされる。

繁栄を誇った蘇我氏を中大兄皇子らが殺害

厩戸王《うまやとおう》死後、朝廷は**蘇我氏**が専横を強めていた。馬子の子・**蝦夷《えみし》**が息子の**入鹿《いるか》**に勝手に大臣の冠位を与えるなど、天皇を無視するような振る舞いを続けたうえ、入鹿が厩戸王の子・**山背大兄王《やましろのおおえのおう》**を襲殺してしまう(一連の行動は反蘇我派の圧力に対する反動に過ぎないとの説もある)。

これに対し反蘇我派は、蘇我氏と血縁のない**中大兄皇子《なかのおおえのみこ》**の下に結集した。その代表は**中臣鎌足《なかとみのかまたり》**。中臣氏は朝廷の祭祀を司り、かつて物部氏とともに仏教排斥を主張したこともあって蘇我氏とは相容れない立場だったのだ。645年、中大兄らは宮中で入鹿を討ち、翌日蝦夷も自邸に火を放って自殺する。「**乙巳《いっし》の変**」と呼ばれる政変劇は、反蘇我派の勝利に終わった。

天皇
550
古墳時代
欽明
敏達
用明
崇峻
600
推古
飛鳥時代
舒明
皇極
乙巳の変
孝徳
650
斉明
天智
弘文
天武
持統
700
文武
元明
元正
奈良時代
聖武
750

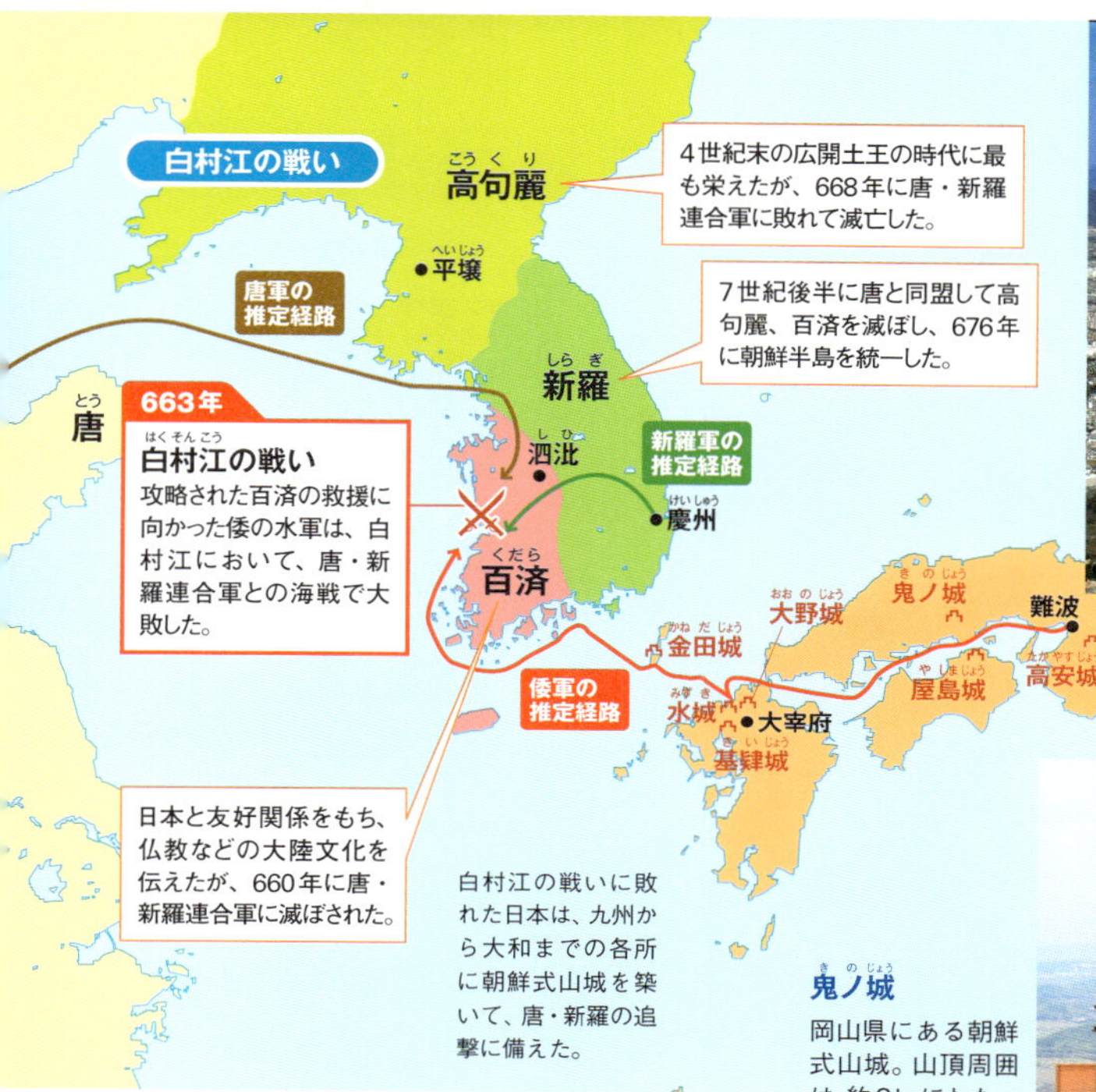
白村江の戦い
高句麗《こうくり》
4世紀末の広開土王の時代に最も栄えたが、668年に唐・新羅連合軍に敗れて滅亡した。
平壌《へいじょう》
唐軍の推定経路
新羅《しらぎ》
7世紀後半に唐と同盟して高句麗、百済を滅ぼし、676年に朝鮮半島を統一した。
唐《とう》
663年
白村江《はくそんこう》の戦い
攻略された百済の救援に向かった倭の水軍は、白村江において、唐・新羅連合軍との海戦で大敗した。
泗沘《しひ》
新羅軍の推定経路
慶州《けいしゅう》
百済《くだら》
鬼ノ城《きのじょう》
大野城《おおのじょう》
難波
金田城《かねだじょう》
屋島城《やしまじょう》
高安城《たかやすじょう》
倭軍の推定経路
水城《みずき》
大宰府
基肄城《きいじょう》
日本と友好関係をもち、仏教などの大陸文化を伝えたが、660年に唐・新羅連合軍に滅ぼされた。
白村江の戦いに敗れた日本は、九州から大和までの各所に朝鮮式山城を築いて、唐・新羅の追撃に備えた。

大野城
水城

大野城《おおのじょう》と水城《みずき》

福岡県にある朝鮮式山城で、唐・新羅の襲来に備えて築かれた。

鬼ノ城《きのじょう》

岡山県にある朝鮮式山城。山頂周囲は、約3㎞にわたって巨大な石垣や土塁で取り囲まれている。

藤原鎌足
天智天皇

鎌足を見舞う天智天皇

669年、天智天皇は、病に倒れた鎌足を見舞い、これまでの功績に対して大織冠《たいしょくかん》という最高位と、「藤原」の姓を授けた。この翌日、鎌足は亡くなるが、藤原氏の始祖となり、子孫は繁栄することになった。

大化の改新関連年表

643	**蘇我入鹿**が**山背大兄王**を襲撃する
645	**中大兄皇子**、**中臣鎌足**らが**蘇我入鹿**を謀殺（乙巳の変） **孝徳《こうとく》天皇**が即位し、**中大兄皇子**が皇太子となる。年号が**大化**と定められる
663	**白村江の戦い**で唐・新羅軍に大敗
667	**近江大津宮**に遷都
669	**中臣鎌足**、**藤原**の姓を授かる

「大化の改新」で朝廷の新たな支配原理を確立

中大兄皇子は鎌足の補佐を受けて中国・**唐《とう》**を模範とした新政策を打ち出す。646年に発表された「**改新《かいしん》の詔《みことのり》**」の中の「**公地公民制《こうちこうみんせい》**」と「**班田収授法《はんでんしゅうじゅのほう》**」はすべての土地と人民は天皇の所有であるとして、豪族の権利を奪い朝廷の臣に再規定する内政の革命だった。この一連の改革を「**大化の改新《たいかのかいしん》**」という。

中大兄は、軍事面では強大な権力を背景にして東北地方に出兵。朝鮮半島にも**唐《とう》**と**新羅《しらぎ》**によって滅ぼされた**百済《くだら》**の再興を図って派兵を実行する（**白村江《はくそんこう》の戦い**）。改革への不満を外に逸らそうという意図もあったのだろうが、結果は惨敗だった。

日本史余話

大化の改新の時代は“土木工事時代”だった!?

酒船石《さかふないし》付近からは、複数の石造物が発掘されている。『日本書紀』には、斉明《さいめい》天皇の治世に大規模な土木工事が行われたという記述があり、酒船石遺跡は、その遺構という説がある。

◀酒船石（奈良県）。

672年
飛鳥時代

壬申の乱・大宝律令の完成

大海人皇子が内乱を制し天皇制律令国家が完成

大海人皇子が身をひそめたといわれる吉野宮滝《よしのみやたき》。

大海人軍と近江朝廷軍が激突した瀬田の唐橋。

天智・大海人の兄弟の対立から起きた内乱

天智天皇《てんじ》から藤原姓を授かった重鎮・**鎌足**《かまたり》が669年に没すると、息子の大友皇子《おおとものみこ》に皇位を譲りたい天智天皇と、弟の**大海人皇子**《おおあまのみこ》の関係の悪化が表面化する。戦国時代以前は力のある親族や兄弟が相続するケースが多かったのだ。そんななか、天皇はさしおいて息子の大友皇子を皇太子とした大海人皇子に政務全般を総括する**太政大臣**《だいじょうだいじん》の座を与えた。671年のことである。

その後、健康を害した天智天皇は大海人皇子に「私の死後はそなたが皇位を継げ」と言葉をかけたが、「これは自分に野心があるかどうか見定めようという天皇の罠だ」と悟った大海人皇子は「私は出家します。大友皇子を皇太子にお立てください」と答え、猜疑《さいぎ》深い天皇の討手を恐れて**吉野**《よしの》（奈良県）へ引きこもってしまう。天智天皇が崩御し、672年に**弘文天皇**《こうぶん》となった大友皇子は吉野を包囲しようとしたが、それを察知した大海人皇子は脱出し**美濃**《みの》で兵を挙げる。「**壬申の乱**《じんしん》」の始まりだった。

天武天皇 人物相関図

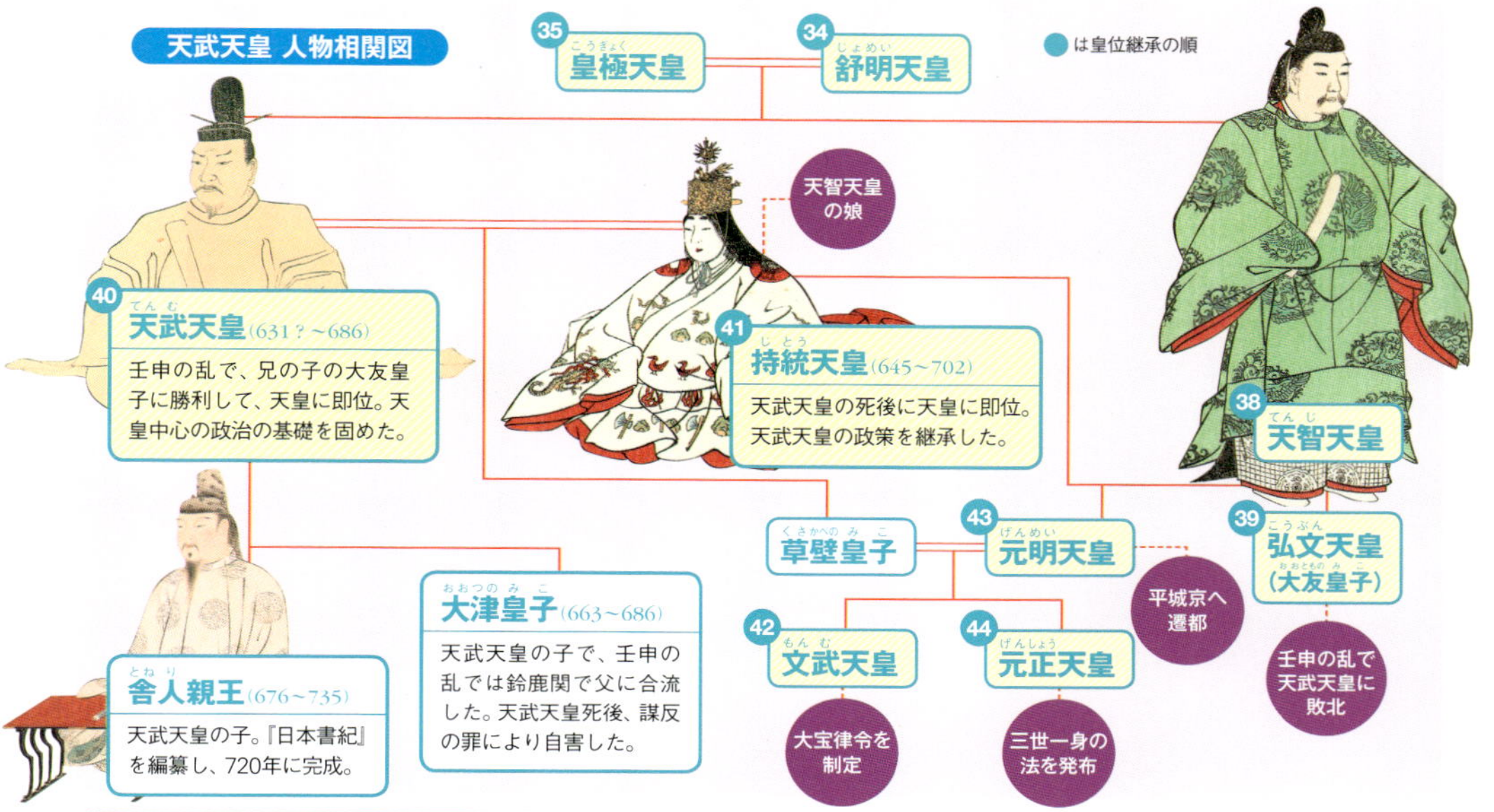

律令で定められた中央官制（二官八省一台五衛府）

- **神祇官**《じんぎかん》（宮中の祭祀を司る）
- **太政官**《だいじょうかん》（行政を司り国政を統括）
  - **太政大臣**《だいじょうだいじん》 — 適任者がいないときは置かれない最高職
  - **左大臣**《さだいじん》 — 太政大臣が置かれないときの最高職
  - **右大臣**《うだいじん》
  - **大納言**《だいなごん》
    - **左弁官**《さべんかん》
      - **中務省**《なかつかさしょう》（天皇の補佐、詔勅の起草）
      - **式部省**《しきぶしょう》（文官の人事、大学の統括）
      - **治部省**《じぶしょう》（外交事務、仏事の監督）
      - **民部省**《みんぶしょう》（戸籍・租税の管理）
    - **少納言**《しょうなごん》
    - **右弁官**《うべんかん》
      - **兵部省**《ひょうぶしょう》（武官の人事、武器の管理）
      - **刑部省**《ぎょうぶしょう》（裁判、刑罰の執行）
      - **大蔵省**《おおくらしょう》（貨幣の鋳造、財政の管理）
      - **宮内省**《くないしょう》（宮中の庶務）
- **弾正台**《だんじょうだい》（行政の監察、警察）
- **五衛府**《ごえふ》（宮中の警護）
  - **衛門府**《えもんふ》（城門の警備）
  - **左・右衛士府**《さ・うえじふ》（京中の警備）
  - **左・右兵衛府**《さ・うひょうえふ》（天皇親衛隊の管理）

天武天皇が採った中央集権の強化政策

不破関《ふわのせき》（岐阜県）を封鎖した大海人皇子により、大友皇子側は東国との連絡を断たれ、東国の兵は大海人皇子側に味方することとなった。兵をふたつに分けた大海人皇子は、琵琶湖の西回り・東回りの二方面から大津宮へ向けて進軍を開始、**瀬田**《せた》**の唐橋**《からはし》の攻防戦で朝廷軍を撃破する。翌日、天皇が自害して近江の朝廷は滅亡した。

翌年、**飛鳥浄御原宮**《あすかきよみはらのみや》（奈良県）で即位した大海人皇子は**天武天皇**《てんむ》として新政を開始する。**公地公民制**の徹底、**八色**《やくさ》**の姓**《かばね》導入、**修史事業**の開始などは、すべて天皇の権威と権力の強化を目的とするものだった。

日本史余話　天皇を神格化した天武天皇

最古の和歌集である『万葉集』には、「おおきみは神にしませば（大王は神でいらっしゃいますので）」と詠まれている歌がおさめられている。壬申の乱に勝利して即位した天武天皇が、豪族たちから神格化されていったことがうかがえる。

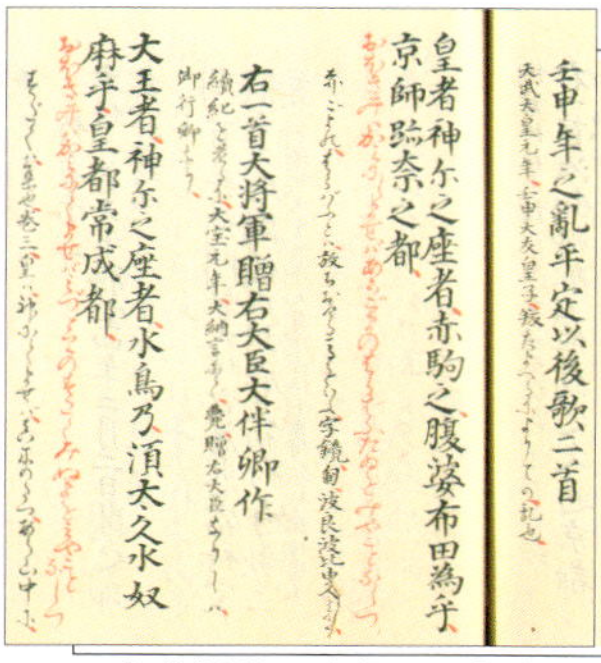

▲『万葉集』巻19に収録された「壬申年の乱平定以後の歌二首」。

藤原京・平城京の完成
大極殿が建設された本格的な都市が出現

藤原京大極殿跡。

大極殿《だいごくでん》
朝堂院の正殿で、即位や大《だい》嘗会《じょうえ》など、天皇が出席する重要な儀式が行われた。
内裏《だいり》
天皇の居城で、都の北部中央に位置する。
丹比門《たじひもん》
藤原京に設けられた12門のひとつ。

藤原京の大内裏

694年、持統天皇のもとで築かれた、日本初の本格的な都城。敷地は約1㎞四方で、碁盤の目のような道路が敷かれ、中央には大極殿が設置されていた。また、周囲は高さ約5mの塀で囲まれていた。

女帝が整備した戸籍と本格的都城・藤原京

686年に**天武天皇**《てんむ》が崩御した後、690年には彼の皇后だった**鸕野皇女**《うののひめみこ》が即位して**持統天皇**《じとう》となった。「深沈《しんちん》にして大度《たいど》あり」と女性ながら冷静で度量のある性格だった女帝は、694年に**藤原京**《ふじわらきょう》へ遷都するが、これは唐の都・**長安**《ちょうあん》にならって我が国で初めて造られた大規模な都城で、**耳成山**《みみなしやま》・**畝傍山**《うねびやま》・**天香久山**《あまのかぐやま》に囲まれた平地が十分な広さをもっていたことから王城の地として選ばれた。

持統天皇はこの新たな都で強い王権の整備に努める。即位前に製作した戸籍「**庚寅年籍**《こういんねんじゃく》」によって個人を把握し、兵役・労役や課税を個人別に割り当てるのを可能にしていたことが、天皇の大きな力となった。

大宝律令により国家体制を確立して平城遷都を支える

持統天皇のあとは彼女の孫・**文武天皇**《もんむ》の治世となる。初の**太上天皇**《だいじょう》（上皇）を称した祖母の後見のもと、701年に「**大宝律令**《たいほうりつりょう》」が

天皇
皇極
孝徳
斉明
天智
弘文
天武
持統
藤原京遷都
文武
700
平城京遷都
元明
元正
聖武
孝謙
淳仁
称徳
光仁
桓武
800
飛鳥時代
奈良時代

飛鳥～平安時代の都の位置

平城京の大内裏の遺構

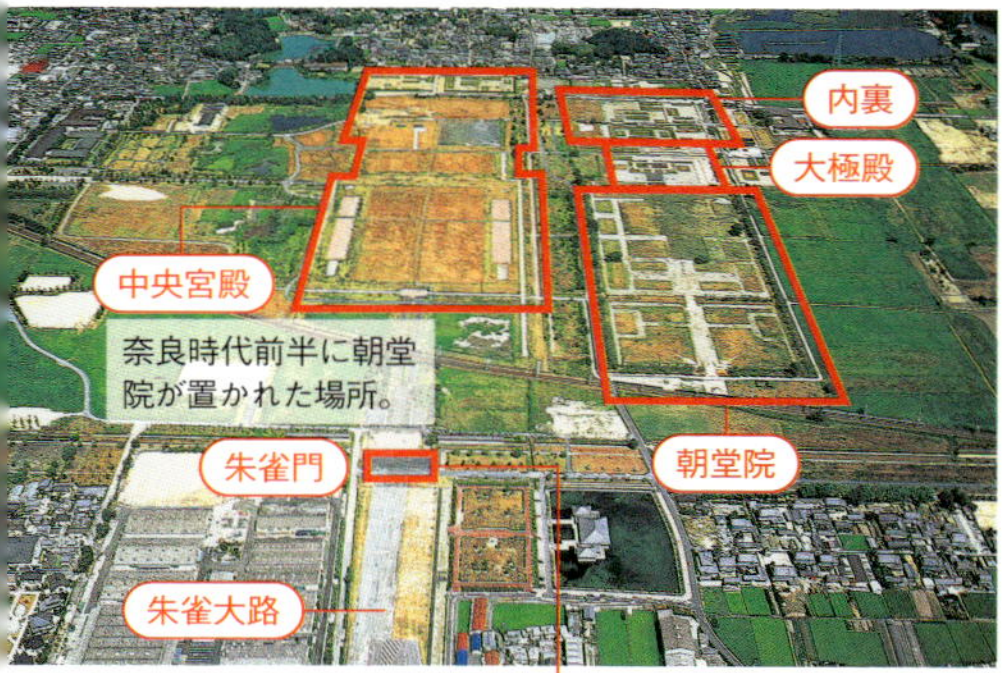

藤原京朝堂院南門の復元列柱。

朝堂院《ちょうどういん》
都の中枢となる大内裏の正庁で、政務や儀式が行われた。この絵は、官僚が総出で遷都の儀式を行っている場面。

完成をみた。これによって太政官の下に8つの**省**（役所）や**弾正台**《だんじょうだい》（役所・役人の監察組織）など天皇を中心とした政府の体制のほか、**班田収授法**《はんでんしゅうじゅのほう》によって個人単位の**公田**《こうでん》（**口分田**《くぶんでん》）の管理も徹底される。つまり、税（**租**《そ》**・庸**《よう》**・調**《ちょう》）の徴収と運用のシステムが完成されたのだ。こうして天智天皇以来の新政を完成させた持統上皇は翌702年に崩御する。

藤原京における一連の施策によって力を蓄えた朝廷は、**元明**《げんめい》**天皇**の代の710年に**平城京**《へいじょうきょう》に遷都を実施した。「あおによし奈良の都は咲く花の薫《にお》うがごとく今さかりなり」と謳《うた》われる花の都の誕生であった。

朱雀門《すざくもん》
平城京跡に復元された朱雀門。朱雀門は大内裏の南にある正門で、朱雀大路の起点となっていた。

751年
奈良時代

東大《とう》寺《だいじ》大仏殿の完成

国家安泰を願って建設された大伽藍《だいがらん》

瓦葺き屋根

大仏殿の屋根は瓦葺《かわらぶ》きで、瓦の枚数は、現在の大仏殿が約11万枚なので、それを超えていたと推定される。創建当時は、唐破風と観相窓はなかった。

盧舎那仏像（大仏）

盧舎那仏《るしゃなぶつ》は、華厳経において、宇宙の真理を体現した存在とされる。当初は、全身が金で覆われていた。

平安時代に描かれた大仏。

東大寺大仏殿

大仏殿は、747年に建設が始まり751年に完成したという。翌年には大仏開眼供養会《だいぶつかいげんくようえ》が行われ、聖武上皇（このとき退位していた）や光明皇太后、孝謙天皇らが列席した。開眼の導師は、インドの僧・菩提僊那《ぼだいせんな》が務めた。

聖武天皇《しょうむ》（701～756）

45代天皇。東大寺を建て、盧舎那仏像を造立した。皇后は、藤原不比等の娘・光明子。

鎮護国家の象徴として盧舎那大仏を造立

東西4㎞あまり、南北5㎞弱の**平城京**は、面積比で**藤原京**よりもわずかに小さいが、周辺の豪族勢力の影響を受けることが少なく、天皇独裁を進めるのには都合がよい。

この地に都が置かれた80年あまりを「奈良時代」と呼ぶが、都には**市**が立てられ、幹線道路に**駅伝制**が設けられ、東北の蝦夷《えみし》、九州の隼人《はやと》を抑え込み、6回にわたって**遣唐使**《けんとうし》が派遣されるなど、大和朝廷の威権はこの時期に大いに伸長する。**和同開珎**《わどうかいちん》（**和同開宝**《わどうかいほう》）という貨幣が鋳造され、天皇を神聖化する一環として『**古事記**《こじき》』『**日本書紀**《にほんしょき》』の修史事業が進められたのもこのときだった。

その力をもって、**聖武天皇**《しょうむ》は745年に東大寺**盧舎那仏**《るしゃなぶつ》の造立を開始した。古代出雲大社の約97mという高さには及ばないものの、棟までの高さ約47mという壮大な伽藍《がらん》は、**国家鎮護**のシンボルとして申し分なく、聖武天皇が娘の**孝謙天皇**《こうけん》に位を譲ったあとの752年に**開眼供養**《かいげんくよう》が行われた。

現在の東大寺大仏殿

東大寺大仏殿は、1180年に平氏の焼討ちによって焼失し、再建されたが、1567年に戦乱で焼失。現在の大仏殿は、1705年上棟、1709年落慶し再建されたもので、正面の唐破風《からはふ》（曲線的な三角形部分）と観相窓《かんそうまど》（大仏の顔を拝顔できる窓）が特徴。

鴟尾
鴟尾《しび》は瓦葺き屋根の大棟の両端に取り付けられた飾りで、黄金に輝いていた。
大仏殿の大きさの比較
現在
創建時
約48m
約18m
約57m
約47m
約19m
約86m

行基《ぎょうき》(668～749)　堺市博物館蔵

民衆に仏教を広め、社会事業に努めた僧。聖武天皇より東大寺大仏造立の勧進の責任者に任命された。その功績により「大僧正《だいそうじょう》」の位を与えられた。

大仏造立の原因となった藤原氏と皇族の暗闘

ところで、平城京への遷都の実務を担ったのは、**藤原不比等《ふじわらのふひと》**（鎌足の子）だった。娘の**光明子《こうみょうし》**を皇太子時代の聖武天皇の妃にして朝廷における地位を固めた不比等の死後は、その子の**宇合《うまかい》**らが皇族の**長屋王《ながやおう》**を謀反の疑いありとして自殺に追い込んだ。宇合らが死ぬと**橘諸兄《たちばなのもろえ》**が権力を握り、宇合の子・**広嗣《ひろつぐ》**が九州大宰府《だざいふ》で諸兄排斥の兵を挙げる。聖武天皇の大仏造立は、そうした世情の不安を抑えるためでもあった。

日本史余話

大仏殿再建に奔走した老僧・重源

1180年、東大寺大仏殿は平重衡《たいらのしげひら》による焼討ちによって焼失してしまった。その翌年、61歳で東大寺復興の大勧進職《だいかんじんしき》に任じられた僧・重源《ちょうげん》は、勧進（寄付を募る）から建築までをすべて指揮し、1195年に大仏殿を完成させた。

▼重源坐像。

ニッポンヒストリーラボ

仏教伝来と神仏習合
神道と仏教を融合した日本人

日本人の知恵が神と仏を融和させた

日本人は外国のものと日本古来のものを掛け合わせ、新しいものを創るのが得意だ。その代表があんパン、カレーライスなどだが、この日本人の得意技のうち、**神仏習合**が最初にして最大の成功例といえる。

6世紀半ばに仏教が日本へ伝わって以来、**物部氏**《もののべ》と**蘇我氏**《そが》の争いに見られるように我が国固有の神道支持派と新来の仏教支持派の対立が起こった。だが、7世紀初め頃には早くも日本人はその解決法を見出す。それが「**神身離脱**《しんしんりだつ》」という考え方だ。仏の救済を願う神のために、神社のなかに**神宮寺**《じんぐうじ》を建て、「目に見える」形によって地生えの神が外来の仏にすがるのだ。こうして地域は朝廷の統治に完全に組み込まれることとなったのである。

7世紀末には**本地垂迹説**《ほんじすいじゃくせつ》も定着し、神と仏の融合は一段と進んだ。

神仏習合の思想

神身離脱説《しんしんりだつせつ》

日本の神々も、人間と同じく煩悩《ぼんのう》に苦しむ身であり、神の身を離脱して救われることを欲しているという説。

神宮寺の建立《じんぐうじ》

神社の境内に建立された寺院が神宮寺（宮寺）。煩悩に苦しむ神を救うためのものである。神護寺《じんごじ》は神を護るための寺院。

本地垂迹説《ほんじすいじゃくせつ》

日本の神々（垂迹）は、インドの仏や菩薩（本地）が姿を変えて日本の神となって現れた仮の姿という説。

本地　仏・菩薩のことで、神道の神々の本来の姿。

垂迹　仏・菩薩が仮《かり》（権）の姿で現れたもの。垂迹した神は権現《ごんげん》という。

住吉神宮寺《すみよしじんぐうじ》

758年創立と伝わる神宮寺で、巨大な規模を誇ったが、明治初年の神仏分離令により廃寺となった。

『春日社寺曼荼羅《かすがしゃじまんだら》』

奈良の春日大社（図上部）と興福寺（図下部）が一体の関係であることを示す絵。最上部の御蓋山《みかさやま》（三笠山）には、春日大社の本地仏である如来が描かれている。

奈良国立博物館蔵

雨宝童子《うほうどうじ》

天照大御神《アマテラスオオミカミ》が日向《ひゅうが》に現れたときの姿とされ、大日《だいにち》如来《にょらい》の化身ともいわれる。写真は、現存する最古の雨宝童子像と見られ、金《こん》剛證寺《ごうしょうじ》（伊勢市）に置かれている。

第2章 平安時代

- 794年 平安京遷都
- 804年 最澄・空海の入唐
- 866年 応天門の変
- 901年 菅原道真の左遷
- 935年 平将門の乱
- 1016年 藤原道長、摂政就任
- 1051年 前九年の役
- 1083年 後三年の役
- 1086年 院政の開始

奈良時代 ⇔ 平安時代

藤原摂関家が権力中枢を掌握する！

藤原氏は、天皇家と血縁関係を結ぶことによって、摂政・関白として政治権力を握っていく。一方、地方では武士団の力が興隆し始め、武士による反乱も起きていた。

794年（▶P28）
平安京遷都

平安京の北部中央に位置する大内裏。

866年（▶P32）
応天門の変

燃え上がる平安京の応天門。

奈良時代 | 平安時代

年表

年	出来事
784	長岡京に遷都
794	**平安京**に遷都
804	空海、最澄が遣唐使船で日本を出発
810	薬子の変
819	空海、金剛峯寺を建立
823	比叡山寺を延暦寺に改める
828	空海が綜芸種智院を創設
842	承和の変で橘逸勢らが失脚
857	藤原良房が太政大臣に就任
866	**応天門の変**
866	藤原良房が摂政就任
887	藤原基経が関白に就任
894	遣唐使が中止される
901	菅原道真が大宰権帥に左遷される（昌泰の変）
905	紀貫之らが『古今和歌集』を奏上
935	承平の乱（平将門の乱）が始まる
940	平貞盛、藤原秀郷らが平将門を討つ
941	小野好古、源経基らが藤原純友を討つ

天皇：桓武、平城、嵯峨、淳和、仁明、文徳、清和、陽成、光孝、宇多、醍醐、朱雀、村上

人物生没年

桓武天皇 737 806
58歳のとき平安京へ遷都
坂上田村麻呂 758 811
最澄 767 822
38歳のとき入唐
空海 774 835
31歳のとき入唐
藤原良房 804 872
63歳のとき摂政就任
藤原基経 836 891
52歳のとき関白就任
菅原道真 845 903
57歳のとき左遷
942
平将門 903? 940
33歳頃に乱を起こす
安倍晴明 921
85歳で死去
空也 903
20歳頃に出家

1076年（▶P40）

法勝寺の建立

白河天皇が建てた法勝寺。

1051年（▶P38）

前九年の役

前九年の役に出陣する源頼義、義家父子。

平安時代

969 安和の変で源高明が左遷される

977 藤原兼通、藤原頼忠に関白を譲る

985 源信が『**往生要集**』を著す

995 **藤原道長**が内覧に就任

1000 定子を皇后、彰子を中宮とする

1001 清少納言が『**枕草子**』を完成させる

1016 道長が摂政に就任

1019 刀伊の入寇

藤原頼通が関白に就任

1028 平忠常の乱

1051 **前九年の役**が始まる

1053 頼通が平等院鳳凰堂を建立

1062 安倍貞任が討たれ、前九年の役が終わる

1072 白河天皇が即位

1076 白河天皇が**法勝寺**を建立

1083 **後三年の役**が始まる

1086 白河上皇が院政を開始

1087 後三年の役が終わる

1094 延暦寺僧徒が神輿を担いで初の強訴

1107 源義親の乱

1124 藤原清衡が中尊寺金色堂を建立

1129 鳥羽上皇が**院政**を開始

冷泉 円融 花山 一条 三条 後一条 後朱雀 後冷泉 後三条 白河 堀河 鳥羽 崇徳

794年 平安時代

平安京の誕生と東北進出

奈良から京へ都を移して東北を平定した桓武天皇

平安京の大内裏

平安京は東西約4.5km、南北約5.2kmの広さで、北部中央に大内裏と呼ばれる宮域（内裏や官庁施設がある）が設けられていた。内裏とは天皇の居城で、紫宸殿や仁寿殿などで構成されていた。

大極殿《だいごくでん》

天皇が出席する重要な儀式が行われる朝堂院の正殿。

桓武天皇《かんむてんのう》（737〜806）

50代天皇。仏教勢力から離れるため、平城京から長岡京に遷都し、さらに平安京へ遷都した。坂上田村麻呂を征夷大将軍に任命し、東北地方を平定した。

400年の平安を呼んだ山河つらなる新都

橘奈良麻呂《たちばなのならまろ》謀反事件、**恵美押勝《えみのおしかつ》（藤原仲麻呂《ふじわらのなかまろ》）の乱**、怪僧**道鏡《どうきょう》**の失脚と、朝廷権力をめぐる争いは続いた。同時に、**三世一身法《さんぜいっしんのほう》**や**墾田永年私財法《こんでんえいねんしざいほう》**の施行、**国司《こくし》・郡司《ぐんじ》**（地方役人）の不正によって**口分田《くぶんでん》**は荒廃していた。

そんななか、**桓武天皇《かんむ》**は心機一転を図り**長岡《ながおか》**に都を遷すが、まだ完成をみない785年に腹心の中納言・**藤原種継《ふじわらのたねつぐ》**が何者かに弓矢で射殺されるという事件が起こった。大《おお》伴《とも》氏とともに天皇の弟・**早良《さわら》親王**も事件の黒幕とされ、親王は絶食して死んだが、天皇はその祟《たた》りを恐れて長岡京から、さらに新たな地へ都を遷すことを考えたともいう。

新たな王城の地とさだめられたのは、山背《やましろ》の**宇太野《うだの》**だった。三方を山で守られているうえに淀川《よどがわ》の水運で**茅渟の海《ちぬのうみ》**（現在の大阪湾）ともつながっており、発展の可能性が豊かなこの土地は794年に天皇を迎えて「**平安京《へいあんきょう》**」と呼ばれ、以後4世紀にわたる貴族の時代の舞台となった。

天皇	年	時代
聖武		奈良時代
孝謙	750	
淳仁		
称徳		
光仁		
桓武		
平安京へ遷都	800	平安時代
平城		
嵯峨		
淳和		
仁明		
文徳	850	
清和		
陽成		
光孝		

東北地方のおもな城柵

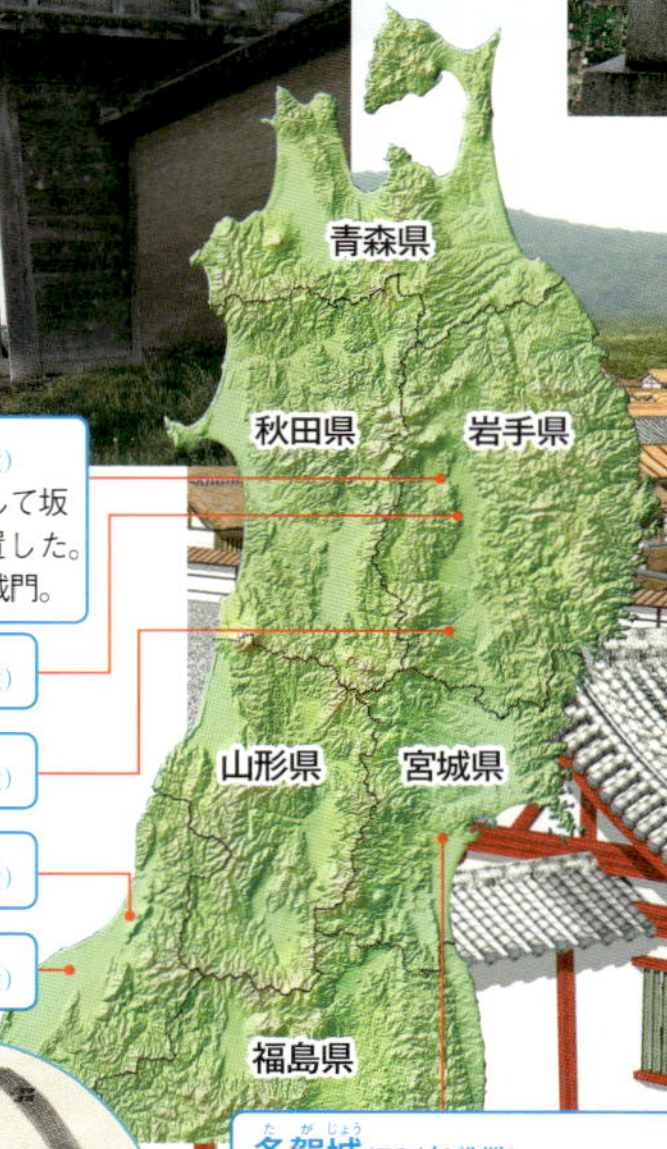

志波城《しわじょう》(803年設置)
蝦夷支配の拠点として坂上田村麻呂が設置した。写真は再現された城門。

徳丹城《とくたんじょう》(813年設置)

胆沢城《いさわじょう》(802年設置)

磐舟柵《いわふねのさく》(648年設置)

渟足柵《ぬたりのさく》(647年設置)

多賀城《たがじょう》(724年設置)
大野東人《おおののあずまひと》によって設置されたといわれる。陸奥国府《むつこくふ》が置かれ、東北地方の政治・文化の中心地となった。

坂上田村麻呂《さかのうえのたむらまろ》(758〜811)
征夷大将軍に任じられ、蝦夷《えみし》を制圧した将軍。多賀城近くにあった鎮守府《ちんじゅふ》(軍政を司る役所)を胆沢城に移した。

大極殿跡碑。平安京の大極殿には、天皇の御座である「高御座《たかみくら》」が置かれ、大嘗祭《だいじょうさい》や朝賀《ちょうが》などが行われた。

紫宸殿《ししんでん》
内裏にある建物で、天皇の元服や立太子などが行われる。

仁寿殿《じじゅうでん》
内裏《だいり》にある建物で、正月の内宴《ないえん》や歌合《うたあわせ》などが行われる。

英雄・坂上田村麻呂が東北に朝廷の威権を伸ばす

桓武天皇は一方で軍制の改革にも力を注いだ。徴兵による軍団制から志願制による**健児**《こんでい》へ移行し、九州と東北に人的資源を集中したのだ。797年、初の**征夷大将軍**《せいいたいしょうぐん》となった**坂上田村麻呂**《さかのうえのたむらまろ》は4万の兵を率いて陸奥国《むつのくに》平定におもむき、802年には**胆沢城**《いさわじょう》を築いて蝦夷《えみし》のリーダー・**阿弖流為**《あてるい》を降伏させるなど、朝廷の支配圏拡大に貢献している。

平安京大内裏の再現模型
大内裏は都の中枢となる正庁で、内裏のほかに、朝堂院や太政官などの中央官庁が建ち並んでいた。南の中央には応天門、朱雀門があった。

特集

日本仏教の基礎を築いた最澄と空海

天台宗開祖

最澄《さいちょう》(767～822)

比叡山で修行を積んだあと、桓武天皇の信頼を得て、遣唐使《けんとうし》として入唐した。帰国後、戒《かい》壇《だん》（戒律《かいりつ》を授けるための場所）の設置を目指すが、奈良の大寺院から反発される。比叡山に延暦寺《えんりゃくじ》を建立し、天台宗を開いた。

真言宗開祖

空海《くうかい》(774～835)

最澄と同じ遣唐使として入唐し、長安で密教《みっきょう》を学ぶ。帰国後、高野山に金《こん》剛峯寺《ごうぶじ》を建立し、真言宗を開いた。京都では下賜された教王護国寺《きょうおうごこくじ》（東寺《とうじ》）を密教道場としたほか、一般庶民の学校として綜《しゅ》芸種智院《げいしゅちいん》も創設した。

金剛峯寺

和歌山県高野山にある真言宗の本山で、816年に空海が開いた。山頂には堂塔や伽《が》藍《らん》が建ち並び、山全体を曼荼羅世界として現出させているという。写真は根本大塔。

文殊楼《もんじゅろう》

根本中堂の東に位置し、文殊菩薩を安置する二階建ての山門。

創建当時の延暦寺

延暦寺には、東塔《とうどう》・西塔《さいとう》・横川《よかわ》と呼ばれる３つの区域がある。東塔は、延暦寺発祥の地であり、その本堂である根本中堂は、延暦寺の総本堂である。創建以来、何度も災害にあっているが、復興されるごとに規模が大きくなった。

日本で新宗派を開いたふたりの天才僧

桓武《かんむ》天皇による長岡京・平安京への遷都は、一方で平城京における**奈良仏教**勢力の影響力を排することで新政を軌道に乗せようという意味をもっていた。

桓武天皇は８０４年に派遣した**遣唐使船《けんとうしせん》**に**最澄《さいちょう》**と**空海《くうかい》**のふたりの僧を乗船させる。中国に渡った最澄は台州《だいしゅう》の**天台山《てんだいさん》**で「**法華経《ほけきょう》**」を学び、同じく空海は長安《ちょうあん》の**青龍《せいりゅう》寺《じ》**で**密教**（**真言**）を修得して、ともに帰国後は新しい仏教宗派の開祖となった。すなわち、**天台宗《てんだいしゅう》**と**真言宗《しんごんしゅう》**である。

天台宗は「法華経」のほか、**禅《ぜん》**や**戒律《かいりつ》**などを同等に広く研究するため、その本山である**比叡山《ひえいざん》**の**延暦《えんりゃく》寺《じ》**は現代の大学のような最高学府となっていった。平安時代末から鎌倉時代に誕生した浄土宗や浄土真宗、日蓮宗などの鎌倉新仏教は、天台宗から派生したものである。

真言宗は真言密教を諸学に優越すると定義し、折から発生した「**薬子《くすこ》の変**」（８１０年に起きた**平《へい》城《ぜい》上皇**と**嵯峨《さが》天皇**の兄弟の争い）

東塔《とうどう》
最澄が全国6か所の聖地に建立した宝塔のうち、その中心となる塔。
根本中堂《こんぽんちゅうどう》
延暦寺の総本堂。最澄が788年に創建した一《いち》乗止観院《じょうしかんいん》が発祥である。

琵琶湖から望んだ比叡山。

東海道名所之内
比叡山

江戸時代の延暦寺

延暦寺は織田信長によって焼き討ちされたが、豊臣秀吉や徳川家康によって再興された。根本中堂は江戸幕府3代将軍・徳川家光によって再建された。

を受けて密教の修法による**国家鎮護**の**加持祈祷**《かじきとう》を行い、嵯峨天皇をはじめとする朝廷の支持を受けていった。823年には嵯峨天皇から京の**東寺**《とうじ》を下賜《かし》され、「**教王護**《きょうおうご》**国寺**《こくじ》」と名付けている。まさに天皇を仏教に帰依《きえ》させて、国家を鎮護するための寺であった。

天台宗から派生した宗派

宗派	開祖	本山
真言宗	**開祖：空海**	本山：金剛峯寺ほか
天台宗	**開祖：最澄**	本山：延暦寺ほか
日蓮宗	**開祖：日蓮**《にちれん》	本山：久遠寺ほか
浄土宗	**開祖：法然**《ほうねん》	本山：知恩院ほか
浄土真宗	**開祖：親鸞**《しんらん》	本山：西本願寺・東本願寺ほか

臨済宗《りんざいしゅう》開祖の栄西《えいさい》や、曹洞宗《そうとうしゅう》開祖の道元《どうげん》も、延暦寺で学んだ。

866年
平安時代

皇族以外で初の摂政就任
藤原氏の黄金時代 婚姻と策謀で築き上げた

応天門の変
866年、平安京大内裏朝堂院の南面正門である応天門が炎上。この事件を利用して、藤原良房は伴善男らを失脚させた。

藤原良房《ふじわらのよしふさ》(804~872)
藤原北家、冬嗣の子。承和の変、応天門の変によって、政敵の伴氏、橘氏らを失脚させ権力を握る。皇族以外で初の摂政に任じられた。

菅原道真《すがわらのみちざね》(845~903)
学者の家に生まれ、宇多天皇に抜擢される。遣唐使の廃止を献言した。右大臣まで昇進するが、藤原時平《ふじわらのときひら》の策謀により大宰府に左遷された。

藤原基経《ふじわらのもとつね》(836~891)
良房の養子。陽成《ようぜい》天皇を退位させ、光孝《こうこう》天皇を即位させた。その後、阿衡《あこう》の紛議《ふんぎ》で宇多《うだ》天皇に譲歩させる。史上初めて関白に就任した。

陰謀、強権…あらゆる手段で権力を掴んだ藤原氏

842年、**嵯峨上皇**《さが》が崩御すると、**仁明天皇**《にんみょう》に対する謀反の嫌疑で**伴健岑**《とものこわみね》・**橘逸勢**《たちばなのはやなり》らが捕らわれ、**恒貞親王**《つねさだ》が幽閉された。これを「**承和の変**《じょうわ》」という。この事件でライバルたちを蹴落とした**藤原良房**《ふじわらのよしふさ》は娘の**明子**《めいし》を**文徳天皇**《もんとく》の女御《にょうご》とし、その子の**惟仁**《これひと》を皇太子とした。

857年、良房は**太政大臣**《だいじょうだいじん》に就任する。太政大臣は「**則闕の官**《そっけつのかん》」とも呼ばれ、ふさわしい人材がいなければ空席とされる太政官の最高職であり、良房の権勢は大いに騰《あ》がった。さらに惟仁親王が即位して**清和天皇**《せいわ》となると、良房は「**天皇の外戚**《がいせき》」の地位をも手に入れる。

866年、平安京の内裏《だいり》の**応天門**《おうてんもん》が炎上、消失するという「**応天門の変**」が起こると、その犯人として大納言・**伴善男**《とものよしお》らが流罪となる。これによって藤原氏に対抗する勢力はほとんど姿を消し、皇族以外では初めての**摂政**《せっしょう》(幼い天皇の代わりに政治を行う職)となった良房の声望と権力はピークを迎えたのだった。

藤原氏系図

藤原不比等（659～720）
鎌足の子で、大宝律令や養老律令を制定した。藤原姓を名乗れるのは、不比等の子孫のみとなった。

藤原鎌足

南家／京家／式家／北家

赤文字は天皇
＝は婚姻関係
数字は摂政・関白の就任順
■は摂政・関白に就任した人物

藤原氏の代表的な家紋「下がり藤」。

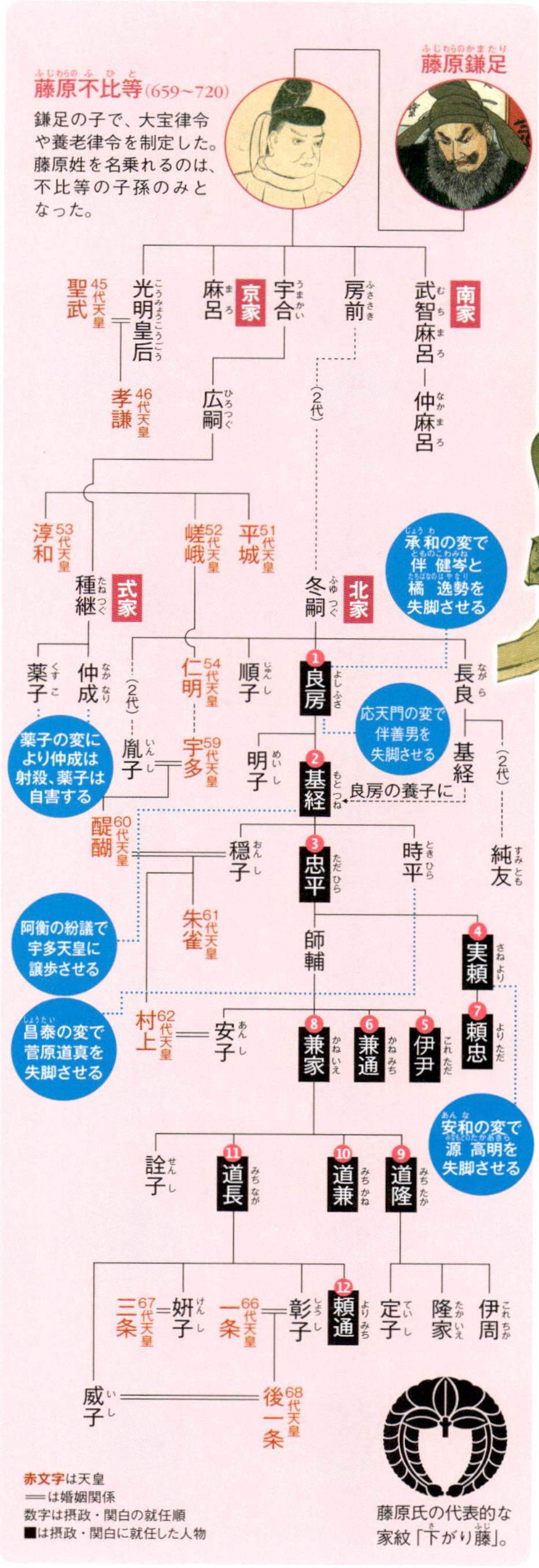

炎上する応天門を見物する群衆
応天門の変を題材にした『伴大納言絵詞』（模写）。放火され、炎上する応天門を見物するために集まった野次馬たちが描かれている。

伴善男（811～868）
大納言に任じられたことから「伴大納言」と呼ばれた貴族。応天門の変を起こし、源信を失脚させようとしたが失敗。伊豆に流された。

雷神（天神）となって清涼殿を襲う道真
大宰府に左遷された菅原道真は、2年後に死去した。その後、都では異変が相次ぎ、930年には内裏の清涼殿が落雷を受け、多くの死傷者が出た。これを人々は道真の祟りとし、道真は天神様として信仰されるようになった。

良房の養子・**基経**は陽成、光孝、宇多の3人の天皇の擁立を行うなど、その権力は良房をしのぐほどであったが、基経が死去すると宇多天皇は藤原氏の力を抑制するために側近として学者の**菅原道真**を登用した。

道真は合理的な政策を採るとともに、自らの保護者である天皇への集権化を進めようとしたが、基経の子・**時平**が**醍醐天皇**（宇多上皇の子）に讒言したため失脚、**大宰府**へ流された。道真と時平が醍醐天皇に仕えた期間は「**延喜の治**」と呼ばれ、天皇親政が行われた理想の治世とされている。

935年
平安時代

承平《じょうへい》・天慶《てんぎょう》の乱
朝廷に反旗を翻した平将門と藤原純友

平将門《たいらのまさかど》(903？～940)

関東地方を本拠地にした武将。親族との争いを発端に反乱を起こし、関東一帯を制圧。新皇《しんのう》を名乗ったが、朝廷軍に討たれた。

将門の首塚

東京都千代田区にある将門の首塚。朝廷軍に討たれた将門の首は京都でさらされたが、関東を目指して飛び去り、この地に落ちたといわれる。

各地のおもな武士団と武士の反乱

承平の乱(935～940年)
935年に平将門が伯父の平国香を殺害したことに始まる反乱。939年、将門は常陸《ひたち》・下野《しもつけ》・上野《こうずけ》の国府を攻略し、関東8か国を制圧したが、翌年、藤原秀郷らによって鎮圧された。

天慶の乱(939～941年)
伊予《いよ》国（愛媛県）に赴いた役人だった藤原純友は、任期終了後も京都に戻らず、そのまま海賊の棟梁となった。939年、日振島を拠点に反乱を起こしたが、941年に小野好古《おののよしふる》らによって鎮圧された。

純友が拠点にした日振島《ひぶりしま》

純友はこの島を拠点に、淡路《あわじ》（兵庫県）や讃岐《さぬき》（香川県）、大宰府などを攻略した。

藤原秀郷《ふじわらのひでさと》(生没年不詳)

下野《しもつけ》（栃木県）を本拠地にした武将。平貞盛《たいらのさだもり》と協力して平将門の乱を平定した。

藤原純友《ふじわらのすみとも》(893?～941)

海賊の首領。淡路《あわじ》・讃岐《さぬき》などの国府《こくふ》や大宰府《だざいふ》を攻めたが、朝廷軍に敗れて捕らえられ、獄中死したと伝わる。

陸と海、地方で力を蓄えたアンチヒーロー

中央で**藤原氏**が全盛を迎えたころ、地方では**受領《ずりょう》**（実際に任地に赴任した国司《こくし》）による収奪や治安の悪化などが顕著になるとともに、有力者が資本力と動員力によって荒れ地を**開墾《かいこん》**し、大規模な農地を経営する形態が多く見られるようになった。彼らは土地や農民を守るために武装し、**武士団**へと発展していく。その代表例が、関東で勃興《ぼっこう》した**桓武平氏《かんむへいし》**と、近畿で勢力を拡げた**清和源氏《せいわげんじ》**である。

桓武平氏の**平将門《たいらのまさかど》**は下総《しもうさ》を本拠地とし、同族間の争いからやがて939年に朝廷に反旗をひるがえし、関東各国を支配下に置いて「**新皇《しんのう》**」と自称した（**承平《じょうへい》の乱**）。

また、瀬戸内海では伊予掾《いよのじょう》（国司のうち位階の低いもの）だった**藤原純友《ふじわらのすみとも》**が海賊の頭目《とうもく》となって沿岸を荒らした（**天慶《てんぎょう》の乱**）。

朝廷では東西で発生した乱に対し、同じ**地方武士団**に討伐させることによってようやく鎮圧することができた。武士が次の時代の主役となることを予感させる事件だった。

天皇
- 陽成
- 光孝
- 宇多
- 900
- 醍醐
- 平安時代
- 承平の乱
- 天慶の乱
- 朱雀
- 950
- 村上
- 冷泉
- 円融
- 花山
- 一条
- 1000

1018年
平安時代

摂関政治の絶頂期

「満月」の如く完全な権力を掌握した藤原道長

兄たちの死と娘の閨閥《けいばつ》が権力の座への扉を開く

969年の「**安和《あんな》の変**」で左大臣・**源 高明《みなもとのたかあきら》**が追放されたことによって藤原氏の対抗勢力は完全に姿を消した。これにより藤原氏が常に**摂政《せっしょう》**あるいは**関白《かんぱく》**（天皇の補佐役）として政治の実権を握る「**摂関政治《せっかんせいじ》**」の時代が始まる。そうなると次に起こるのは、藤原一門の「**氏長者《うじのちょうじゃ》**」の座をめぐる身内の争いである。

藤原道長《ふじわらのみちなが》は**一条天皇《いちじょうてんのう》**の外祖父で摂政となった**兼家《かねいえ》**の4男だったが、3人の兄のうちふたりが相次いで亡くなり、もうひとりの兄は庶腹《しょふく》（正妻以外の女性の子）だったために出世のチャンスをつかむ。甥《おい》の**伊周《これちか》**を失脚させた道長は娘の**彰子《しょうし》**を一条天皇の**中宮《ちゅうぐう》**とし、続く**三条天皇《さんじょうてんのう》**にも娘の**妍子《けんし》**を中宮に入れた。そして彰子が生んだ**後一条《ごいちじょう》天皇**が即位することにより、道長も天皇の外祖父として**摂政**の地位を手に入れたのだった。

1018年、後一条天皇の中宮として娘・**威子《いし》**を入内《じゅだい》させた道長は、祝宴の席で有名な「此《こ》の世をば～」の歌を詠む。まさにこの世におけるすべての望みをかなえ、完璧な人生を謳歌する最高権力者の姿が、そこにはあった。ユネスコ「世界記憶遺産」に登録された『**御堂関白記《みどうかんぱくき》**』は、道長の自筆日記である。

「此《こ》の世をば　我が世とぞ思ふ
望月《もちづき》の　欠《か》けたることも
無しと思えば」
（満月に欠けているところがないように、この世はまるで、自分の世のように完全なものに思われる）

藤原道長《ふじわらのみちなが》（966～1027）

藤原兼家の４男。娘を次々に中宮《ちゅうぐう》（皇后と同格の后《きさき》）とし、外戚《がいせき》となって摂政や太政大臣を歴任。藤原氏全盛期を築いた。

法成寺跡《ほうじょうじ》

1019年に出家した道長は、９体の阿弥《あみ》陀如来《だにょらい》を安置する無量寿院《むりょうじゅいん》を完成させた。その後も伽藍《がらん》の建築を続け、壮大な敷地をもつ法成寺を完成させた。鎌倉時代に廃寺になったが、跡地に石碑が立っている（京都市）。

安倍晴明。▶

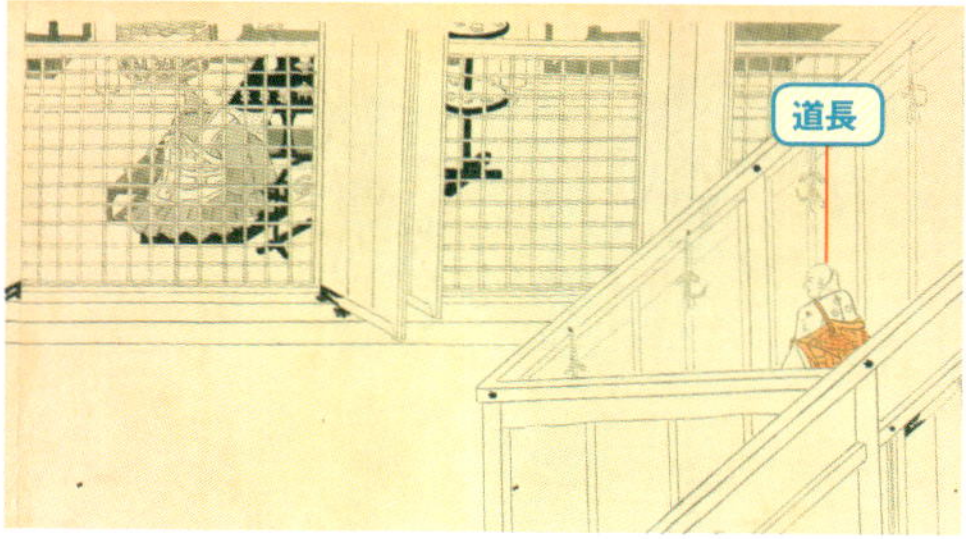

道長

出家した道長

「望月」の歌を詠んだ翌年、病のために道長は出家した。晩年の道長は、阿弥陀如来を信仰する浄土教に傾倒した。

日本史余話

道長から信頼された陰陽師・安倍晴明

平安時代、陰陽五《いんようご》行説《ぎょうせつ》などに基づいく陰陽道《おんみょうどう》によって、吉凶や禍福を占った陰《おん》陽師《みょうじ》の中で、卓越した能力を発揮したのが安倍晴明《あべのせいめい》であった。晴明の活躍は、道長の日記『御堂関白記《みどうかんぱくき》』にも記されている。

天皇
朱雀
950
村上
冷泉
円融
花山
一条
1000
三条
藤原道長の娘・威子が中宮となる
後一条
平安時代
後朱雀
1050
後冷泉

特集

世界に先駆けて花開いた平安女流文学

『源氏物語絵巻』

紫式部が著した『源氏物語』を題材にした絵巻物。上の絵は第49帖「宿木《やどりぎ》」において六君《ろくのきみ》が匂宮《におうのみや》の正妻となる場面を描いたもの（模写）。

小野小町《おののこまち》（生没年不詳）

六歌仙のひとり。情熱的な恋愛を歌に詠んだ。絶世の美女として、数々の伝説が残る。

紫式部《むらさきしきぶ》（973?～1014?）

一条天皇の中宮・彰子《しょうし》の女房。宮中で、全54帖に及ぶ『源氏物語』を執筆した。『紫式部日記』を残す。

ふたりの女流作家が著した日本最高の文学の傑作

藤原道長《ふじわらのみちなが》の時代、上流の公家の出世は娘を天皇の后《きさき》に入れることにかかっていた。そしてその願いが実現すれば、次にはその娘が皇子を産めるかどうかが最大の関心事となる。そのために、彼らは娘に才媛《さいえん》を仕えさせて詩歌や音曲などで天皇の寵愛《ちょうあい》を独占しようと腐心したのだ。このため女性がもてる才能を遠慮したりせず、思う存分発揮できる環境が朝廷のなかにできあがった。

彼女たちの代表的な例が、**藤原《ふじわらの》道隆《みちたか》**（道長の兄）の娘・**定子《ていし》**についた**清少納言《せいしょうなごん》**、それに道長の娘・**彰子《しょうし》**についた**紫式部《むらさきしきぶ》**だろう。

ふたりの女性はともに**一条天皇《いちじょう》**の后となった定子と彰子に仕え、漢詩や和歌にすぐれた清少納言は随筆『**枕草子《まくらのそうし》**』を、同じく紫式部は恋愛小説のバイブル『**源氏物語《げんじものがたり》**』や日記『**紫式部日記**』を著した。平安文学の最高峰といわれるふたりの作品によって、平安王朝の文化は、藤原道長と同じく「望月《もちづき》（満月）」の時を迎える。

和泉式部《いずみしきぶ》（生没年不詳）

三十六歌仙のひとり。敦道親王との恋愛を記した『和泉式部日記』を残す。歌集に『和泉式部集』がある。

清少納言《せいしょうなごん》（966？～1025？）

一条天皇の中宮・定子《ていし》の女房。宮廷生活の体験を随筆風に書いた『枕草子《まくらのそうし》』を残す。歌集に『清少納言集』がある。

伊勢《いせ》（872？～938？）

三十六歌仙のひとり。『古今和歌集』をはじめ、勅撰和歌集に数多くの歌が収録される。歌集に『伊勢集』がある。

藤原道綱母《ふじわらのみちつなのはは》（936？～995）

摂政・藤原兼家の妻で、夫との結婚生活を記した『蜻蛉日記』を残す。女流文学の先駆けといわれる。

国風文化と国文学を生み育てた「かな文字」

清少納言や紫式部という女流文学の大家を生んだのは、また「**かな（仮名）文字**」の発達によるところが大きい。中国の影響を脱し、日本固有の気候や習慣にもとづいた感覚をそのまま映し出すかな文字によって**国文学**がさかんとなり、和歌や物語が続々と生み出されていく。

また**紀貫之《きのつらゆき》**が『**土佐日記《とさにっき》**』の主人公を女性に仮託してかな文字で記したのをはじめ、女性が著した『**蜻蛉日記《かげろうにっき》**』や『**更級日記《さらしなにっき》**』など、女性ならではの細やかな感情の起伏を表現するのに適したかな文字の発達によって名作となったのだ。

平安時代のおもな女流文学作品

- 『源氏物語』 著者 紫式部
- 『紫式部日記』 著者 紫式部
- 『枕草子』 著者 清少納言
- 『和泉式部日記』 著者 和泉式部
- 『蜻蛉日記』 著者 藤原道綱母
- 『更級日記』 著者 菅原孝標女
- 『伊勢集』 著者 伊勢

前九年・後三年の役
東北の戦乱を制した武家の棟梁・源義家

前九年の役で進軍する源氏

『前九年合戦絵巻』に描かれた13歳の源義家と、義家の父・源頼義。安倍氏討伐のために派遣された。乱を鎮圧できたのは12年後であった。

前九年の役、後三年の役 相関図

前九年の役		
安倍頼時 安倍貞任	VS	源頼義 源義家 清原武則
後三年の役		
清原家衡	VS	清原（藤原）清衡 源義家

源 義家《みなもとのよしいえ》(1039～1106)

源氏の武将で、前九年の役で安倍氏を平定し、後三年の役で清原一族の反乱を鎮めた。源氏の棟梁としての地位を確立した。

八乙女城跡《やおとめじょう》

秋田県にある城跡で、前九年の役において、安倍氏の防衛線として築かれた城のひとつといわれる。

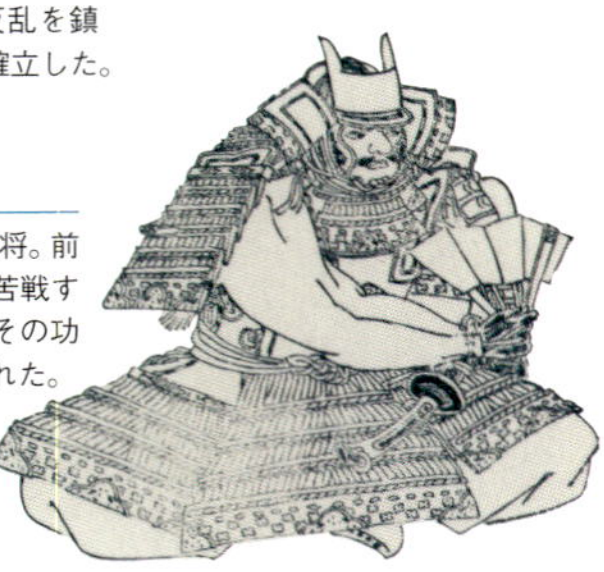

清原武則《きよはらのたけのり》(生没年不詳)

出羽（山形県・秋田県）の武将。前九年の役で、安倍氏討伐に苦戦する源頼義・義家を助ける。その功により鎮守府《ちんじゅふ》将軍に任じられた。

東北地方の兵乱が武門の棟梁・源氏を育成

1028年に**平忠常**《たいらのただつね》（平将門《たいらのまさかど》の従兄弟《いとこ》の子）が乱を起こすと、道長に仕え河内で勢力を張っていた**源頼信**《みなもとのよりのぶ》（清和源氏）が追討の大将となって、戦うことなく忠常を降伏させた。これが、関東に源氏の勢力が進出するきっかけとなった。

そのころ、東北では陸奥《むつ》の豪族・**安倍氏**《あべ》が力をつけ、**安倍頼良**《あべのよりよし》は奥《おく》六郡《ろくぐん》（岩手県）を支配して朝廷の命令に背き、南方への進出をうかがっていた。1051年のことである。

これに対し、朝廷が討伐のために派遣したのが、頼信の子・**頼義**《よりよし》である。頼義は関東で兵を集め頼良を降伏させる。その後ふたたび反旗をひるがえした頼良（**頼時**《よりとき》と改名）は討ち死にし、頼義はさらに出羽《でわ》の**清原氏**を味方につけて大軍で圧倒し、頼時の子・**貞任**《さだとう》を**厨**《くりや》**川**《がわ》**の戦い**で討ち取った。1062年に終わったこの戦いを、「**前九年の役**」と呼び、源氏の力は東北にまで及ぶこととなる。

だが、東北の平和はつかの間だった。今度は清原氏の内輪もめ

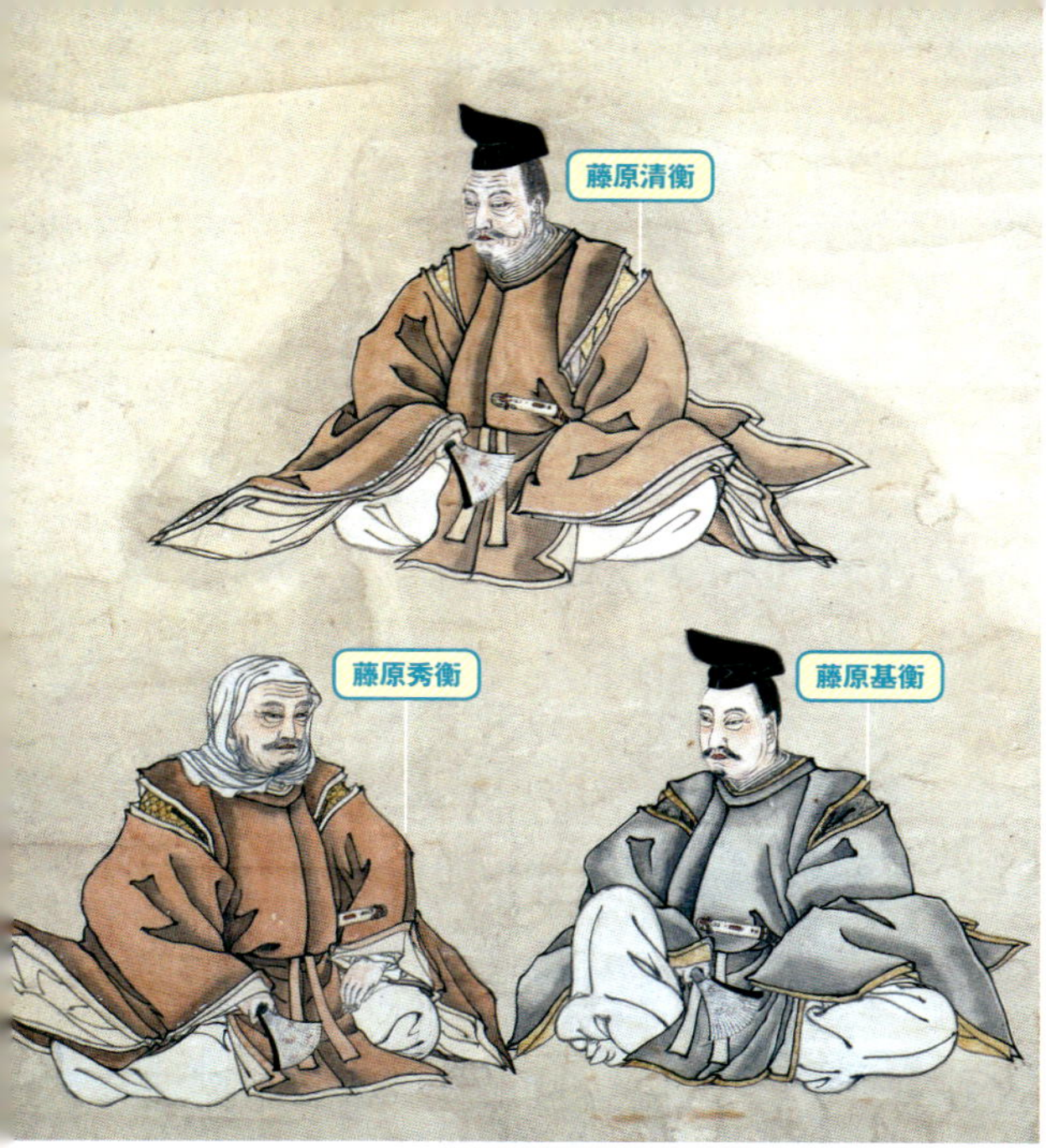

前九年の役の安倍貞任軍

父・安倍頼時の戦死後、父の跡を継いだ安倍貞任は、黄《きの》海《み》の戦いで源頼義軍に勝利するなど善戦した。しかし、清原武則の参戦により劣勢となり、厨川柵《くりやがわのさく》で戦死した。

奥州藤原氏３代肖像

後三年の役で、異父弟の清原家衡を滅ぼした清原清衡は、姓を藤原にして勢力を拡大。清衡は平泉《ひらいずみ》（岩手県）を拠点に、奥州全土の支配権を確立した。子の基衡《もとひら》、孫の秀衡《ひでひら》の３代約100年間にわたって、奥州藤原氏は繁栄した。

金沢柵跡《かねざわのさくあと》

秋田県にある城跡で、清原氏の居城であった。後三年の役では、清原家衡らが籠城したが、源義家の兵糧攻めにより落城した。

勿来《なこそ》の関を越える源義家

後三年の役の後、義家が勿来の関（福島県）を通りかかったとき、風が吹いて桜の花が道いっぱいに舞っている様子を見て、「吹く風を 勿来の関と 思へども 道もせに散る 山桜かな」と詠んだといわれる。

が始まったのである。**家衡《いえひら》**と**清衡《きよひら》**の兄弟が争い、清衡は頼義の跡を継いだ**義家《よしいえ》**に助けを求めた。源氏の氏神《うじがみ》で戦いの神でもある**八幡大菩薩《はちまんだいぼさつ》**を名にいただき「**八幡太郎**」と名乗ったほどの武勇の人・義家は、東北の大雪に苦しみながらも戦いを進め、空を飛ぶ雁《かり》の列が乱れるのを見て敵の伏兵がひそんでいるのを見破るなど、その軍才を存分に発揮して**金沢柵《かねざわのさく》**で家衡を撃破する。「**後三年の役**」である。

この戦いを「義家の私戦である」として恩賞を与えなかった朝廷に対し、義家は自腹をきって家人たちに報いる。それは武家の**棟梁《とうりょう》**と呼ぶにふさわしいものだった。

日本史余話

武家の名門「清和源氏」の祖・清和天皇

「源氏」とは、もともと嵯峨《さが》天皇が皇族に与えた姓で、「天皇と源が同じ」という意味。源氏の中でもっとも繁栄したのが、清和《せいわ》天皇の子・貞純《さだずみ》親王の系譜である「清和源氏」だ。鎌倉幕府を開いた源頼朝や、室町幕府を開いた足利尊氏も清和源氏の家系である。

◀56代清和天皇（850～880）。

1086年
平安時代

院政の開始
天皇に位を譲った白河上皇が政治の実権を握る

法勝寺
法勝寺《ほっしょうじ》は1077年に白河天皇が建立した寺院。院政期に建てられた六勝寺《ろくしょうじ》（勝の字がつく６寺の総称）のひとつで、「国王の氏寺」と呼ばれた。金堂や講堂、八角九重塔などが建ち並ぶ大伽藍であった。
八角九重塔
池の中島に建つ、高さ80mあったとされる巨大な塔。
金堂
法勝寺の中心となる伽藍で、東大寺大仏殿に次ぐ巨大な建築だった。
南大門
法勝寺の南に面する門で、八角九重塔、金堂と一直線に配置されていた。

末代の賢主・後三条天皇、治天の君・白河上皇

藤原道長《ふじわらのみちなが》の子・**頼通**《よりみち》と**教通**《のりみち》は、娘に皇子を産ませることができなかった。このため摂政・関白を独占する**摂関家**《せっかんけ》との血のつながりが薄い**後三条天皇**《ごさんじょう》が即位し、**荘園**《しょうえん》の整理令を出した。荘園とは地方の有力者が、開墾《かいこん》した土地を守るために貴族や寺社に寄進《きしん》して、自らその荘官となったもので、摂関家の荘園は権力をバックに国の課税や役人の立ち入りを拒む「**不輸不**《ふゆふ》**入の権**《にゅう》」をもち、地方支配の障害となっていたのだ。

摂関家の力を削ぐことに意を注《そそ》いだ後三条天皇のあとは、その皇子・**白河天皇**《しらかわ》の時代となる。白河天皇は父が決めた皇太子・**実仁親王**《さねひと》（異母弟）が病死すると、翌１０８６年、皇位を皇子の**善仁親王**《たるひと》に譲って**堀河**《ほりかわ》**天皇**とした。自分の子孫で皇統を独占しようと考えたのだ。この譲位によって白河上皇は煩雑な朝廷のしきたりや儀式から解放された自由な「**治天の君**《ちてん》」として幼い天皇の後見をすることになる。**院政**《いんせい》の開始であり、摂関家は一段と衰えた。

天皇
後三条
後朱雀
1050
後冷泉
後三条
白河
院政の開始
平安時代
堀河
1100
鳥羽
崇徳
近衛

白河上皇
雅楽を演奏する楽士
内大臣

白河上皇の春日大社参詣

『春日権現験記《かすがごんげんげんき》』で、白河上皇が奈良の春日大社へ行幸《ぎょうこう》したときの様子を描いた場面。和琴、横笛、笏《しゃく》拍子、篳《ひち》篥《りき》を奏でる楽士が見える。

円勝寺《えんしょうじ》
六勝寺のひとつで、1128年、待賢門院《たいけんもんいん》（鳥羽天皇の皇后）の発願によって建てられた。
白河北殿《しらかわきたどの》
白河上皇が造営した御所。保元の乱で焼失した。

院政期の天皇系図

- 71 後三条《ごさんじょう》 — 藤原氏と外戚関係にない
  - 72 白河《しらかわ》 — 院政を開始
    - 73 堀河《ほりかわ》
      - 74 鳥羽《とば》 — 崇徳上皇と不和
        - 75 崇徳《すとく》
        - 76 近衛《このえ》
        - 77 後白河《ごしらかわ》 — 平清盛と対立
          - 78 二条《にじょう》
            - 79 六条《ろくじょう》
          - 以仁王《もちひとおう》
          - 80 高倉《たかくら》
            - 81 安徳《あんとく》

赤文字は天皇
数字は皇位継承の順
■は院政を行った上皇（法皇）

白河法皇
院政之地
鳥羽法皇

院政之地碑

鳥羽離宮は、白河法皇が開き、鳥羽法皇が院政を行った地。平安京の南郊にあり、1179年に後鳥羽上皇が平清盛に幽閉された地としても有名。

▲熊野本宮大社の上四社。

日本史余話

上皇たちが頻繁に行った「熊野詣」

院政期の上皇・法王や貴族たちは、救いを求めて熊野三山《くまのさんざん》（本宮大社・速玉《はやたま》大社・那智《なち》大社）への参詣を何度も行った。ときには数千人の供を連れた行幸になったという。

白河天皇《しらかわてんのう》（1053～1129）

72代天皇。子の堀河天皇を助けるために、譲位して上皇となり、院政を開始した。以後、堀河・鳥羽・崇徳の３代にわたって43年間の院政をしいた。後に出家して法皇となる。

極楽浄土への往生を願った人々

末法思想と浄土信仰

時代は末法、人々は極楽浄土への往生を願う

平安時代後期、武士が力をつけ、**承平《じょうへい》・天慶《てんぎょう》の乱**のような大事件も発生し始めた。**僧兵《そうへい》**による治安の悪化も著しい。貴族や寺社など既得権益層は、時代の主役の座を武士や僧兵など武力をもつ者たちに取って代わられるのではないかという漠然とした不安に苛《さいな》まれるようになる。

日本がちょうど**末法《まっぽう》**の時代に入ったという「**末法思想**」とあいまって、この世にはもはや救いを期待することはできないと考えた人々は、**極楽《ごくらく》浄土《じょうど》**へ**往生《おうじょう》**することを願い、**浄土《じょうど》教《きょう》**（**浄土信仰**）にすがった。

「欠《か》けたることも無しと思えば」と詠《うた》った**藤原道長**が晩年に**法成寺《ほうじょうじ》**（無《む》量寿院《りょうじゅいん》）を創建し、本尊の**阿弥陀《あみだ》如《にょ》来《らい》**像の指に結んだ糸を握って臨終を迎えたというのは有名な話だ。**源信《げんしん》**の『**往生要集《おうじょうようしゅう》**』は、そんな人々のための「往生マニュアル」だった。

末法思想とは

- 紀元前949年
  - ↑ 1000年 ↓
  - **正法《しょうほう》** 中国仏教における仏陀《ブッダ》入滅年から1000年間。教えが正しく行われる。
- 52年
  - ↑ 1000年 ↓
  - **像法《ぞうほう》** 正法以後の1000年間で、悟りを得る者がいなくなる。
- 1052年
  - ↑ 1万年 ↓
  - **末法《まっぽう》** 像法以後の１万年間で、仏陀の教えが滅びるとされる。

源信《げんしん》（942〜1017）

恵心僧都《えしんそうず》とも。比《ひ》叡山《えいざん》横川《よかわ》の恵心院《えしんいん》に住んだ僧で、極楽往生に関する『往生要集《おうじょうようしゅう》』を著した。念仏を唱えることで極楽往生ができると説き、浄土信仰に決定的な影響を与えた。

『浄土曼荼羅図《じょうどまんだらず》』

阿弥陀如来《あみだにょらい》が住む極楽浄土の様子を描いた絵。念仏を唱える者は、臨終を迎えたとき、阿弥陀如来が迎えに来て、極楽浄土に導かれると信じられた。

楼閣
阿弥陀如来
勢至《せいし》菩薩
観音菩薩
蓮池

空也《くうや》（903〜972）

念仏と浄土信仰を庶民に広めた僧。念仏を唱えながら踊り歩く「踊念仏《おどりねんぶつ》」によって布教した。諸国を遍歴しながら、各地で井戸や橋、道路などを造り、市聖《いちのひじり》、阿弥陀《あみだ》聖《ひじり》と呼ばれた。

木造空也上人立像。

第3章 平安時代～室町時代

1159年 平治の乱

1185年 壇の浦の戦い

1192年 源頼朝、征夷大将軍就任

1221年 承久の乱

1274年 文永の役

1333年 鎌倉幕府の滅亡

1338年 足利尊氏、征夷大将軍就任

1392年 南北朝合一

1467年 応仁の乱

平安末期 ⇔ 室町時代

鎌倉・室町に武家政権が樹立される！

平氏との戦いを制した源頼朝は日本最初の武家政権である鎌倉幕府を開いた。鎌倉幕府滅亡後、建武の新政が行われたが、足利尊氏が室町幕府を開き、再び武家が権力を掌握した。

1185年 （▶P50）
壇の浦の戦い

源氏が平氏を滅ぼした壇の浦の戦い。

1221年 （▶P54）
承久の乱

瀬田唐橋での戦闘の場面。

平安時代 ／ 鎌倉時代

年	年表
1156	**保元の乱**
1159	**平治の乱**
1167	平清盛が太政大臣に就任
1171	清盛の娘・徳子が高倉天皇に入内
1179	清盛が後白河法皇を幽閉
1180	以仁王が平氏追討の令旨を発する
1184	一の谷の戦い
1185	**壇の浦の戦い**で平氏が滅亡 源頼朝が守護・地頭を設置
1192	頼朝が征夷大将軍に就任
1203	源実朝が征夷大将軍に就任
1219	実朝が公暁に殺害される
1221	**承久の乱**
1232	御成敗式目（貞永式目）の制定
1246	宮騒動により藤原頼経を京へ送還
1247	北条時頼が三浦泰村を滅ぼす（宝治合戦）
1260	日蓮が『立正安国論』を著す
1274	**文永の役**
1281	**弘安の役**

将軍：頼朝、頼家、実朝、藤原頼経、藤原頼嗣、宗尊親王、惟康親王

人物生没年

1118 平清盛 1181
50歳のとき太政大臣就任

1147 源頼朝 1199
46歳のとき征夷大将軍就任

1159 源義経 1189
27歳のとき壇の浦の戦い

1157 北条政子 1225
65歳のとき承久の乱

1133 法然 1212
43歳のとき浄土宗開宗

1251 北条時宗 1284
24歳のとき文永の役

1227 北条時頼 1263
21歳のとき宝治合戦

1222 日蓮 1282
32歳のとき日蓮宗開宗

1239 一遍
41歳のとき踊念仏開始

1333年（▶P62）
鎌倉幕府の滅亡

新田義貞による鎌倉侵攻。

1467年（▶P68）
応仁の乱

京都が戦場となった応仁の乱。

室町時代 ／ 南北朝時代

1285	霜月騒動で安達泰盛が敗死
1293	鎮西探題の設置
1324	正中の変
1331	元弘の変
1333	新田義貞が鎌倉を攻略し、**鎌倉幕府滅亡**
1336	足利尊氏が建武式目を制定
	後醍醐天皇が吉野へ逃れる
1338	尊氏が征夷大将軍に就任
1348	四条畷の戦い
1350	観応の擾乱が始まる
1359	筑後川の戦い
1368	足利義満が征夷大将軍に就任
1378	義満が室町第（花の御所）に入る
1392	**南北朝合一**
1398	義満が鹿苑寺金閣を建立
1404	日明貿易（勘合貿易）開始
1411	足利義持が日明貿易を中断する
1419	応永の外寇
1429	尚巴志が琉球王国を建国
1441	嘉吉の変で赤松満祐が足利義教を殺害
1449	足利成氏が鎌倉公方に就任
1454	享徳の乱
1467	**応仁の乱**が始まる
1473	山名宗全、細川勝元が死去
1488	加賀一向一揆が始まる

将軍：久明親王　守邦親王　尊氏　義詮　義満　義持　義量　義教　義勝　義政　義尚

1305 足利尊氏 1358

1358 足利義満 1408

1301? 新田義貞 1338

1288 後醍醐天皇 1339

1294? 楠木正成 1336

1289

1436 足利義政 1490

1430 細川勝元 1473

1420 雪舟 1502?

1394 一休宗純 1481

1415 蓮如 1499

天皇・公家
武士
文化人
僧
※年齢は数え年

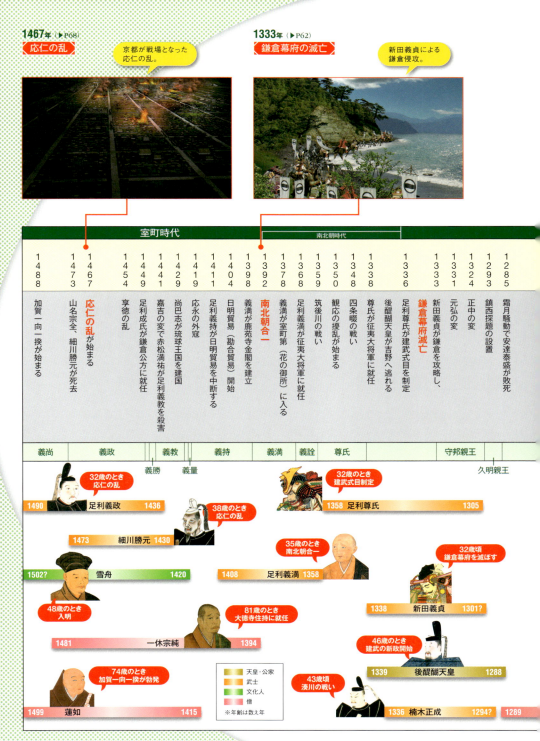

1156年
平安時代

保《ほう》元《げん》・平《へい》治《じ》の乱
武士の力を世に示した保元の乱と平治の乱

保元・平治の乱関連地図

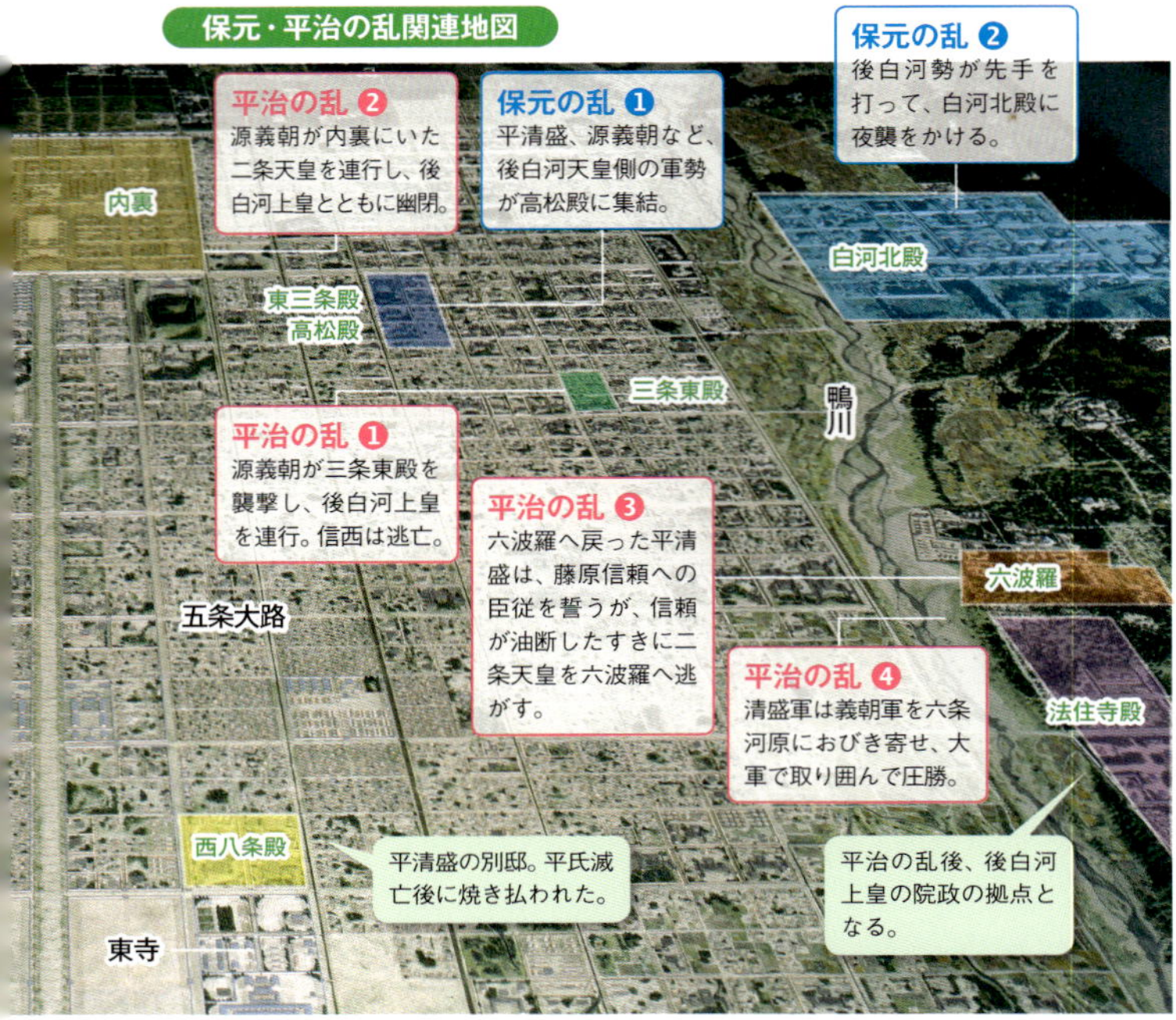

保元の乱 ❶
平清盛、源義朝など、後白河天皇側の軍勢が高松殿に集結。
保元の乱 ❷
後白河勢が先手を打って、白河北殿に夜襲をかける。
平治の乱 ❶
源義朝が三条東殿を襲撃し、後白河上皇を連行。信西は逃亡。
平治の乱 ❷
源義朝が内裏にいた二条天皇を連行し、後白河上皇とともに幽閉。
平治の乱 ❸
六波羅へ戻った平清盛は、藤原信頼への臣従を誓うが、信頼が油断したすきに二条天皇を六波羅へ逃がす。
平治の乱 ❹
清盛軍は義朝軍を六条河原におびき寄せ、大軍で取り囲んで圧勝。
内裏
東三条殿
高松殿
三条東殿
白河北殿
鴨川
六波羅
法住寺殿
五条大路
西八条殿
東寺
平清盛の別邸。平氏滅亡後に焼き払われた。
平治の乱後、後白河上皇の院政の拠点となる。

保元の乱の対立関係

後白河天皇側		崇徳上皇側
藤原忠通	VS	藤原頼長
平清盛		平忠正
源義朝		源為義
源義康		源為朝

平治の乱の対立関係

平氏軍		源氏軍
信西	VS	藤原信頼
平清盛		源義朝
平重盛		源義平
平頼盛		源頼朝

宮内庁三の丸尚蔵館所蔵

後白河《ごしらかわ》天皇
(1127〜1192)

77代天皇。父は鳥羽天皇。二条天皇に譲位した後、約30余年にわたって院政を行った。平氏と源氏の力を抑えて、朝廷を守ることに努めた。今様《いまよう》『梁塵秘抄《りょうじんひしょう》』も編纂した。

崇德院

宮内庁三の丸尚蔵館所蔵

崇徳《すとく》天皇
(1119〜1164)

75代天皇。父は鳥羽天皇で、弟は後白河天皇。保元の乱で後白河天皇と争うが、敗れて讃岐《さぬき》(香川県)に流された。

白河法皇の北面武士として出世した伊勢平氏

院政を始めた**白河法皇**は軍事力においても自分の自由になる直属部隊を置くことによって権力を高めた。それが「**北面武士**《ほくめんのぶし》」である。院の御所の北の離れに待機する彼らは、当初10人ばかりの少人数のボディガードに過ぎなかったが、法皇の権力の増大とともに1000人を超える大軍団となり、延暦寺《えんりゃくじ》などの**僧兵**《そうへい》の**強訴**《ごうそ》を抑える手段として活用された。

そして、その中にいたのが**平正盛**《たいらのまさもり》・**忠盛**《ただもり》父子である。**伊勢**《いせ》**平氏**の正盛らは白河法皇に引き立てられ、源氏の対抗勢力として地位を固める。

天皇	年	時代
堀河	1100	平安時代
鳥羽		
崇徳		
近衛	1150	
後白河 (保元の乱)		
二条 (平治の乱)		
六条		
高倉		
安徳		
後鳥羽		鎌倉時代
土御門	1200	

炎上する三条東殿
井戸に投げ込まれた死体。

源義朝軍に襲撃される「三条東殿」

平治の乱で、源義朝は後白河上皇の御所「三条東殿（三条殿）」を襲い、後白河上皇の身柄を拘束。三条殿に火をかけた。

内裏を脱出する二条天皇

内裏に幽閉されていた二条天皇は、女装して牛車に乗り、清盛邸がある六波羅へ逃れた。

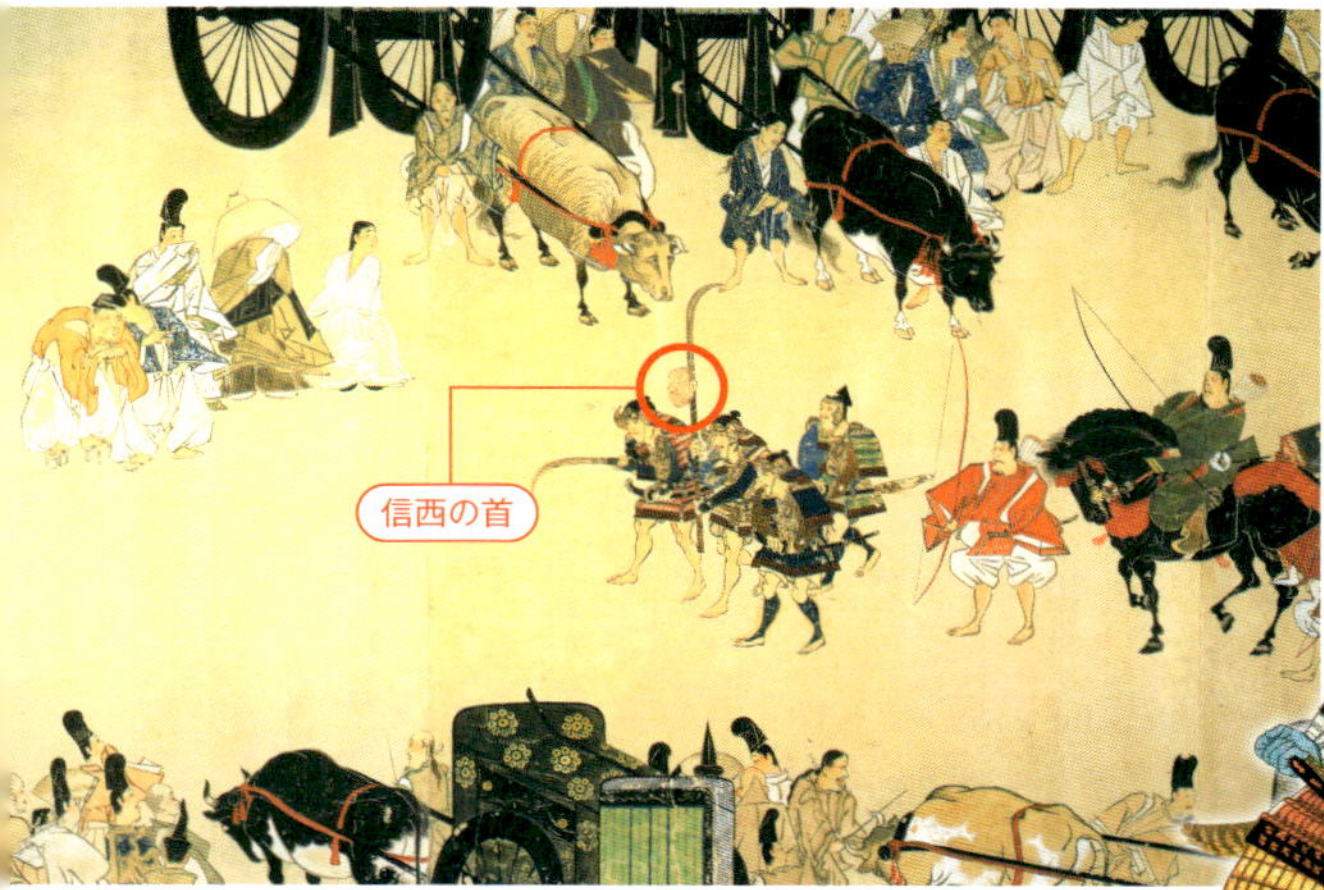

信西の首

斬首された信西の首 義朝の三条殿襲撃後、逃亡していた信西は、宇治田原《うじたわら》で追い詰められ、処刑された。信西の首は、京でさらされた。

源義朝《みなもとのよしとも》
（1123～1160）

源頼朝、源義経の父。保元の乱で後白河天皇側につき、父・為義《ためよし》や、弟・為朝《ためとも》ら一族を滅ぼす。平治の乱では、藤原信頼と組んだが、平清盛に敗れ、東国へ逃れる途中に尾張《おわり》で殺害された。

武士が天皇家・摂関家の血族争いの死命を制する

1156年、自分の皇子を皇位につかせたい**崇徳《すとく》上皇**と**後白河《ごしらかわ》天皇**の対立が表面化した。これに摂関家の関白**忠通《ただみち》**・左大臣**頼長《よりなが》**兄弟の氏長者《うじのちょうじゃ》をめぐる争いが結びつき、**崇徳上皇**対**後白河天皇**、**藤原頼長**対**藤原忠通**、**源為義《みなもとのためよし》**・**為朝《ためとも》**父子対**源義朝《みなもとのよしとも》**（為義の子）、**平忠正《たいらのただまさ》**（忠盛の弟）対**平清盛《たいらのきよもり》**（忠盛の子）という肉親同士が真二つに割れる**「保元《ほうげん》の乱」**へと発展する。戦いは天皇方の夜襲により上皇方が敗れ、頼長と為義は死に、上皇は讃岐《さぬき》に配流された。

その後、**義朝**と**清盛**の間では武家の棟梁《とうりょう》の座をめぐって緊張状態が続いたが、天皇側近の**信西《しんぜい》**と結んだ清盛が有利だった。1159年、ついに義朝は信西と対立する**藤原信頼《ふじわらののぶより》**とともに兵を挙げる。**「平治《へいじ》の乱」**である。義朝は清盛が京を空けた隙に信西を襲殺し、**後白河《ごしらかわ》上皇**（前年に二条《にじょう》天皇へ譲位）らを拉致《らち》したが、ひそかに京へ戻った清盛は上皇らを救出、信頼は斬られ、義朝も関東へ逃げる途中、部下に裏切られ非業の死を遂げた。こうして二度にわたる源平の争いは清盛の勝利で終わった。

1167年 平安時代

平清盛、太政大臣に就任
武士の世を築いた開明的政治家・平清盛

宮内庁三の丸尚蔵館所蔵

平清盛《たいらのきよもり》（1118〜1181）
平氏の棟梁で、保元・平治の乱を通じて朝廷内で権力を得る。武士として初めて太政大臣の位に就き、平氏全盛期を築く。また、日宋貿易を積極的に行う。

厳島《いつくしま》神社
1168年頃、安芸守《あきのかみ》だった平清盛が、現在と同じような大規模な社殿を造営。平氏一門から厚く信仰された。

竹束《たけたば》
船の補修に使用したほか、船が傾いたとき竹の浮力で復元力を得ていた。

大輪田泊《おおわだのとまり》の石椋《いわくら》
清盛は日宋貿易の拠点として大輪田泊（神戸市）を建設した。発掘調査から、大輪田泊の石椋（防波堤などの港湾施設）の石材と推定される巨石が発見された。

日宋貿易の輸出入品

輸出品
漆器　硫黄　砂金　日本刀　木材

輸入品
宋銭　陶磁器　薬品　茶　書籍　美術品

日宋貿易の航路

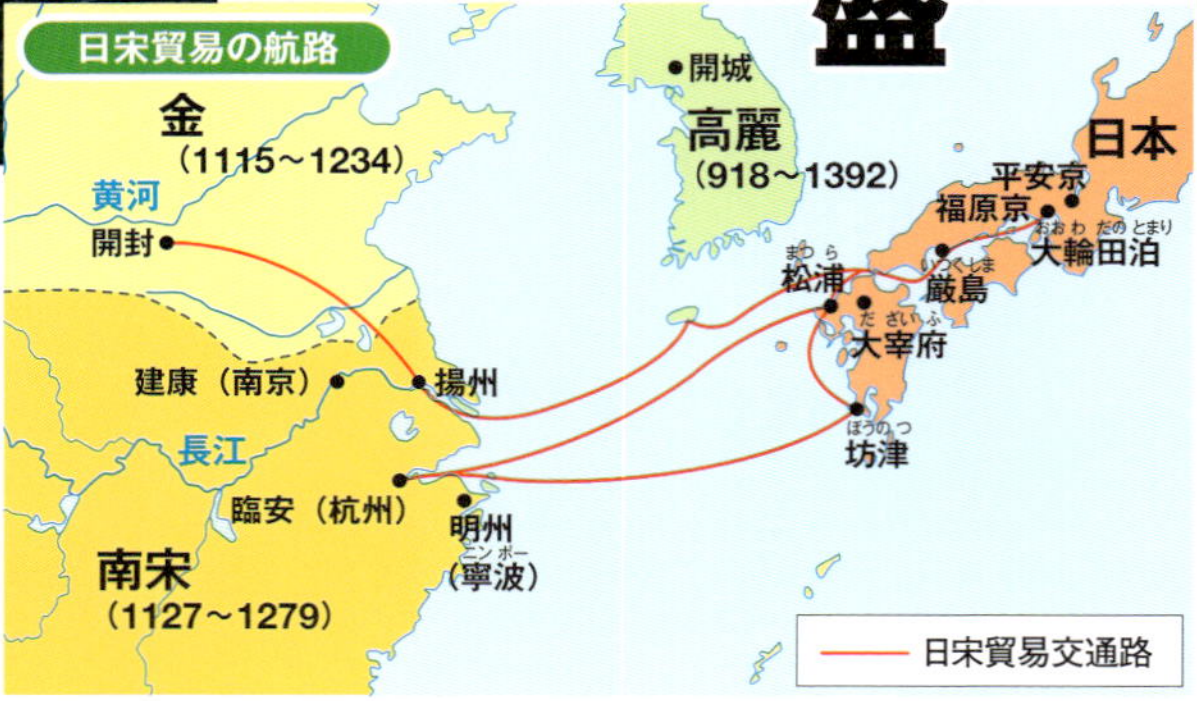

金
（1115〜1234）
黄河
開封
高麗
（918〜1392）
開城
日本
平安京
福原京
大輪田泊《おおわだのとまり》
厳島《いつくしま》
松浦《まつら》
大宰府《だざいふ》
坊津《ぼうのつ》
建康（南京）
揚州
長江
臨安（杭州）
明州
（寧波《ニンポー》）
南宋
（1127〜1279）
日宋貿易交通路

武士で初の公卿となった平清盛のスピード出世

側近の**信西《しんぜい》**を殺され、自身も**平清盛《たいらのきよもり》**によって救出された**後白《ごしら》河《かわ》上皇**の発言力が低下する一方、清盛は1160年に参議に昇進、武士として初めて**公卿《くぎょう》**（太政官の閣僚）に列する。以降はとんとん拍子で、1167年にはついに従《じゅ》一位《いちい》**太政大臣《だいじょうだいじん》**にまで上り詰めた。

実はその影には女性の力があった。清盛の義妹の**滋子《しげこ》**が後白河上皇の寵姫《ちょうき》となり皇子（のちの**高倉《たかくら》天皇**）を産んだのだ。この皇子が**六《ろく》条《じょう》天皇**の皇太子に立てられた2年後に清盛の太政大臣就任となっている。続いて平氏の者16人が公卿となった。ここに至って、滋子の兄・**時忠《ときただ》**が「**平氏にあらずんば人に非《あら》ず**」と豪語したのは有名な話である。

だが、権力の階段を駆け上った清盛はそれだけでは満足しない。高倉天皇に娘の**徳子《とくこ》**を入内《じゅだい》させ、1178年に皇子の誕生を見る（のちの**安徳《あんとく》天皇**）と、各国の**国《こく》司《し》**と**地頭《じとう》**を身内で独占するなど、平氏独裁の体制を着々と築き上げていったのだ。

天皇：鳥羽　崇徳　近衛　後白河　二条　六条　高倉　安徳　後鳥羽　土御門　順徳　仲恭　後堀河
1150　1200
平安時代　鎌倉時代
清盛、太政大臣就任

沈む夕陽を扇であおぐ清盛

瀬戸内航路の要衝・音戸の瀬戸（広島県）の開削工事のとき、清盛は沈む夕陽を扇であおいで舞い戻し、工事を完成させたという伝説がある。

日宋貿易

日本と中国の宋との間で行われた貿易で、平清盛が瀬戸内海航路を整備し、大輪田泊で交易が行われた。日本からの輸出にも、宋船が使われたといわれる。

音戸の瀬戸と清盛塚　清盛の扇の伝説が残る音戸の瀬戸。写真左の清盛塚は、清盛が人柱の代わりに経文を記した石を海底に沈めて工事を完成させたことを称え、建立されたものと伝わる。

栄華を極める平氏一門　京都の六波羅にあった平氏邸宅での宴会を描いた錦絵。平氏全盛期の様子がうかがえる。

清盛の権力の源泉として政権を支えた日宋貿易

清盛が驚異的なスピードで出世した背景には、平氏の経済力があった。清盛の父・**忠盛**《ただもり》は肥前《ひぜん》（佐賀県）の**荘園**《しょうえん》の管理者として**宋**《そう》との密貿易を行っている。

清盛も**安芸**《あき》（広島県）や**播磨**《はりま》（兵庫県）という豊かな国の国司や大宰大弐《だざいのだいに》（大宰府の副官）を歴任して貿易の恩恵を受けた。清盛が兵庫に港「**大輪田泊**《おおわだのとまり》」を築いたり、音戸の瀬戸（広島県）を修築したりしたのも、また瀬戸内海を望む**厳島神社**《いつくしま》の社殿を造営し、豪華絢《けん》爛《らん》な**経巻**《きょうかん》を奉納したのも、海上交易の便を図り、平氏の繁栄を永続させるためだったのである。

日本史余話

平清盛の本当の父は白河法皇か？

武士として異例の出世を遂げた平清盛には、白河法皇の落胤《らくいん》という伝説がある。白河法皇の寵愛を受けた祇《ぎ》園女御《おんにょうご》が懐妊し、その後、平忠盛《たいらのただもり》（清盛の父）の妻となり、清盛を生んだという。

◀白河法皇。

壇《だん》の浦《うら》の戦い
源氏と平氏が雌雄を決した源平合戦のすべて

8 壇《だん》の浦《うら》の戦い（1185年３月）

平宗盛《むねもり》が率いる平氏軍と、源義経が率いる源氏軍が戦った、最後の源平合戦。平氏は敗北し、安徳《あんとく》天皇は平時子《ときこ》（二位尼《にいのあま》）とともに入水。平氏は滅亡した。

4 倶利伽羅峠《くりからとうげ》の戦い（1183年５月）

源義仲が「火牛攻め」の奇襲で、平維盛軍を敗走させる。写真は倶利伽羅峠古戦場。

源義仲《みなもとのよしなか》（1154～1184）

木曽《きそ》（長野県）で平氏打倒の兵を挙げ、倶利伽羅峠の戦いで平氏に勝利。源氏で一番早く入京するが、義仲軍が京で略奪などを行ったため、評判は急落。源頼朝との仲も決裂し、粟津の戦いで敗死。

3 富士川の戦い（1180年10月）

富士川をはさんで、源頼朝軍と平維盛《これもり》軍が対峙。水鳥の羽音を敵襲と勘違いした平氏軍が敗走。

2 石橋山の戦い（1180年８月）

伊豆に流されていた源頼朝が挙兵したが、平氏方の大庭景親《おおばかげちか》に敗れる。

源平の争乱関連地図

5 粟津《あわつ》の戦い（1184年１月）

源頼朝の命を受けた義経《よしつね》・範頼《のりより》軍と宇治川・瀬田で対戦し、敗れた源義仲は、続く粟津で討ち死にした。

源頼政《みなもとのよりまさ》（1104～1180）

平清盛に臣従し、従三位《じゅさんみ》の高位に就いていた。以仁王と平氏打倒を謀ったが失敗。

1 源頼政の挙兵（1180年５月）

以仁王《もちひとおう》の令旨《りょうじ》が平氏に露見したため、源頼政が宇治・平等院で挙兵したが敗死。

7 屋島《やしま》の戦い（1185年２月）

一の谷から屋島（高松市）に逃れた平氏を、阿波《あわ》（徳島県）に渡海した源義経が陸路から奇襲。平氏は長門《ながと》（山口県）に逃れた。那須与一《なすのよいち》が40間《けん》（約70m）先の船上の扇の的を射た伝説が残る。

6 一《いち》の谷《たに》の戦い（1184年２月）

源義経が、背後の山峰から平氏を奇襲した「鵯越《ひよどりごえ》の逆落《さかおと》し」で敗走させた。

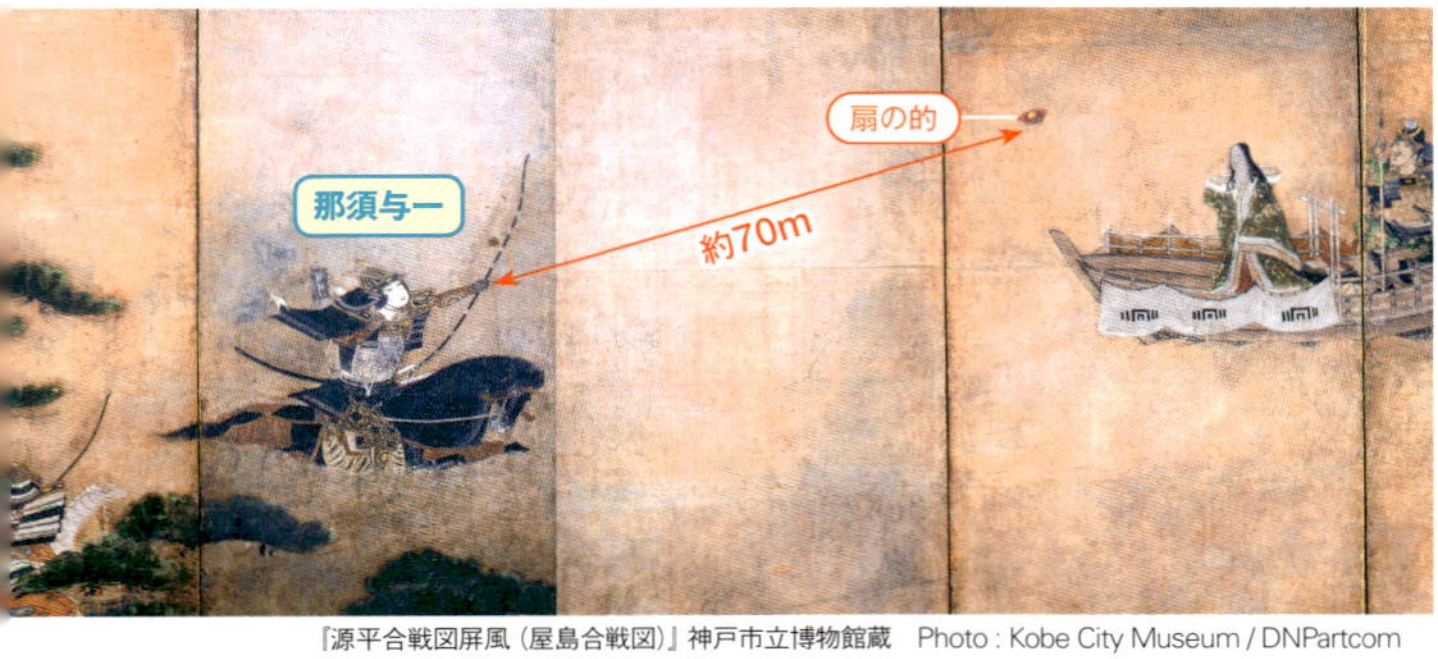

『源平合戦図屏風（屋島合戦図）』神戸市立博物館蔵　Photo : Kobe City Museum / DNPartcom

源義経像と平知盛像
船から船へ飛び移って逃げる義経の「八艘飛び」と、「見るべき程の事をば見つ。今はただ自害せん」と言って、碇を担いで入水したという平知盛の姿を表している。
唐船《からふね》
大型の帆船で、安徳天皇が乗船していると見せかけた偽装船。実際には雑兵が乗っていた。
平氏軍
平知盛・宗盛率いる約500艘の軍船には赤旗が翻っていた。
源氏軍
白旗をたなびかせた約840艘を源義経が率いた。

「おごれる者は久しからず」平氏、壇の浦に沈む

平氏一門が権力と富を独占する体制は、人々の強い反感を生んだ。そして1167年6月、「**鹿ケ谷《ししがだに》の陰謀**」が発覚する。**後白河法皇《ごしらかわほうおう》**を中心とする**藤原成親《ふじわらのなりちか》**、**西光《さいこう》**、**俊寛《しゅんかん》**らが平氏打倒を図ったのだ。

2年後、清盛はついにクーデターを起こして後白河法皇を軟禁し、翌1180年に孫の**安徳天皇《あんとくてんのう》**を即位させて朝廷を完全な独裁支配状態とした。だが、これに対し**以仁王《もちひとおう》**（後白河法皇の皇子）が平氏追討の**令旨《りょうじ》**（命令書）を出し、摂津《せっつ》源氏の**源頼政《みなもとのよりまさ》**とともに挙兵した。わずか10日ののち王と頼政は敗死するが、そのころ令旨は全国に伝わっていた。

関東では、伊豆《いず》の**源頼朝《みなもとのよりとも》**（義朝《よしとも》の子）が、そして甲斐《かい》（山梨県）でも木曽《きそ》（長野県）でも平氏に抑えられていた源氏一門が次々と蜂起する。

1184年、清盛が病死し、その2年後、平氏は**源義仲《みなもとのよしなか》**によって京を追われる。さらに、頼朝の弟・**義経《よしつね》**が**一の谷《いちのたに》**・**屋島《やしま》**と立て続けに平氏軍を破り、ついに1185年の**壇の浦の戦い**で安徳天皇と平氏一門は海のもくずと消えたのである。

鎌倉で幕府を開いた源頼朝が武家政権を確立

源頼朝、征夷大将軍に就任

鎌倉幕府の職制

※鎌倉時代中期、中央の機関

将軍

評定衆	連署	執権
執権・連署とともに合議制によって裁判や政務を決裁	執権を補佐	将軍を補佐
有力御家人の合議	初代連署 **北条時房《ほうじょうときふさ》**	初代執権 **北条時政《ほうじょうときまさ》**

引付衆	問注所	政所	侍所
訴訟の迅速化をはかる	訴訟・裁判	一般政務、財政	軍事・警察、御家人の統率
初代引付衆 **二階堂行方《にかいどうゆきかた》** 他	初代執事 **三善康信《みよしのやすのぶ》**	初代別当 **大江広元《おおえのひろもと》**	初代別当 **和田義盛《わだよしもり》**

源 頼朝《みなもとのよりとも》(1147~1199)

平治の乱で父・源義朝とともに平清盛と戦って敗れ、伊豆(静岡県)に流された。1180年に平氏討伐のため挙兵し、平氏を滅ぼした後、鎌倉幕府を開いた。

宮内庁三の丸尚蔵館所蔵

九条兼実《くじょうかねざね》(1149~1207)

頼朝と協力関係を築いた貴族。頼朝が征夷大将軍に任命されるように画策するが、朝廷内で孤立して政界を引退。日記『玉葉《ぎょくよう》』を残した。

後白河法皇に謁見する源頼朝 1190年、頼朝は上洛して後白河法皇に拝謁した。後白河法皇の死後、頼朝は征夷大将軍に任じられた。

武士政権の基礎を固めた源頼朝の深慮遠謀

平氏滅亡後、**源 頼朝《みなもとのよりとも》**は京で許可なく**後白河法皇《ごしらかわほうおう》**から官位をもらった**義経《よしつね》**以下の**御家人《ごけにん》**(家来)に対して追放を宣言した。頼朝の権力は朝廷から独立していることをアピールしたのだ。頼朝はこの頃すでに鎌倉を根拠地として御家人の監督を行う侍所《さむらいどころ》を置いたり、政治を行う**公文所《くもんじょ》**(のちに**政所《まんどころ》**に統合)や、裁判を行う**問注所《もんちゅうじょ》**を設けたりと、新たな政治体制の準備を開始していた。

1185年、逃亡した義経を追捕《ついぶ》するという名目で全国に**守護《しゅご》**・**地頭《じとう》**を置き、さらに京では後白河法皇とも平氏とも距離を保っていた**九条《くじょう》兼実《かねざね》**(藤原忠通《ふじわらのただみち》の子)を摂政に就けて朝廷との仲介を託した。現在、支配体制としての**鎌倉幕府**が成立したのはこの頃と考えられている。

1189年に奥州藤原氏を攻め滅ぼした頼朝は3年後に朝廷から**征夷《せいい》大将軍《たいしょうぐん》**に任ぜられる。かつて伊豆《いず》に流された罪人が、関東武士団の支持を得て平氏の武家貴族政権を打倒し、純粋な**武家政権**を誕生させたのだ。

鶴岡八幡宮《つるがおかはちまんぐう》

1180年に源頼朝が鎌倉に創建した神社。鎌倉幕府の宗社として崇敬され、幕府の公式行事の場となった。

鎌倉幕府関連地図
卍円覚寺
卍建長寺
卍浄智寺
巨福呂坂
卍浄妙寺
①大倉《おおくら》幕府(1185～1225年)
鶴岡八幡宮
③若宮《わかみや》幕府(1236～1333年)
卍寿福寺
②宇都宮辻子《うつのみやずし》幕府(1225～1236年)
掘割
若宮大路
掘割
名越の切通し
大仏坂
卍高徳院(鎌倉大仏)
極楽寺坂
和賀江島
由比ケ浜

北条時宗
一遍

巨福呂坂《こぶくろざか》

鶴岡八幡宮の西北にある坂。上の絵は、巨福呂坂の木戸の内側で、一遍《いっぺん》の一行が執権北条時宗《ほうじょうときむね》によって鎌倉入りを阻止される場面。

和賀江島《わかえじま》

鎌倉の港湾施設として築かれた人工島。鎌倉の海は遠浅で波が高かったため、入船しやすくするために設けられた。

名越《なごえ》の切通《きりどお》し

鎌倉へ侵攻してくる大軍の通過を阻止するため、山を削って設けた出入り口。

悲劇で伝説を生んだ弟と観察眼で幕府を生んだ兄

義経の敗亡は、かつて世話になった奥州の**藤原秀衡**《ふじわらのひでひら》（清衡《きよひら》の孫）の子・**泰衡**《やすひら》に攻め殺されるという悲劇的なもので、現在でも義経は死なずに生き延びたという伝説が残っている。

義経の兄・頼朝は、**九条兼実**に「私たちがグルだと思われては京で貴方がやりにくいでしょうから、わざとよそよそしく接します」と語り、政権をめぐる駆け引きを繰り広げた相手・**後白河法皇**に対しては「**日本一の大天狗**《おおてんぐ》」、そして**義経**とともに追放処分にした御家人たちを「役立たずの馬、ネズミ眼」と評した。生き生きとした表現力と親しみやすい語り口で、観察眼は鋭かったようだ。

日本史余話

源義経は美形ではなかった!?

時代劇などで美男子として描かれる義経だが、実際の容貌を伝える資料は存在しない。『平家物語』では、平氏軍から義経が「色白、小柄、出っ歯」であることを罵られる場面がある。

◀義経と弁慶を描いた錦絵。

瀬田唐橋《せたのからはし》
承久の乱で、朝廷軍と幕府軍が交戦した場所。朝廷軍は、敵が渡れないように橋の板をはがして防御を固めていた。
朝廷軍
山田重忠《やまたしげただ》が僧兵を率いて戦ったが、敗北した。

1221年
鎌倉時代

承久《じょうきゅう》の乱
後鳥羽上皇の反乱を鎮めて鎌倉幕府は権力を強化

幕府内部の権力争いが朝廷につけ入る隙を与えた

源 頼朝《みなもとのよりとも》が1199年に世を去ると、頼朝の正室・**政子**《まさこ》の実家である**北条氏**が政敵の**梶原景時**《かじわらかげとき》や**比企能員**《ひきよしかず》らを滅ぼし、2代将軍となった**頼家**《よりいえ》（頼朝の嫡男）を出家させて、**実朝**《さねとも》（頼朝の次男）を3代将軍の座に就けた。その後も**畠山氏**《はたけやま》、**和田氏**《わだ》が退けられ、実朝急死ののちは**九条家**《くじょう》から将軍が迎えられて北条氏が実権を握る**執権制**《しっけん》が動き始める。

これに対し朝廷側の**後鳥羽上皇**《ごとば》は、「北条氏専制に対する反感が募っている」と読んで、1221年に全国の武士に2代執権**北条義時**《ほうじょうよしとき》（政子の弟）追討令を発した。鎌倉ではこの報を受けて集まった御家人を前に、**尼将軍**《あましょうぐん》と呼ばれた政子が「そなたたちの官位や俸禄《ほうろく》はみな頼朝公によってもたらされたものだ。その恩義は山よりも高く海よりも深い」と演説して一同を団結させた。

義時の子・**泰時**《やすとき》がわずか18騎で鎌倉を出陣すると、あとを追う者、途中から加わる者たちで、幕府軍は実に19万という数にふくれあがる。

将軍
源頼朝
1200
源頼家
1210
源実朝
鎌倉時代
1220
承久の乱
1230
藤原頼経
1240

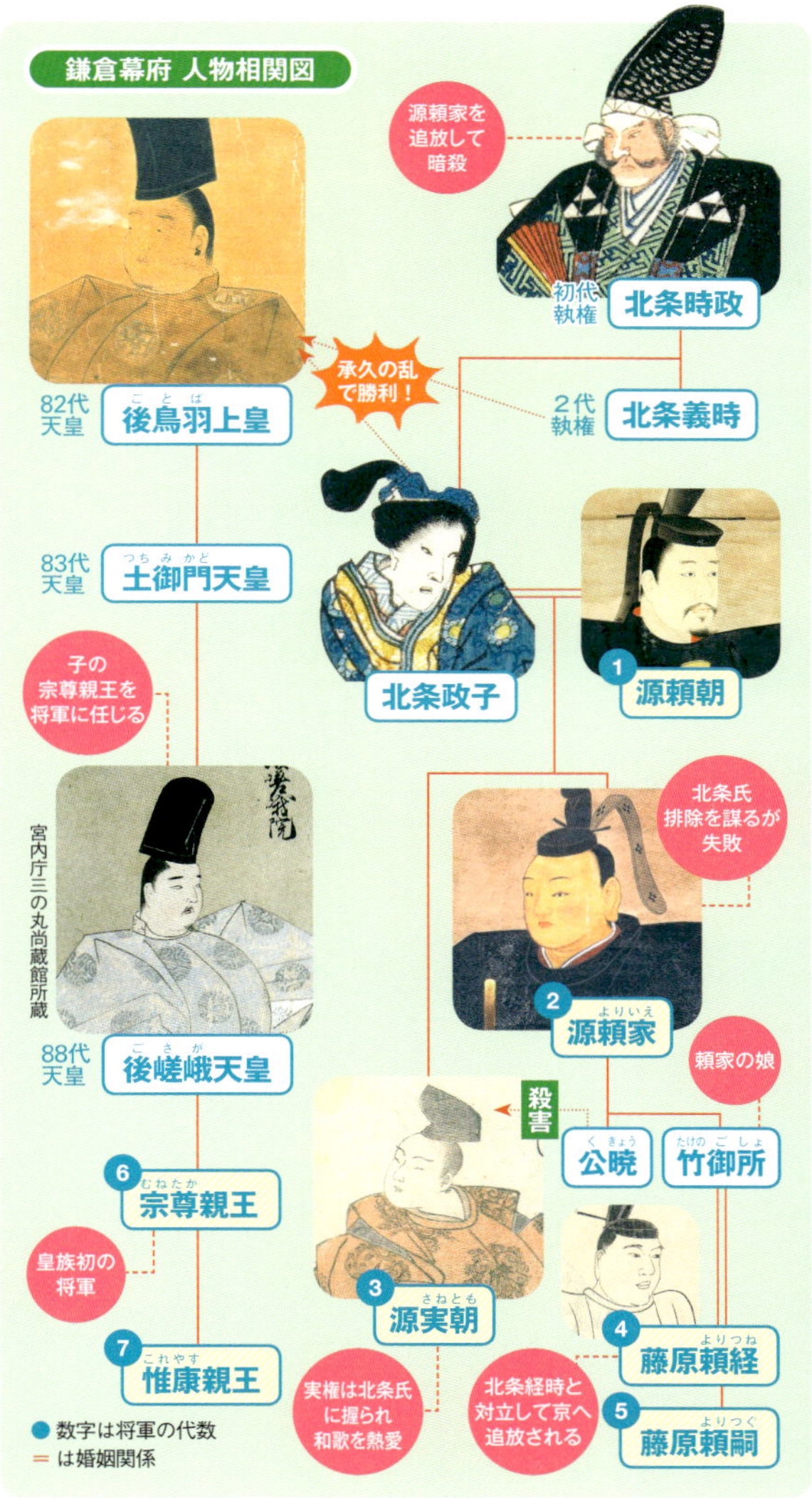

承久の乱

1221年、後鳥羽上皇が鎌倉幕府打倒のために挙兵した事件。幕府軍は、北陸道・東山道・東海道の三方から京へ進軍し、瀬田唐橋などで朝廷軍と交戦した。朝廷軍は鎮圧され、後鳥羽・土御門・順徳の３上皇は配流となった。

２代執権北条義時の弟・時房《ときふさ》が率いる幕府軍は、東海道より進軍して、瀬田唐橋で朝廷軍を撃破した。

幕府軍が上皇軍を圧倒し武家政治が確立する

これに対し、上皇方は兵も集まらず、各地で敗れて最後の防衛戦の**宇治・瀬田**もわずか1日で突破された。京はパニックとなり、幕府方と戦った**藤原秀康**《ふじわらのひでやす》らに対して上皇は「今度の一件は秀康ら謀臣たちのしわざだ」と手のひらを返し、「大臆病の君」と罵《のの》られたという。

上皇は隠岐島《おきのしま》（島根県）に配流となり、世にいう「**承久の乱**《じょうきゅう》」は終わった。以降、京には朝廷を監視するための**六波羅探題**《ろくはらたんだい》が置かれ、朝廷は幕府に手も足も出なくなる。幕府の一元政治の始まりだった。

御家人たちに演説する北条政子

朝敵とされて動揺する御家人たちを招集した政子は、「頼朝公の恩は山よりも高く、海よりも深い」と説いて、その動揺を抑えたという。

1247年 鎌倉時代

宝治合戦《ほうじがっせん》
北条氏が有力御家人を滅ぼし執権政治を確立

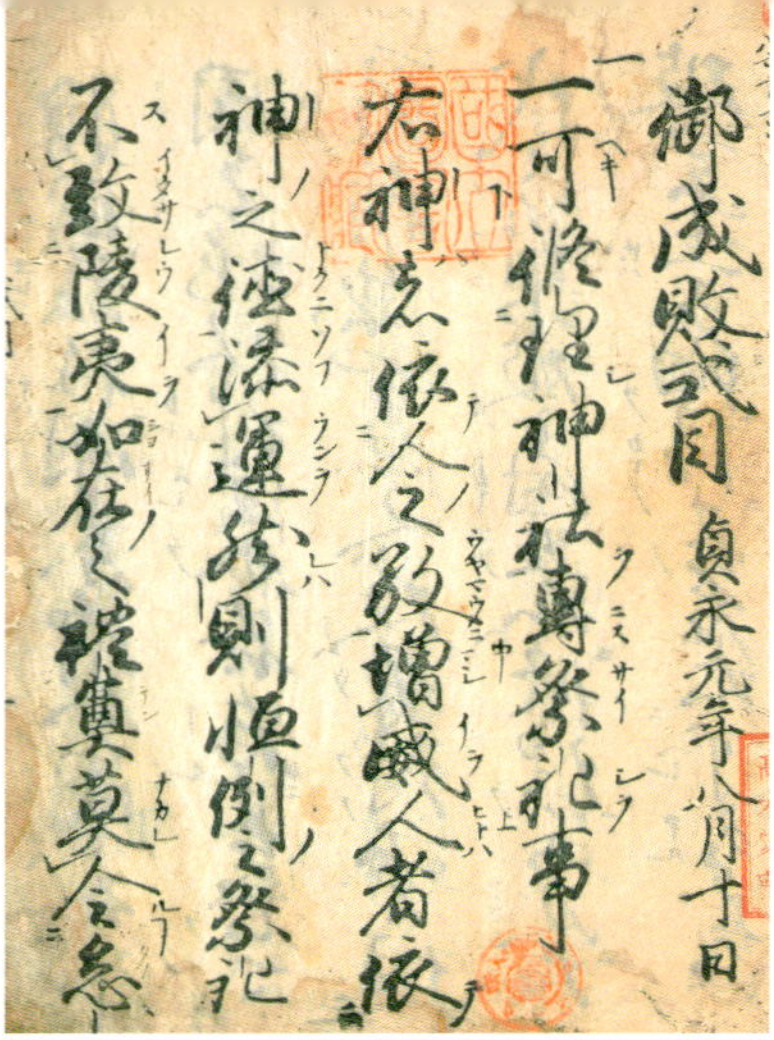

「御成敗式目《ごせいばいしきもく》」「貞永式目《じょうえいしきもく》」とも呼ばれる武家法で、御家人の所領争論の基準や、所領相続の規定、犯罪に対する刑罰など、全51か条から成る。

北条泰時《ほうじょうやすとき》(1183～1242)

3代執権。北条政子《まさこ》没後、連署《れんしょ》・評定衆《ひょうじょうしゅう》を設けて、1232年、日本で最初の武家法である「御成敗式目」を制定。

執権政治関連年表

1232	**北条泰時**が**御成敗式目**(貞永式目)を制定
1247	**宝治合戦**で**北条時頼**が三浦一族を滅ぼす
1268	**北条時宗**が8代執権に就任
1274	**文永の役**
1281	**弘安の役**
1285	**霜月騒動**で**北条貞時**が**安達泰盛**を討つ

北条時頼《ほうじょうときより》(1227～1263)

5代執権。宝治合戦《ほうじがっせん》で三浦《みうら》一族を滅ぼして執権政治を確立した。蘭溪道隆《らんけいどうりゅう》を招いて、建長寺《けんちょうじ》を建立。

政敵を一掃し専制政治を確立させた名執権・時頼

1232年、3代執権《しっけん》・**北条泰時《ほうじょうやすとき》**は「**御成敗式目《ごせいばいしきもく》**(**貞永式目《じょうえいしきもく》**)」を制定した。武家初の基本法である。また、泰時は**連署《れんしょ》**・**評定衆《ひょうじょうしゅう》**という職を設けて重要な政策を合議する体制もつくっている。**義時《よしとき》**・**政子《まさこ》**ら幕府の大立て者が次々と世を去ったあと、泰時は法整備と集団体制で執権の権力を強化しようとしたのだ。

泰時の孫で1246年に5代執権となった**時頼《ときより》**の時代は、幕府内部の暗闘が激しくなる。前将軍の**九条《くじょう》頼経《よりつね》**が北条一族の**名越光時《なごえみつとき》**らと通じて実権を奪おうとした陰謀を暴き、翌1247年にはそれに加担していたとして開幕以来の幕府の有力御家人・**三浦氏**と**千葉氏**を攻め滅ぼした。これを「**宝治合戦《ほうじがっせん》**」という。

時頼はこうして幕府内に残っていた北条氏の対抗勢力を掃討《そうとう》し、**専制《せんせい》体制**を固める。その一方、裁判の迅速化を図ったり、御家人の勤務負担を減らすなど、武士の支持を集める施策も講じていた。バランス感覚に長けた政治家だったといえるだろう。

北条氏系図

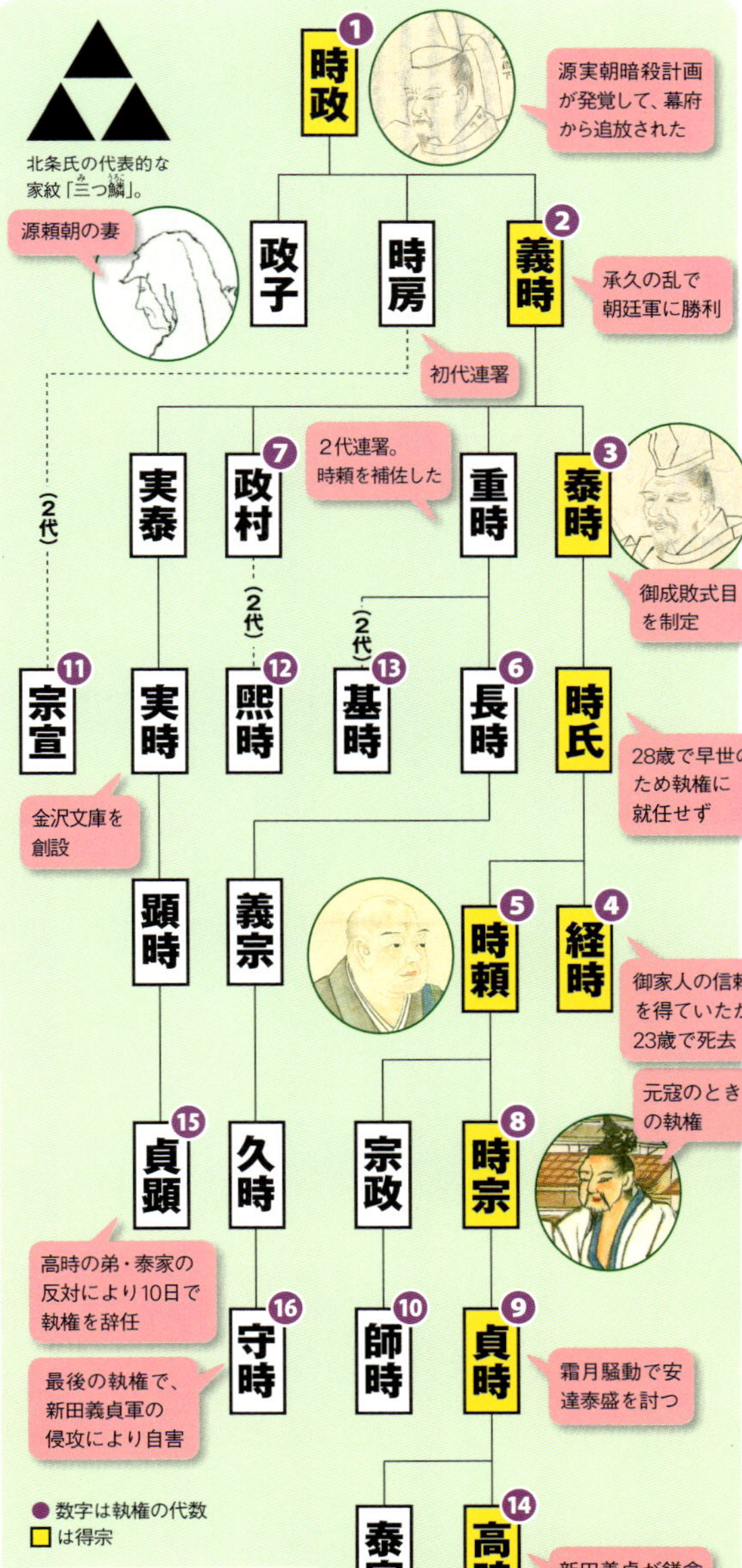

北条氏の代表的な家紋「三《み》つ鱗《うろこ》」。
1 時政
源実朝暗殺計画が発覚して、幕府から追放された
政子
源頼朝の妻
時房
初代連署
2 義時
承久の乱で朝廷軍に勝利
実泰
7 政村
2代連署。時頼を補佐した
重時
3 泰時
御成敗式目を制定
(2代)
11 宗宣
実時
金沢文庫を創設
12 熙時
13 基時
6 長時
時氏
28歳で早世のため執権に就任せず
顕時
義宗
5 時頼
4 経時
御家人の信頼を得ていたが23歳で死去
15 貞顕
高時の弟・泰家の反対により10日で執権を辞任
久時
宗政
8 時宗
元寇のときの執権
16 守時
最後の執権で、新田義貞軍の侵攻により自害
10 師時
9 貞時
霜月騒動で安達泰盛を討つ
泰家
14 高時
新田義貞が鎌倉に侵攻し自害
● 数字は執権の代数
□ は得宗

得宗《とくそう》

北条氏本宗家《ほんそうけ》を指し、義時の法名「徳宗」に由来する。霜月騒動で得宗による専制体制が築かれたが、実質上は5代執権時頼の代に、得宗が幕府の権力を掌握していた。

北条実時《ほうじょうさねとき》
(1224～1276)

北条義時の孫で、金沢実時ともいう。経時、時頼、時宗の3代にわたって執権を補佐。宝治合戦の事後処理にもあたった。学問に優れ、私設図書館「金沢文庫」を創設。

北条貞時《ほうじょうさだとき》
(1271～1311)

9代執権。1285年、平頼綱《たいらのよりつな》の進言によって安達泰盛《あだちやすもり》を討った（霜月騒動《しもつきそうどう》）。以後、北条氏による「得宗専制《とくそうせんせい》」体制を築いた。「永仁《えいにん》の徳政令《とくせいれい》」を発令した。

安達泰盛《あだちやすもり》
(1231～1285)

北条氏の有力御家人。元寇《げんこう》の後、幕政改革に取り組んだが、内管領《ないかんれい》（執権北条氏の執事）平頼綱《たいらのよりつな》と対立。頼綱勢と戦って敗北し、自害した（霜月騒動）。

日本史余話　北条時頼の伝説から生まれた『鉢木』

能の演目『鉢木《はちのき》』は、北条時頼が全国を巡り歩いたという伝説が基になっている。ある雪の夜、佐《さ》野《の》源左衛門《げんざえもん》という老武士の家に、旅の僧が一夜の宿を求め、源左衛門は大事にしていた鉢植えの木を切って薪《たきぎ》にし、精一杯のもてなしをするのだが、実はこの僧が時頼だったという話である。

◀鉢の木を切る佐野源左衛門。

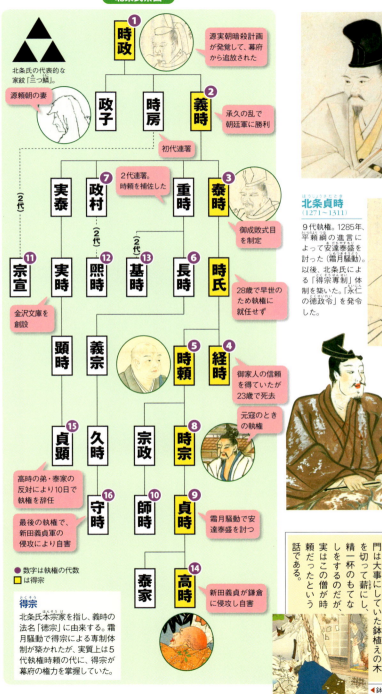

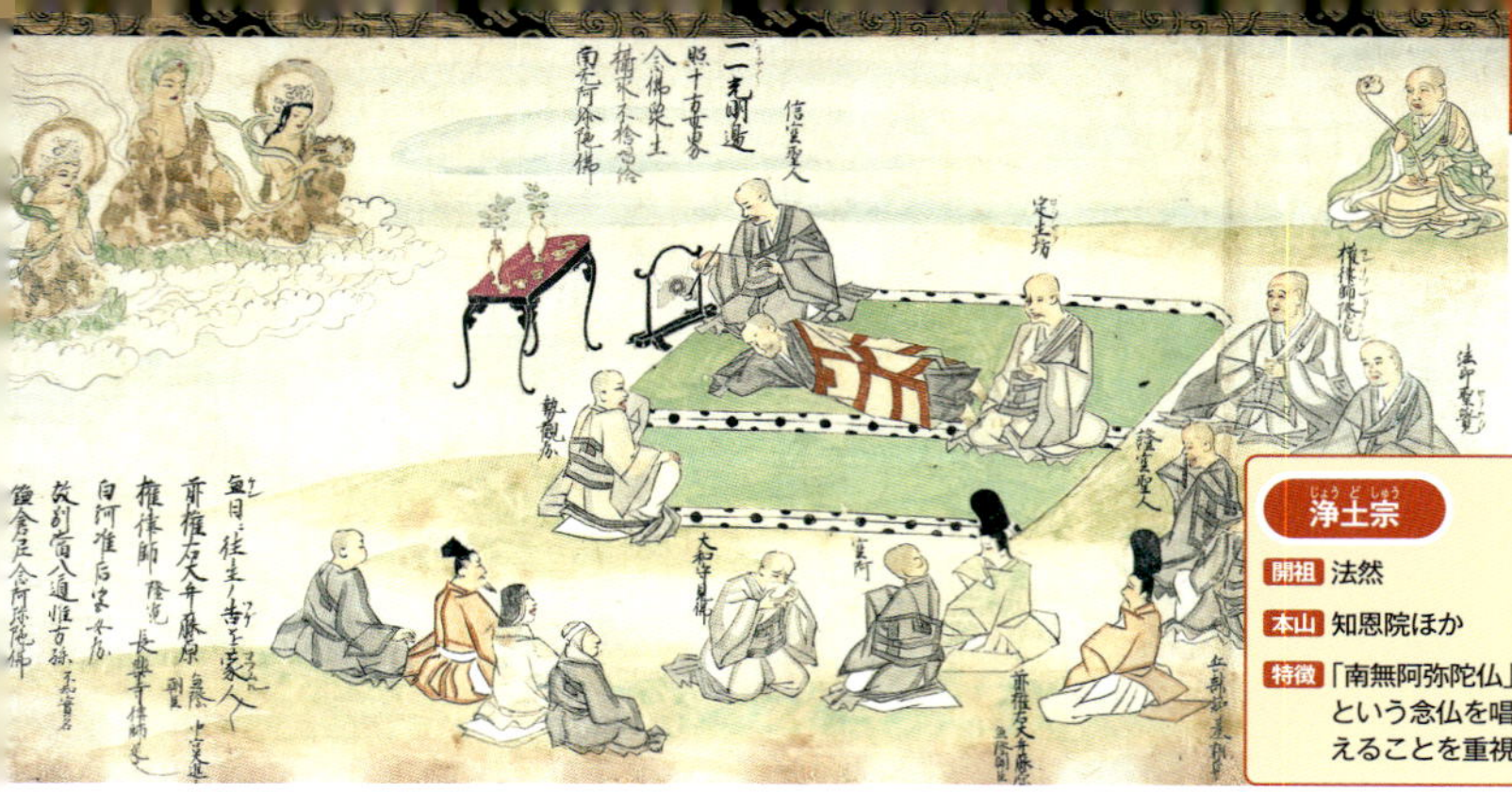

浄土宗《じょうどしゅう》
開祖 法然
本山 知恩院ほか
特徴 「南無阿弥陀仏」という念仏を唱えることを重視

特集

個人の救済を目指して誕生した鎌倉新仏教の開祖たち

臨終を迎える法然

『法然上人伝法絵《ほうねんしょうにんでんぽうえ》』に描かれている法然の臨終の場面。法然を極楽浄土へ導くため、阿弥陀如来《あみだにょらい》が迎えに来ている。

法然《ほうねん》(1133~1212)

浄土宗の開祖。比叡山《ひえいざん》で天台教学《てんだいきょうがく》を学んだ後、浄土宗《じょうどしゅう》を開く。極楽往生のために「専修念仏《せんじゅねんぶつ》」することを説いた。急激に信者が増えたため、旧仏教側から非難され、弟子の親鸞らとともに流罪に処された。

浄土真宗《じょうどしんしゅう》
開祖 親鸞
本山 西本願寺・東本願寺ほか
特徴 阿弥陀如来の救済を信じる心そのものを重視

奈良国立博物館蔵

親鸞《しんらん》(1173~1262)

浄土真宗の開祖。比叡山《ひえいざん》で修行後、法然《ほうねん》の弟子となる。法然に連座し、越後《えちご》(新潟県)に配流されるが、東国で布教を行い、浄土真宗を開く。煩悩《ぼんのう》が深い「悪人」こそ救われるという「悪人正機説《あくにんしょうきせつ》」を説く。

エネルギーに満ちた個人のための新仏教

源平合戦から幕府成立、承久の乱と混乱が続く時代。**旧仏教**(天台宗・真言宗、奈良仏教)は堕落し、煩悩《ぼんのう》を満たすために**僧兵《そうへい》**を抱えて争い合っているうえ、そもそも国家鎮護をその存在意義としているために、武士などの「**個人**」が主役となった新時代にはそぐわない。

そんななか**法然《ほうねん》**と**栄西《えいさい》**が登場する。法然の**浄土宗《じょうどしゅう》**は、「**南無阿弥陀仏《なむあみだぶつ》**」と**念仏**を唱えればそれで誰でも極楽往生できるという簡単平易なもので、修行や学問とは縁遠い**庶民**に受け入れられた。栄西の**臨済宗《りんざいしゅう》**の**禅**は瞑想《めいそう》により悟りを開くという手法が、常に心の鍛錬《たんれん》を必要とする**武士階級**に支持されていく。さらに**親鸞《しんらん》**と**道元《どうげん》**がそれを発展させて**浄土真宗《じょうどしんしゅう》**と**曹洞宗《そうとうしゅう》**を開き、特に浄土真宗は「**悪人こそ仏の救済の対象だ**」と教え、おもに農民の支持を得た。また**日蓮《にちれん》**は**法華経《ほけきょう》**によって**衆生《しゅうじょう》**が救われると説いて**日蓮宗《にちれんしゅう》**(**法華宗**)をたて、**一遍《いっぺん》**は下層民とともに**踊念仏《おどりねんぶつ》**で踊り狂い、**時宗《じしゅう》**の祖となった。

一遍が開いた念仏道場

1284年に京に入った一遍が設けた踊念仏《おどりねんぶつ》の道場。鉦《かね》を打ち鳴らしながら踊る様子が描かれている。

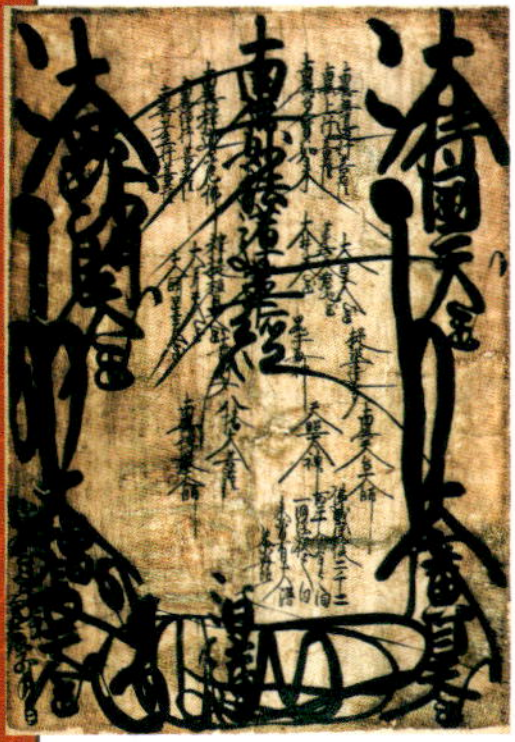

大曼荼羅《だいまんだら》と呼ばれる日蓮宗で本尊とする曼荼羅。日蓮の直筆である。

日蓮《にちれん》(1222～1282)

日蓮宗の開祖。『法華経《ほけきょう》』のみを釈迦《しゃか》の正しい教えとし、「南無妙法蓮華経《なむみょうほうれんげきょう》」という『法華経』の題目《だいもく》を唱えることこそ、救われる道であると説いた。蒙古襲来《もうこしゅうらい》を予言するが、佐渡《さど》(新潟県)に流された。

日蓮宗《にちれんしゅう》

開祖 日蓮

本山 久遠寺ほか

特徴 「南無妙法蓮華経」という題目を唱えることを重視

一遍《いっぺん》(1239～1289)

時宗の開祖。浄土宗を学んだ後、念仏によってすべての人々が救われるという教えを説いた。踊りながら念仏を唱える「踊念仏」によって、念仏を庶民に広く普及させた。

時宗《じしゅう》

開祖 一遍

本山 清浄光寺

特徴 阿弥陀如来を信じなくても、念仏を唱えれば極楽往生できるとする

道元《どうげん》(1200～1253)

曹洞宗の開祖。比叡山で修行した後、宋に渡り、只管《しかん》打坐《たざ》によって悟りを得る。帰国後、越前《えちぜん》(福井県)に永《えい》平寺《へいじ》を開いた。自らの仏教思想を、『正法眼蔵《しょうぼうげんぞう》』に著す。

曹洞宗《そうとうしゅう》

開祖 道元

本山 永平寺、総持寺

特徴 只管打坐(ただひらすら坐禅を組むこと)を重視

栄西《えいさい》(1141～1215)

臨済宗の開祖。宋《そう》に渡り、臨済宗を学んで帰国。鎌倉に寿福寺《じゅふくじ》、京に建仁《けんにん》寺《じ》を開き、布教に努めた。宋から茶の種を持ち帰り、日本で栽培したことでも知られる。

臨済宗《りんざいしゅう》

開祖 栄西

本山 建仁寺(建仁寺派)建長寺(建長寺派)ほか

特徴 公案(師が弟子に出す問題)を通して悟りを得ることを重視

日本人が初めて経験した侵略

文永の役・弘安の役

北条時宗《ほうじょうときむね》（1251〜1284）

８代執権。日本に服属を求める元の皇帝フビライからの国書を黙殺。文永の役・弘安の役では元軍を撃退した。禅宗を深く信仰し、宋《そう》から無学祖元《むがくそげん》を招き、鎌倉に円覚寺《えんがくじ》を建立した。

執権・時宗が元王朝の挑戦を受けて立つ

　1268年、中国を征服した**モンゴル民族**（**蒙古《もうこ》**）の王朝・**元《げん》**の皇帝**フビライ**からの国書が日本に届けられた。臣下の礼を取れという内容だったが、幕府はこの高圧的な申し入れを無視するとともに、18歳の**北条時宗《ほうじょうときむね》**を執権として、心機一転この事態に取り組むことになった。その後も元の国書や使者に対して時宗率いる幕府が返答をすることはなく、もっぱら九州の**筑前《ちくぜん》**・**肥前《ひぜん》**の防備体制を固めることだけを進めたのである。

　1274年、日本の度重なる無視に怒った**元軍**約2万、**高麗軍《こうらい》**約6000が900隻の軍船に乗って朝鮮半島を出陣し、10月5日にまず対馬《つしま》、続いて**壱岐《いき》**と島伝いで本土に来襲し、肥前沿岸を襲撃した。

10月20日、博多湾に姿を現した元連合軍に対し、日本側は大宰府の**少弐経資《しょうにつねすけ》**が九州の御家人を率いて迎え撃ったが、日本式の個人戦法に対し、集団で「**てつはう**」などの火器を用いて攻めてくる元連合軍相手に大苦戦におちいる。

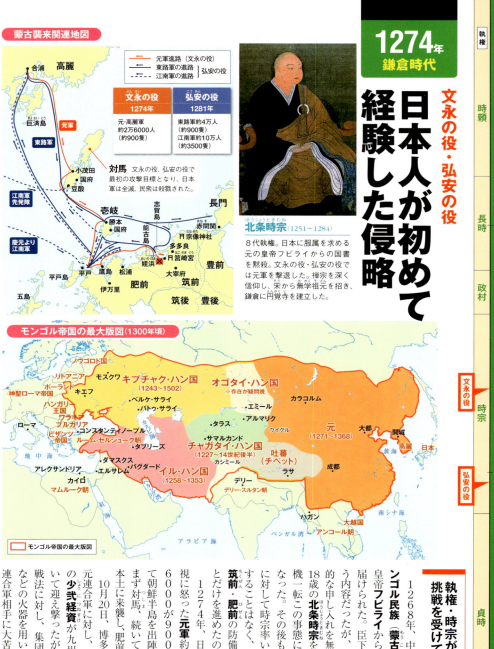

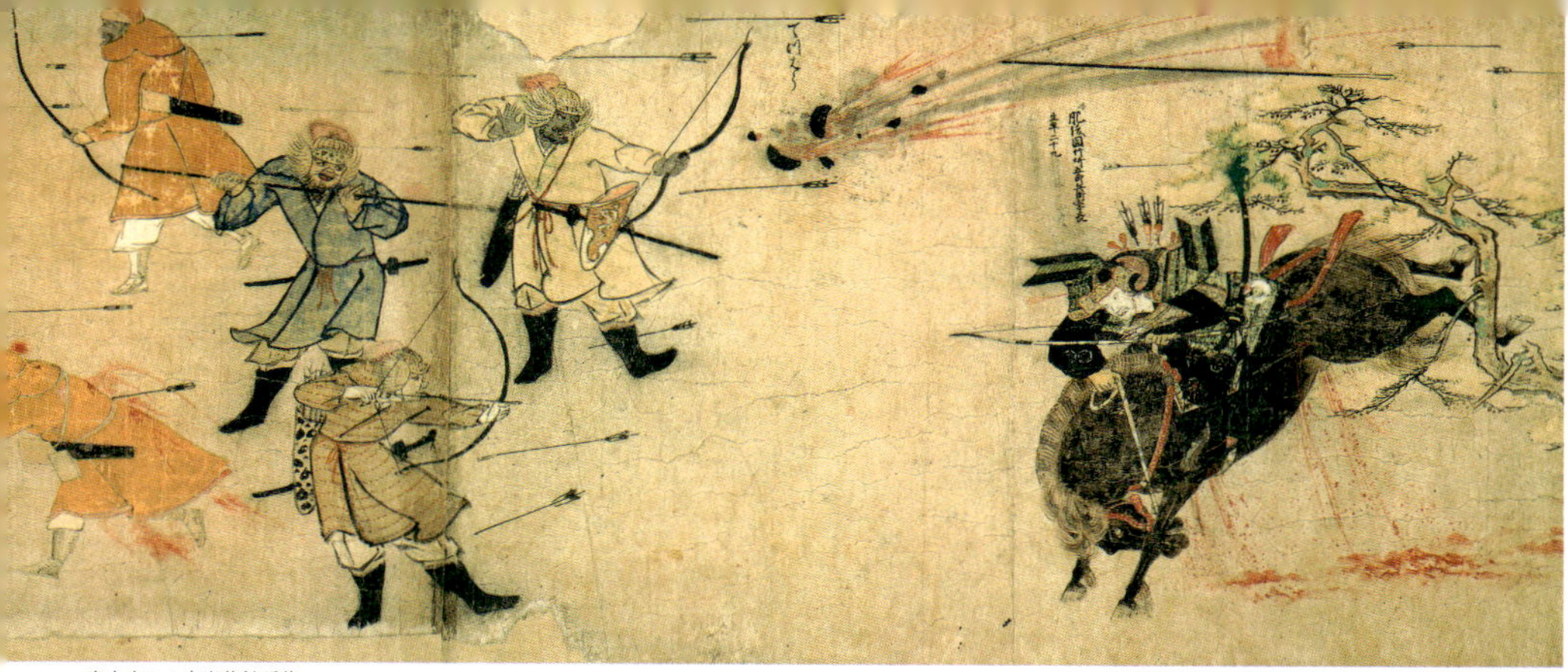

宮内庁三の丸尚蔵館所蔵

元軍と戦う御家人(文永の役)

『蒙古襲来絵詞《もうこしゅうらいえことば》』に描かれている元軍と、弓で射られながらも奮戦する御家人・竹崎季長《たけざきすえなが》(右)。破裂している「てつはう」は、殺傷能力が高い兵器だったと考えられている。

宮内庁三の丸尚蔵館所蔵

築造された防塁(弘安の役)

『蒙古襲来絵詞』で、武具を身にまとった竹崎季長が、防塁(石築地)の前を通って出陣する場面。

写真提供/福岡市

防塁(石築地《いしついじ》)

文永の役後、博多湾沿岸に築かれたもので、風化したり、埋没している部分が多いが、築造当時は高さ3m近くあり、総延長20kmに及んだという。

宮内庁三の丸尚蔵館所蔵

夜襲をかける日本軍(弘安の役)

竹崎季長が小船に乗り込み、元軍の軍船に夜襲をかける場面。日本軍の夜襲は、元軍に大きな被害をもたらした。

九州武士の奮戦と暴風雨が日本を救う

ところがその夜、大暴風雨が突如巻き起こり、船上に戻っていた連合軍は大損害をこうむった。200隻ほどの船が沈み、残りは退却して、日本は窮地を脱することができたのだ。これを「**文永《ぶんえい》の役**」と呼ぶ。

1275年、日本征服をあきらめないフビライはまたも使者を派遣したが、時宗はこれを断固斬り捨て、決戦の決意を示した。1281年、元連合軍は約10万という大軍で博多に襲来する。だが、またも大暴風雨が起こり、約4000隻の軍船のほとんどが海底に消えた。これを「**弘安《こうあん》の役**」と呼び、日本中が震え上がった国難は去った。

日本史余話

ベトナムの将軍が日本を救った!?

弘安の役に失敗したフビライは、3度目の日本攻撃を計画していた。しかし、1287年のベトナム侵攻は、チャン・フン・ダオ将軍の活躍で失敗。多くの軍船を失った。このため、日本侵攻を断念したといわれる。

◀ベトナム、ホーチミンに立つチャン・フン・ダオ像。

1333年
鎌倉時代

後醍醐天皇の挙兵に応じた武士たちが鎌倉幕府を倒す

新田義貞《にったよしさだ》の鎌倉攻め

新田義貞《にったよしさだ》（1301？～1338）

上野新田荘《こうずけにったのしょう》（群馬県）出身の武将。鎌倉に侵攻して幕府を滅ぼした。その後、足利尊氏が後醍醐天皇に謀反を起こすと、尊氏討伐を命じられるが、箱根《はこね》・竹ノ下《たけのした》の戦いで敗れ、続く湊川《みなとがわ》の戦いでも敗戦。最後は、藤島《ふじしま》の戦いで戦死した。

千早城跡

千早城は、数百名を率いた楠木正成が鎌倉幕府の数万の大軍を相手に戦った山城。

楠木正成《くすのきまさしげ》（1294？～1336）

「悪党」と呼ばれた新興武士。後醍醐天皇の挙兵に応じて千早城や下赤坂城などにこもり、幕府軍と戦った。倒幕後、建武の新政に対する諫言を続けるが、受け入れられず、湊川の戦いで戦死。

北条高時腹切やぐら

14代執権北条高時は、新田義貞が鎌倉に侵攻すると東勝寺に逃れ、一族とともに自害した。その遺体が腹切やぐらに葬られたと伝わる。

新田義貞の鎌倉攻め

新田義貞軍
切通し
建長寺
巨福呂坂
鶴岡八幡宮
外郭線
若宮大路
東勝寺
幕府
大仏坂
大仏（高徳院）
極楽寺
極楽寺坂
由比ケ浜
稲村ケ崎
干潮を利用して突破

鎌倉幕府（若宮大路幕府）跡地。

御家人と天皇の不満が幕府の運命を変える

元寇《げんこう》の結果、幕府は犠牲を払った九州の御家人に、何の恩賞も与えられなかった。また、**得宗《とくそう》**（北条一門の本宗家）と、その家来（**御内人《みうちびと》**）が権力を握るようになっていた幕府に対する御家人の不満は、もはや限界に達していた。諸国では領主の命令に従わない「**悪党《あくとう》**」集団が治安を乱している。さらに、得宗の14代執権**北条高時《ほうじょうたかとき》**と御内人筆頭**長崎高資《ながさきたかすけ》**が争い始めると、京の**後醍醐《ごだいご》天皇**が倒幕に立ち上がった。天皇は、対立する**持明院統《じみょういんとう》**に皇位を渡さず自分の属する**大覚寺統《だいかくじとう》**で独占するため、口出ししてくる幕府が邪魔だったのだ。

1324年、天皇の計画は幕府に露見し、主要な謀臣たちは捕らえられた（**正中《しょうちゅう》の変**）。続いて1331年、天皇は山城の南の**笠置山《かさぎやま》**に籠《こも》り、近隣の武士団に招集をかけた。『**太平記《たいへいき》**』ではこのとき天皇が南の木の下の玉座に案内されるという霊夢を見て、「南の木（＝楠）という武者はいないか」と探させ、河内《かわち》の**楠木正成《くすのきまさしげ》**を召したと伝えている。

天皇
後二条
花園
後醍醐
後村上（南朝）
1300
1320
1340
1360
鎌倉時代
鎌倉幕府滅亡
南北朝時代（室町時代）

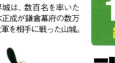

稲村ケ崎を突破する新田義貞軍

新田義貞は、小手指原《こてさしはら》(埼玉県)・分倍河原《ぶばいがわら》(東京都)の合戦に勝利したあと、軍を三隊に分けて鎌倉に侵攻した。しかし、三隊とも攻撃に失敗。義貞は稲村ケ崎を突破して鎌倉に侵入し、幕府軍を壊滅させた。

現在の稲村ケ崎

鎌倉の南西部にある岬。波打ち際は切り立った崖になっている。

源氏の名門・足利氏と新田氏が倒幕に立ち上がる

笠置山での戦いは20万以上の大軍で攻めかけた幕府方の勝利となり、天皇は持明院統の**光厳天皇**《こうごん》にむりやり譲位させられて隠岐《おき》に流された(**元弘の変**《げんこう》)。しかし2年後の1333年、楠木正成が**千早城**《ちはやじょう》で100万と号する幕府軍をゲリラ戦法で防ぎ止めている内に風向きが変わっていく。隠岐から伯耆《ほうき》に脱出した後醍醐天皇が檄《げき》を飛ばすと、各地で呼応した武士が兵を挙げたのである。なかでも鎌倉から山陰地方に派遣された**足利尊氏**《あしかがたかうじ》が寝返って京の**六波羅探題**《ろくはらたんだい》を全滅させ、関東で**新田義貞**《にったよしさだ》が挙兵し鎌倉を攻め落としたのが特筆される。ここに**鎌倉幕府**は滅亡した。

足利尊氏《あしかがたかうじ》(1305~1358)

室町幕府初代将軍。初めは「高氏」と称していたが、京の六波羅探題を攻め落とし、後醍醐天皇から「尊」の字を賜る。建武の新政には加わらず、後に後醍醐天皇に背き、京に侵攻。光明天皇を即位させて北朝を興した。1338年、征夷大将軍に任じられた。

1336年 室町時代

建武の新政が破綻し、足利尊氏が室町幕府を樹立

建武《けんむ》式目《しきもく》の制定

南北朝時代関連年表

1324	**正中の変**
1331	**元弘の変**
1333	**鎌倉幕府**の滅亡。**建武の新政**が始まる
1335	**中先代の乱**で、**足利尊氏**が**北条時行**を破る
1336	**尊氏**が**建武式目**を制定。**後醍醐天皇**が吉野で**南朝**を開き、**南北朝**時代が始まる
1338	尊氏、**征夷大将軍**に就任
1350	**観応の擾乱**
1361	**懐良親王**が大宰府に入る
1372	**今川了俊**が大宰府を奪還
1392	**南北朝**が合体

足利尊氏像
「征夷《せいい》大将軍《たいしょうぐん》源《みなもとの》（足利）朝臣《あそん》尊氏卿《たかうじきょう》」と記されている肖像画で、尊氏を描いたものとされる。

中先代《なかせんだい》の乱鎮圧に向かう足利尊氏
1335年、北条高時の子・時行《ときゆき》が鎌倉幕府再興を図って反乱を起こし、鎌倉の足利直義《ただよし》（尊氏の弟）を破った。足利尊氏は、直義援助のため、京から鎌倉へ向かい、乱を鎮圧した。

建武新政が混乱をもたらし足利尊氏が幕府を開設

後醍醐《ごだいご》天皇の「後醍醐」という追号は天皇が直接政務を執る「**延《えん》喜《ぎ》の治**」を主導した醍醐《だいご》天皇にならうという意志を表す。その名の通り、後醍醐天皇は天皇中心の政治「**建武《けんむ》の新政**」を布く。しかし公家に厚く武士に薄い恩賞などで政治は混乱し、京の**二条河原《にじょうがわら》**には「この頃都にはやるものは夜討ち強盗に偽《にせ》の天皇命令、合戦のデマなどだ」という落書《らくしょ》も出た。この結果、武士の期待は新たな武家政権の樹立へと向けられる。

1335年、**北条高時《ほうじょうたかとき》**の遺児・**時行《ときゆき》**が鎌倉を落とし入れると（**中《なか》先代《せんだい》の乱**）、**足利尊氏《あしかがたかうじ》**は独自に鎌倉を奪還し、箱根で**新田義貞《にったよしさだ》**率いる朝廷からの追討軍を破った。翌年正月、尊氏は京を占領するが、奥州から追撃してきた**北畠顕家《きたばたけあきいえ》**らに敗れて西へ逃れる。九州で勢力を回復した尊氏は、摂津《せっつ》**湊川《みなとがわ》**で**楠木正成《くすのきまさしげ》**を討ち死にさせた。11月、尊氏は鎌倉幕府の後継者として万民の不安を除くことを建武式目《けんむしきもく》で宣言する。**足利（室町）幕府**の成立である。

金輪王寺
現在の南朝妙法殿の位置に建っていた。

南朝想像図

1336年、京から吉野へ逃れた後醍醐天皇は、この地に南朝を開いた。南朝の寺院のうち最も規模が大きかった実城寺《じつじょうじ》が皇居とされ、金輪王寺《きんりんのうじ》と寺号が改められた。

後醍醐天皇《ごだいごてんのう》（1288～1339）

96代天皇。正中の変、元弘の変で倒幕を企てるが失敗して隠岐に流された。その後、足利尊氏や新田義貞らが鎌倉幕府を滅ぼすと、新政府を樹立して建武の新政を開始。しかし、1336年、足利尊氏の謀反により新政府が崩壊すると、吉野に逃れて南朝を開いた。

「建武式目《けんむしきもく》」

足利尊氏が室町幕府の政治方針を示したもので、17か条から成る。

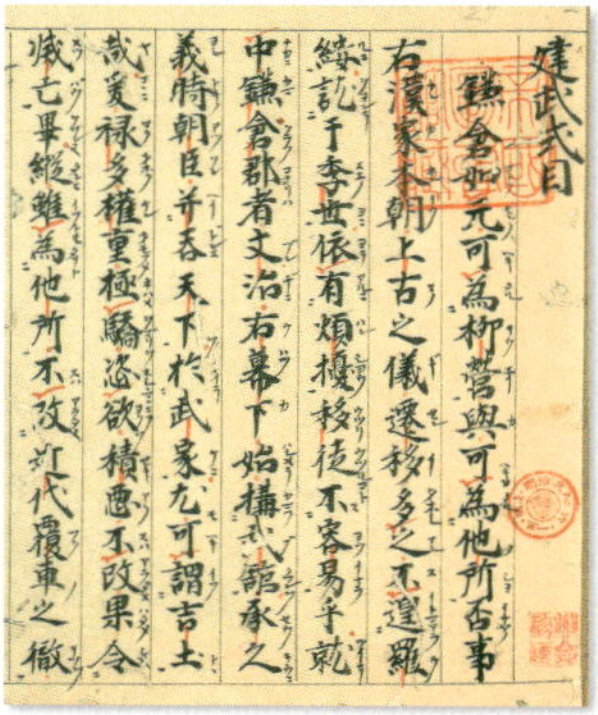

建武式目
鎌倉如元可為柳営歟可為他所否事
右漢家本朝上古之儀遷移多之不遑羅
縷訖于季世依有煩擾移徒不容易乎就
中鎌倉郡者文治右幕下始構武館承久
義時朝臣幷呑天下於武家尤可謂吉土
哉爰禄多権重極驕恣欲積悪不改果令
滅亡畢縦雖為他所不改近代覆車之轍

建武式目のおもな内容

1. 幕府を京都に置く
2. 賄賂の禁止
3. 裁判手続の維持
4. 幕府役職登用の基準

南北朝が対立して各地で泥沼の戦いが続く

幕府成立後、後醍醐天皇は**吉野**に逃れ、みずからを正統な天皇と主張して**吉野朝**（**南朝**）を立てた。京の**北朝**（**持明院統《じみょういんとう》**）との南北朝時代が始まったのだ。南朝方の**北畠顕家**は1338年に堺浦《さかいうら》で幕府軍と激突、石津《いしづ》で討ち死にを遂げた。3か月後には**新田義貞**も越《えち》前《ぜん》で戦死し、1348年には正成の忘れ形見・**楠木正行《くすのきまさつら》**も四条畷《しじょうなわて》で戦死する。だが、北朝側でも尊氏と弟の**直義《ただよし》**が対立し、争いは泥沼化していくのだった。

天龍寺《てんりゅうじ》　天龍寺（京都市）は、尊氏が後醍醐天皇の菩提を弔うために建立した寺院である。

足利義満公

南北朝合一《なんぼくちょうごういつ》

南北朝を合体させて幕府の権威を高めた足利義満

南北朝合一期の天皇系図

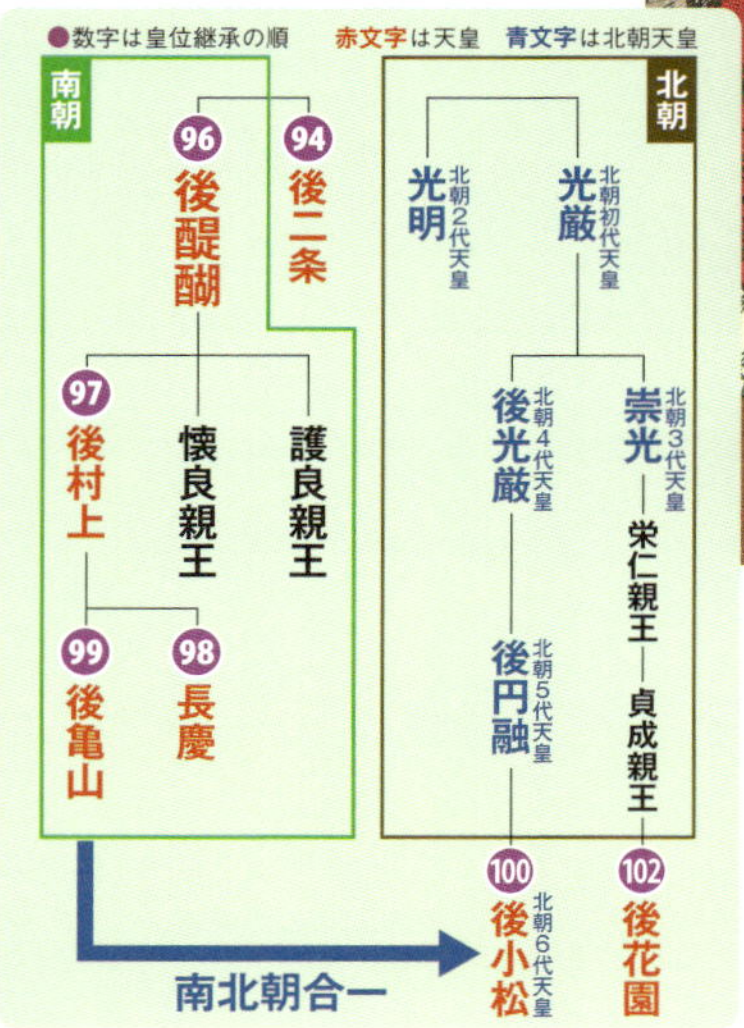
●数字は皇位継承の順　赤文字は天皇　青文字は北朝天皇
南朝
94 後二条
96 後醍醐
護良親王
懐良親王
97 後村上
98 長慶
99 後亀山
北朝
光厳 北朝初代天皇
光明 北朝2代天皇
崇光 北朝3代天皇
後光厳 北朝4代天皇
栄仁親王
後円融 北朝5代天皇
貞成親王
100 後小松 北朝6代天皇
102 後花園
南北朝合一

足利義満《あしかがよしみつ》（1358～1408）

室町幕府３代将軍。10歳で征夷大将軍に就任し、管領の細川氏・斯波氏などの有力守護大名の力を抑え、将軍権力を確立。1392年に南北朝合一を果たした。将軍職を義持に譲った後は太政大臣に就任し、権力を握り続けた。また、明の皇帝から「日本国王」として認められ、勘合貿易を行った。

足利義満と金閣

義満は京都の北山に山荘を造営し、舎利殿《しゃりでん》（金閣）を建立した。金閣の第一層は寝殿造、第二層は和様、第三層は禅宗様となっている。

公家と武家に君臨して日本国王と呼ばれた義満

足利幕府は、**室町幕府**とも呼ばれる。３代将軍・**足利義満《あしかがよしみつ》**が室町に屋敷（**室町殿**、**花の御所**）を構えたからだ。義満は、尊氏が南朝方との戦いに備えて全国の**守護《しゅご》**に荘園や公領の年貢を1年に限り半分徴発できるようにした**半済令《はんぜいれい》**を、以後は永続することとした。経済力と土地に対する支配力を大幅に強めた守護は「**守護大名**」となり、美濃《みの》・尾張《おわり》・伊勢《いせ》の守護を兼ねた**土岐《とき》氏**や、山陰など11か国を領する**山名《やまな》氏**、九州など10か国の守護で**九州探題《きゅうしゅうたんだい》**も兼職した**今川貞世《いまがわさだよ》**（**了俊《りょうしゅん》**）などが各地の南朝方を次第に抑え込んでいった。

その後、義満は有力守護大名を次々と粛清《しゅくせい》していく。特に1391年の山名氏討伐は「**明徳《めいとく》の乱**」と呼ばれた。この結果、義満の権力は増大し、1392年に長く分裂し争っていた**南北朝**を**統一**することにも成功したのである。その後太政大臣《だいじょうだいじん》に任ぜられた義満は倭寇《わこう》を取り締まり**明国**との国交を開いて、明の皇帝から「**日本国王**」との称号で呼ばれた。

足利将軍家系図

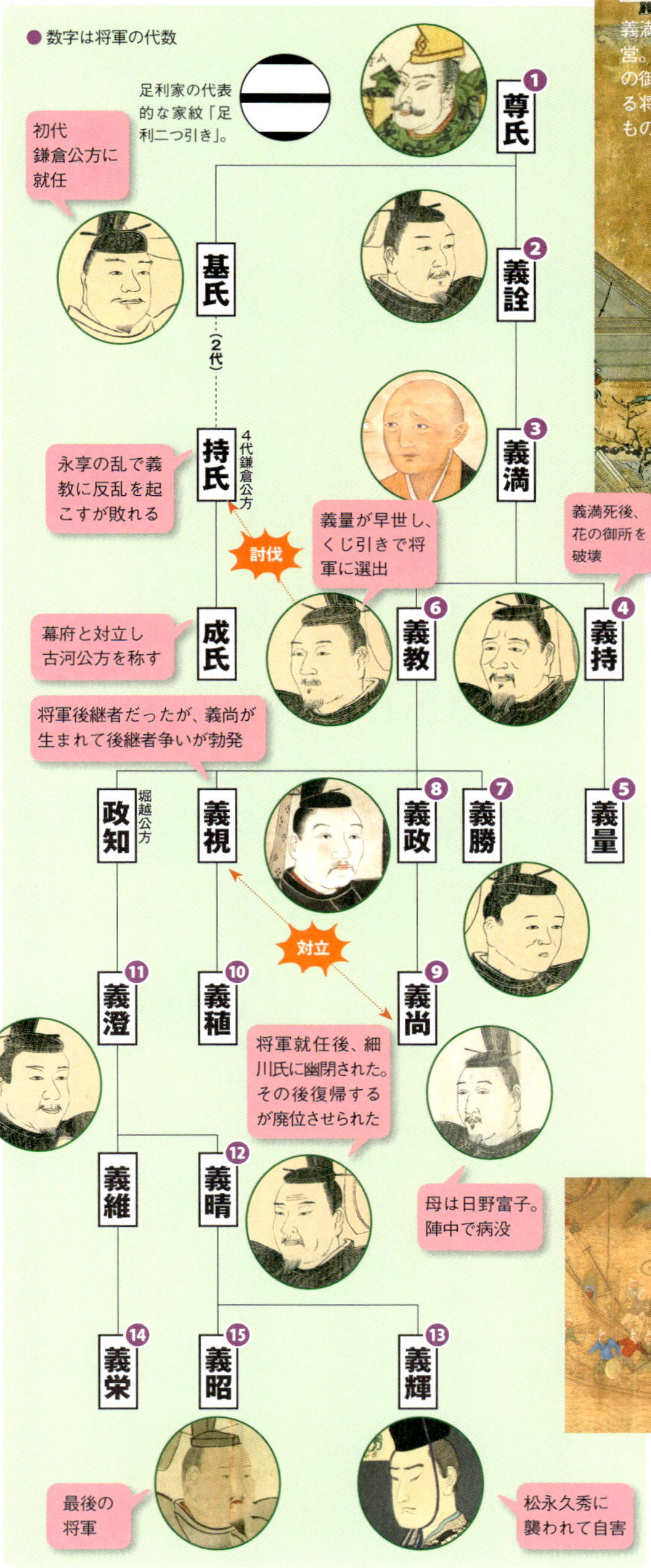

足利将軍邸

義満は京都の室町通り沿いに将軍邸を造営。庭に多くの花木が植えられたため「花の御所」と呼ばれた。この絵に描かれている将軍邸は、8代将軍足利義政の時代のものと推定されている。

室町幕府の職制

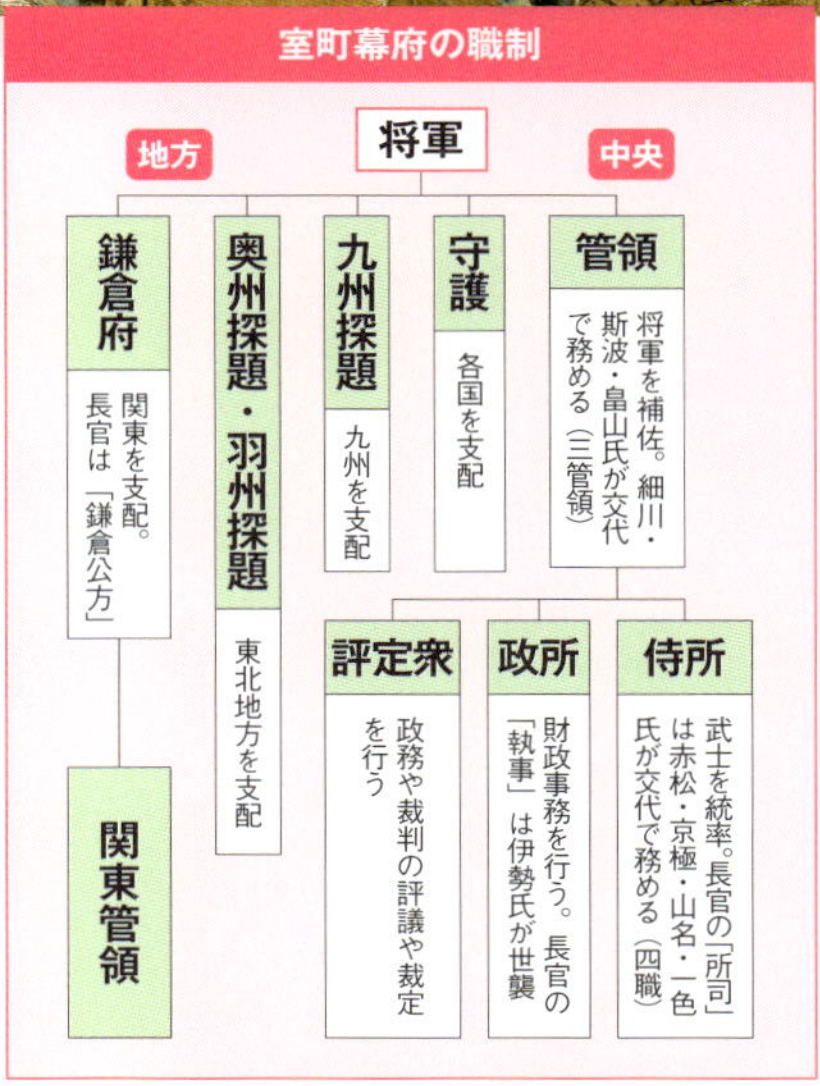

倭寇《わこう》

倭寇と明軍が戦う場面を描いた『倭寇図巻』。倭寇とは中国大陸・朝鮮半島沿岸で略奪行為を行った海賊で、明との貿易を望んだ義満は、倭寇を鎮圧することで勘合貿易を行えるようになった。

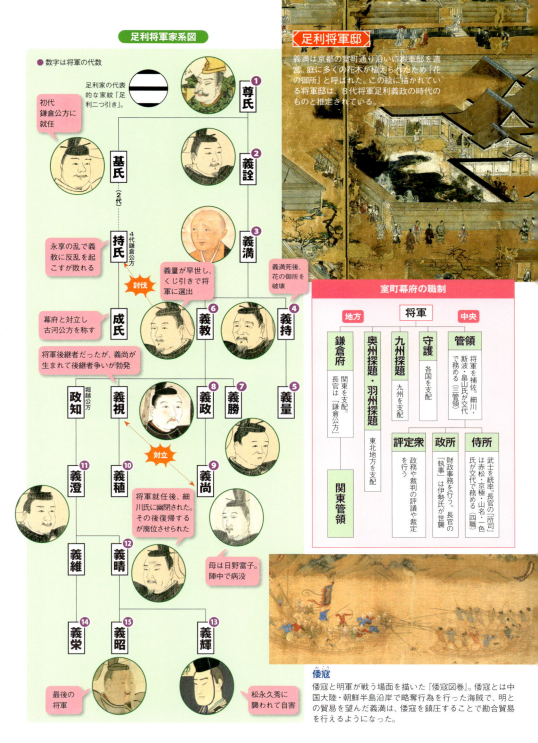

1467年
室町時代

応仁の乱

戦国時代の幕開けとなった応仁の乱で京都は灰《かい》燼《じん》と化す

足利義政《あしかがよしまさ》(1436～1490)

室町幕府8代将軍。弟・義視を後継者としたが、妻・日野富子との間に義尚が生まれたため後継者争いが勃発し、これをきっかけに応仁の乱が始まった。京都東山に山荘を造営し、銀閣を建立。

応仁の乱関係図（1467年時点）

	西軍		東軍
将軍家	日野富子《ひのとみこ》（足利義政の妻）／子 義尚《よしひさ》	VS	足利義政《あしかがよしまさ》／養子（弟） 義視《よしみ》
幕府内	侍所所司 山名宗全《やまなそうぜん》	VS	管領 細川勝元《ほそかわかつもと》
畠山氏	守護大名 畠山持国《はたけやまもちくに》／子 義就《よしひろ》	VS	持国の弟 畠山持富《はたけやまもちとみ》／子 政長《まさなが》
斯波氏	守護大名 斯波義健《しばよしたけ》の養子 義廉《よしかど》	VS	斯波義健の養子 義敏《よしとし》

山名宗全邸宅跡

山名宗全は、応仁の乱における西軍の総大将。はじめは苦戦したが、大内政弘《おおうちまさひろ》の参戦で戦況は膠着し、乱は11年にも及んだ。宗全の邸宅も焼失した。

山名宗全《やまなそうぜん》(1404～1473)

名は持豊《もちとよ》で、宗全は法名。備後、但馬などの守護となり、山名氏一族で8か国を領有した。婿《むこ》の細川勝元と対立し、応仁の乱に発展。西軍11万を率いたが、乱の最中に病没。

細川勝元《ほそかわかつもと》(1430～1473)

室町幕府の管領。足利義視の後見役だったため、応仁の乱では東軍の総大将として戦ったが、陣中で没した。和歌や絵画などに優れ、龍安寺《りょうあんじ》を創建した。

京を灰燼と化した将軍家と名門大名の家督争い

1438年、6代将軍・**足利義《あしかがよし》教《のり》**（義満の3男）は「**永享《えいきょう》の乱**」で**鎌倉公方《かまくらくぼう》**の**足利持氏《あしかがもちうじ》**を討つなど強権政治で将軍権力の強化に努めたが、これが反発を招き、「**嘉吉《かきつ》の乱**」で有力大名の**赤松満祐《あかまつみつすけ》**に暗殺された。8代将軍**義政《よしまさ》**（義教の3男）は政治への興味をなくし、弟の義視《よしみ》を養子に立てて自分は**銀閣**など建築や造園に情熱を注ぐ。そんななか、妻の**日野富子《ひのとみこ》**に実子の**義尚《よしひさ》**が産まれ、義視には**管領《かんれい》**・**細川勝元《ほそかわかつもと》**が、義尚には有力大名の**山名持豊《やまなもちとよ》**（**宗全《そうぜん》**）が後ろ盾となって対立するようになる。

さらに名門・**畠山《はたけやま》氏**の家督争いもからんで、1467年、ついに日本を真二つに割った「**応仁《おうにん》の乱**」が発生、細川方約16万、山名方約11万の兵が京の都を戦場として激突した。「**足軽《あしがる》**」と呼ばれる傭兵集団が新たに登場し、奇襲戦法と略奪をくり返す。焼け野原と化した京では商売も途絶し、民衆は食物の入手すらできなくなった。「仏法王法《ぶっぽうおうほう》ともに破滅」と『**応仁記《おうにんき》**』は嘆いている。

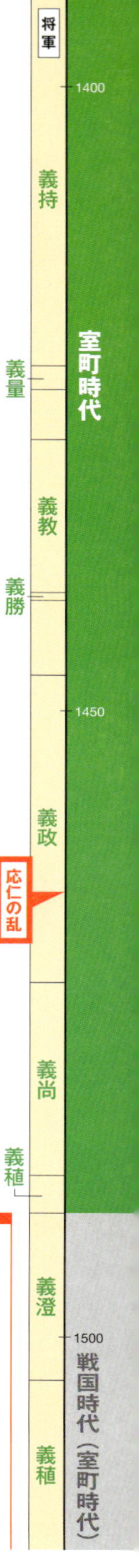

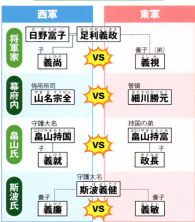

上御霊神社
応仁の乱の勃発地。
西軍
山名宗全率いる西軍は、20か国の兵約11万人を動員した。
東軍
細川勝元率いる東軍は、24か国の兵約16万人を動員した。

応仁の乱勃発地

応仁の乱勃発地の碑

応仁の乱は、1467年、畠山政長と畠山義就が、上《かみ》御霊神社で戦ったのが発端といわれる。戦いは義就が勝利した。

応仁の乱で焦土と化す京都

応仁の乱は、京都が主要な戦場となったため、内裏や足利将軍邸をはじめ、多くの寺院や神社が被災し、京都の上京《かみぎょう》（北部）は全域が被災し、京都全体でも大部分が灰塵と化した。

応仁の乱の被災地

市街地（洛中）
被災地域
上賀茂神社
堀川
今出川
賀茂川
高野川
大徳寺
船岡山
紙屋川
細川邸
上御霊神社
相国寺
田中神社
山名邸
室町第
（足利義政邸）
毘沙門堂
浄蓮華院
吉田社
妙心寺
内裏
三宝院
斯波邸
黒谷
聖護院
上京
畠山邸
二条大路
鴨川
南禅寺
三条大路
青蓮院
四条大路
白毫寺
祇園社
雲居寺
建仁寺
法観寺
清水寺
六波羅蜜寺
下京
妙法院
清閑寺
堀川通
室町通
高倉通
泉涌寺

銀閣　『洛中洛外図屏風』（上杉本）に見られる銀閣（慈照寺観《じしょうじかん》音殿《のんでん》）。屋根の上に置かれている鳳凰がひときわ大きく描かれている。応仁の乱終息後の1489年、足利義政が東山山荘に創建した。「銀閣」は、江戸時代以降に使われるようになった通称である。

銀閣
金戒光明寺
真如堂

特集

日本文化の原型を生み出した室町時代の文化人

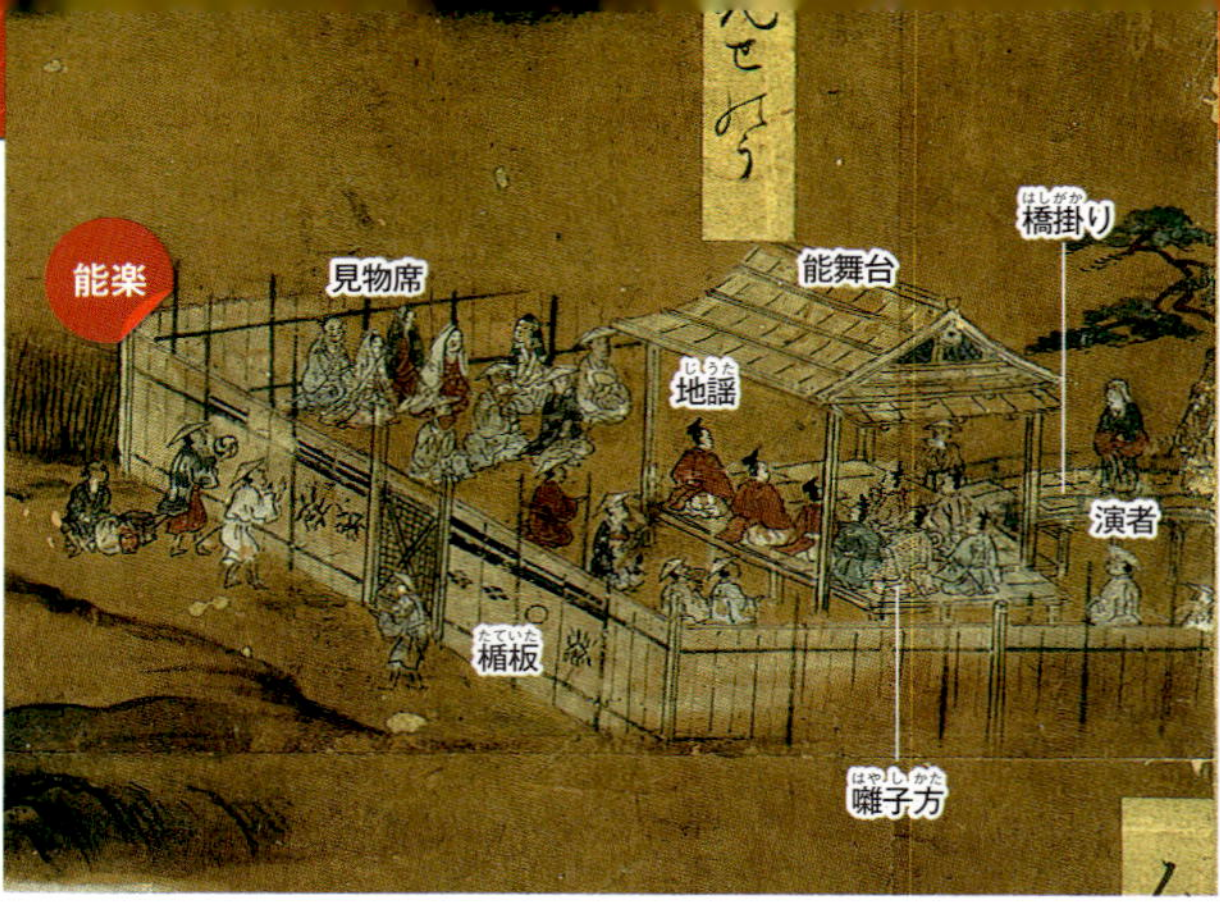

能楽
見物席
能舞台
橋掛り《はしがかり》
地謡《じうたい》
演者
楯板《たていた》
囃子方《はやしかた》

能の興行風景

京都・賀茂川の河原で行われていた観世座《かんぜざ》の能舞台の様子。屋根のない橋掛りを演者が進んでいる。当時の能は、江戸時代以降の能より形式が自由だった。

世阿弥《ぜあみ》（1363？〜1443？）

猿楽師で、父・観阿弥《かんあみ》とともに猿楽能《さるがくのう》（能楽）を大成した。能の奥義を『風姿花伝《ふうしかでん》』（花伝書《かでんしょ》）に著した。

仏教

仏教

蓮如《れんにょ》（1415〜1499）

浄土真宗《じょうどしんしゅう》の僧で、本願寺８世。衰退していた浄土真宗を再興するため、親鸞《しんらん》の教義を手紙形式でつづった「御文《おふみ》」を使って布教。多くの信徒を獲得した。1488年には、加賀《かが》（石川県）で、浄土真宗（一向宗《いっこうしゅう》）の信徒が中心となって加賀一向一揆を起こすが、蓮如は一揆を諌《いさ》めるために「消息《しょうそく》」という御文を送った。

一休宗純《いっきゅうそうじゅん》（1394〜1481）

臨済宗《りんざいしゅう》の僧で、後小松天皇の落胤《らくいん》といわれる。大徳寺《だいとくじ》の住持《すみもち》となった。奇行の持ち主で、男色や女犯、飲酒など、仏教の戒律を破ったといわれるが、これは仏教界の腐敗や形式主義に対する激しい批判であった。詩や書に優れ、また頓智咄《とんちばなし》のモデルとなった。

茶道、生け花、能などが勢ぞろいした室町時代

室町時代の文化は、大きく前後ふたつに分かれる。**義満《よしみつ》**時代の**北山文化**と、**義政《よしまさ》**時代の**東山文化**である。義満全盛時代、新たな文化の主役となった武家は、自分たちの帰依《きえ》する**禅宗**と**公家文化**を合体させて独自の華麗優美な文化を創った。その代表的な例が**鹿苑寺《ろくおんじ》**の**金閣《きんかく》**であり、**観阿弥《かんあみ》・世阿弥《ぜあみ》**の**能楽《のうがく》**だろう。禅僧の**一休宗純《いっきゅうそうじゅん》**もこの時代に出ている。

これに対し、義政は政争から身を避け、**書院造《しょいんづくり》**を導入した**東山殿《ひがしやまどの》**（**東山山荘《ひがしやまさんそう》**）や**銀閣《ぎんかく》**を築いた。書院造の造作は、のちに**床の間**や**違い棚**などに発展する。義政が収集した中国の茶器はのちに「**大名《おおめい》物《ぶつ》**」と呼ばれて「**侘《わび》・寂《さび》**」を重んじる後世の茶道に強い影響を及ぼす。さらに義政は**大和絵《やまとえ》**の**土佐光信《とさみつのぶ》**のスポンサーとなり、**水墨画**の**雪舟《せっしゅう》**には東山殿の襖絵《ふすまえ》を依頼したが、代わりに推挙された**狩野正信《かのうまさのぶ》**の画技に惚れ込んで雇った。正信は、のちに江戸幕府御用達となる**狩野派**の始祖となった。

『天橋立図《あまのはしだてず》』

雪舟が、日本三景の「天橋立」を俯瞰的に描いた水墨画。雪舟が80歳を超えて描いた作品とされる。

雪舟《せっしゅう》(1420～1502？)

室町時代の画僧。京都の相国寺《しょうこくじ》で絵を学び、明に渡って中国画法を習得した。帰国後は、山口の雲谷《うんこく》庵《あん》を拠点に、日本の水墨画を完成させた。代表作に『天橋立図』『山水長巻』などがある。

絵画

絵画

狩野正信《かのうまさのぶ》(1434？～1530？)

狩野派の祖である絵師。室町幕府の御用絵師として、足利義政の東山山荘の障壁画などを描いた。

『周茂叔愛蓮図《しゅうもしゅくあいれんず》』

狩野正信が描いた水墨画。蓮の合間に浮かぶ船上には、蓮を愛した中国の儒学者・周茂叔（敦頤《とんい》）と、その従者が見られる。

花道

立花《りっか》

室町時代中期、仏前に花を供える供花《くげ》から、室内装飾として花を活ける立花に発展した。

池坊専慶《いけのぼうせんけい》(生没年不詳)

花道家元・池坊の祖。京都頂法寺《ちょうほうじ》の僧で、立花の名手として知られる。

連歌

連歌の会

連歌とは、短歌を上の句と下の句に分け、一座の人々が次々に詠んでいくこと。思案に暮れている僧が見える。

宗祇《そうぎ》(1421～1502)

室町時代の連歌師で、姓は飯尾《いいお》と伝えられる。連歌を宗砌《そうぜい》、心敬《しんけい》、専順《せんじゅん》などに学んだ。『新撰菟玖波集《しんせんつくばしゅう》』を撰集。各地の大名に招かれて諸国を旅し、連歌を広めた。

祇園祭の再開

京を復興した町衆が「祇園祭」を運営

天下人の心もつかんだ京の町衆の祇園御霊会

京の夏は「コンチキチン」の祇園《ぎおん》祭《まつり》で賑わう。この祭、元々は「**御霊《ごりょう》会《え》**」といった。平安京で疫病が流行したのは、**桓武天皇**に謀反の濡れ衣を着せられて死んだ実弟の**早良親王《さわら》**をはじめとする浮かばれない皇族や貴族の霊の祟《たた》りだということで、怨霊を慰め疫病を退散させるため、863年に初めての御霊会が催されたが、その後も疫病は治まらない。

そこで、869年の御霊会では**矛《ほこ》**を**形代《かたしろ》**（依《よ》り代《しろ》）にして怨霊を封じ込め、**神輿《みこし》**を出した。これが現在に伝わる祇園祭の原型となる。

その後、**応仁の乱**が起こると御霊会は中断を余儀なくされたが、戦火が止むと京の**町衆《まちしゅう》**は矛から発展させた華麗な**山鉾《やまほこ》**を造って巡行させ、町ごとの出来を競い合った。**室町将軍**も山鉾を見物し、イベント好きの**織田信長**も山鉾を後援したという。

函谷鉾《かんこぼこ》
白楽天山《はくらくてんやま》
四条通
鶏鉾《にわとりぼこ》
虎の皮
僧
岩戸山《いわとやま》
大船鉾《おおふねぼこ》
武士

祇園祭

1565年頃の祇園祭の様子。四条通を、豪華な山鉾が巡行している。巡行の最後尾は、現在と同じように大船鉾《おおふねぼこ》（図右下）が飾っている。

『洛中洛外図屏風《らくちゅうらくがいずびょうぶ》』

京の市街（洛中）・郊外（洛外）を俯瞰して描いた「洛中洛外図」は数多く存在するが、もっとも有名なもののひとつが、織田信長が上杉謙信に贈ったとされる『洛中洛外図屏風』（写真）。狩野永徳の筆によると伝えられる。

第4章 戦国時代～安土桃山時代

1560年 桶狭間の戦い

1561年 川中島の戦い

1570年 姉川の戦い

1575年 長篠の戦い

1582年 本能寺の変

1583年 賤ケ岳の戦い

1590年 豊臣秀吉、天下を統一

1592年 文禄の役

1600年 関ケ原の戦い

戦国時代 ⇔ 安土桃山時代

群雄割拠の戦乱時代から天下統一へ！

応仁の乱後、地方ごとに戦国大名が支配体制を確立し、覇権を争っていた。その中から織田信長が天下統一を目指し、豊臣秀吉がそれを成し遂げた。

1560年 （▶P80）
桶狭間の戦い

今川義元を襲撃する織田信長精鋭部隊。

1575年 （▶P84）
長篠の戦い

武田軍を迎え撃つ織田鉄砲隊。

室町時代(戦国時代)

年表	
1467	応仁の乱が始まる
1473	山名宗全、細川勝元が死去
1477	応仁の乱が終結
1485	山城の国一揆が始まる
1488	加賀一向一揆が始まる
1493	**北条早雲**（伊勢宗瑞）が伊豆へ侵攻
1495	早雲が小田原城を奪取
1510	三浦の乱
1523	毛利元就が家督を継承
1526	今川氏親が『今川仮名目録』を制定
1532	法華一揆が起こる
1536	伊達稙宗が『塵芥集』を制定 天文法華の乱
1542	斎藤道三が土岐氏を追放
1543	**鉄砲**が日本に伝来

将軍：義政　義尚　義稙　義澄　義稙　義晴

人物生没年

北条早雲 1432　1519
62歳のとき伊豆侵攻

斎藤道三 1494?
63歳頃 長良川の戦い

毛利元就 1497
59歳のとき 厳島の戦い

今川義元 1519

武田信玄 1521
41歳のとき 川中島の戦い（第4次）

上杉謙信 1530
32歳のとき 川中島の戦い（第4次）

1534

1537

1542

戦国大名
※年齢は数え年

1600年 （▶P98）
関ケ原の戦い

『関ケ原合戦図屏風』に描かれた戦いの様子。

1582年 （▶P88）
本能寺の変

明智軍に襲撃され、燃え盛る本能寺。

室町時代（戦国時代）｜安土桃山時代｜江戸時代

1549	ザビエルが日本に**キリスト教**を伝える
1551	織田信長が家督を継承
1555	厳島の戦い
1556	長良川の戦い
1560	**桶狭間の戦い**
1561	**川中島の戦い**（第４次）
1567	信長が美濃を攻略
1568	信長が足利義昭を奉じて京都に入る
1570	**姉川の戦い**
1572	三方ケ原の戦い
1573	信長が義昭を追放して室町幕府が滅亡
1575	**長篠の戦い**
1576	信長が安土城を築城
1582	**本能寺の変**で信長が敗死
	山崎の戦い
1583	賤ケ岳の戦い
1590	豊臣秀吉が**天下統一**
1592	文禄の役が始まる
1597	慶長の役が始まる
1600	**関ケ原の戦い**
1603	徳川家康が征夷大将軍に就任し、江戸幕府を開く
1614	大坂冬の陣
1615	大坂夏の陣
	武家諸法度（元和令）の制定

将軍：義輝｜義栄｜義昭
関白：秀吉｜秀次
将軍：家康｜秀忠

46歳のとき関ケ原の戦い

1555 上杉景勝 1623

1560 石田三成 1600

1556

19歳のとき関ケ原の戦い

1582 小早川秀秋 1602

1571

1567 伊達政宗 1636

34歳のとき関ケ原の戦い

1560

1573

1578

27歳のとき桶狭間の戦い

織田信長 1582

54歳のとき天下統一

豊臣秀吉 1598

59歳のとき関ケ原の戦い

徳川家康 1616

堺市博物館蔵

1493年
戦国時代

北条早雲の伊豆侵攻

戦国時代の幕が開き、早雲、元就、道三が続々登場

戦国大名の勢力図（1560年頃）

1540～41年
吉田郡山城《よしだこおりやまじょう》の戦い
山口の大内氏に従属していた毛利元就の居城・吉田郡山城を、出雲の尼子晴久が3万の大軍で攻めた戦い。元就が尼子軍を撃退した。

1556年
長良川《ながらがわ》の戦い
斎藤道三と、子の義龍との間で行われた戦い。義龍軍1万以上に対して、道三軍は約2000ばかりであった。道三は敗れて戦死。

1553～64年
川中島《かわなかじま》の戦い
武田信玄と上杉謙信との間で、北信濃をめぐって起こった戦い。数年にわたって5回行われた。

1560年
桶狭間《おけはざま》の戦い
織田信長が今川義元を奇襲攻撃で討ち取った戦い。

1493年
堀越御所攻め《ほりごえごしょぜ》
足利茶々丸が弟を殺害して堀越公方に就任すると、伊豆は混乱。北条早雲は、その混乱に乗じて伊豆に攻め入り、茶々丸を追放。伊豆一国を入手した。

北条早雲《ほうじょうそううん》（1432～1519）
伊豆《いず》・相模《さがみ》を支配した戦国大名。後北条氏の祖。駿河の今川氏のもとで頭角を現し、伊豆の混乱に乗じて急襲、支配下に置く。さらに小田原を攻略した。

小田原城　1500年頃、早雲が計略により大森藤頼《おおもりふじより》から奪った城で、北条氏5代にわたる拠点となった。

小田原城天守閣所蔵

早雲が堀越公方を打倒し混乱する関東に進出する

「**下克上《げこくじょう》**」とは下の者が上の者に克《か》つという意味だ。幕府や各地の守護大名が戦乱のなかで力を失い、実権を在地《ざいち》の守護代やそれ以下の者に奪われていった室町末期から戦国時代には、その言葉がふさわしい。なかでも下剋上の代表例といわれるのが**北条早雲《ほうじょうそううん》**だ。

1476年に京から駿河《するが》に赴いた早雲は、今川家の家督相続問題で活躍し、1493年には伊豆《いず》に出兵して**堀越公方《ほりごえくぼう》**（鎌倉公方はこのころ古河《こが》公方と堀越公方に分立していた）の**足利茶々丸《あしかがちゃちゃまる》**を追放し、伊豆を平定する。続いて早雲が狙ったのは、相模《さがみ》。1500年頃、**小田原城**を奪う際には鹿狩りだとごまかして兵を動かし、奇襲をかけたという。

戦国大名の先駆けと呼ばれるにふさわしい働きだが、早雲の出自について現在は備中《びっちゅう》の**伊勢氏**の出身で室町幕府の中枢にいた人物であることがわかっている。その意味で下克上ではないが、以後、北条氏は5代にわたって関東に覇を唱えた。

斎藤道三《さいとうどうさん》（1494？～1556）

美濃《みの》を治めた戦国大名。油の行商人から身を起こし、美濃の守護・土岐氏を追放して美濃一国を入手し、稲葉山城を築いた。1556年、長良川《ながらがわ》の戦いで、子の斎藤義龍に討たれた。

毛利元就《もうりもとなり》（1497～1571）

中国地方の戦国大名。安芸の国人出身だったが、出雲の尼子氏や周防の大内氏などを滅ぼして山陰、山陽10か国を支配した。

敵対関係

吉田郡山城

元就によって強化拡大された山城で、尼子晴久との戦いの舞台となった。毛利輝元が広島城に移るまで毛利氏の代々の居城だった。

父を討つ

長良川と稲葉山

道三が築城した稲葉山と、長良川の戦いの舞台となった長良川。

斎藤義龍《さいとうよしたつ》（1527～1561）

道三の子だが、実際は道三に追放された土岐頼芸《ときよりのり》の子とされる。道三との関係が悪化し、長良川の戦いで討った。

尼子晴久《あまごはるひさ》（1514～1560）

山陰を中心に8か国を治めた守護。毛利元就の好敵手で、1540年から翌年まで行われた吉田郡山城の戦いには敗れるが、1558年に元就を破って石見銀山を手に入れた。その2年後に病没。

小身《しょうしん》から身を起こした中国地方の覇王・元就

早雲の伊豆侵攻から約半世紀、西では**毛利元就《もうりもとなり》**が勃興した。安芸《あき》の小豪族だった元就は、1540年に出雲《いずも》の**尼子晴久《あまごはるひさ》**が派遣した3万の大軍を撃退して武名を揚げる。

その後、大内氏の重臣・**陶晴賢《すえはるかた》**が**大内義隆《おおうちよしたか》**に背いて自刃に追い込むと、元就は1555年に策略で晴賢軍3万を**厳島《いつくしま》**におびき寄せ、5000の小勢で奇襲して大勝利を収めた。有名な**厳島の戦い**である。これによって元就は周防《すおう》・長門《ながと》も支配下に治める大勢力となり、1566年には出雲の**月山富田《がっさんとだ》城《じょう》**を包囲して**尼子義久《よしひさ》**（晴久の子）を降伏させて中国地方8か国の覇者となった。

梟雄《きょうゆう》と呼ばれた道三が美濃の国主となる

美濃《みの》の**斎藤道三《さいとうどうさん》**の父は、京の明覚《めいかく》寺《じ》の僧から還俗《げんぞく》して美濃に移り、美濃の守護・**土岐《とき》氏**の重臣に仕えた。そして、子の道三が土岐氏を追放して国盗りを実現する。だが1556年、道三は相続問題をめぐって子の**義龍《よしたつ》**と戦い、敗れて死んでいった。

川中島の戦い（第4次）
戦国時代の両雄が対決、武田信玄と上杉謙信

武田《たけだ》信玄《しんげん》（1521〜1573）

甲斐を治めた戦国大名。父・信虎を追放後、信濃に侵攻を開始。上杉謙信と対立して、５度にわたって川中島で戦った。その後、上洛を目指し、三方ケ原で徳川家康を破ったが、陣中で病没。

躑躅《つつじ》ケ崎《がさき》館《やかた》

信玄の居城だった躑躅ケ崎館には、石垣がなく、堀は一重だった。

『川中島合戦図屏風』

第４次川中島の戦いの様子を描いた屏風。謙信と信玄の一騎討ちは、八幡原ではなく、御幣《おんべ》川《がわ》で行われたという説に基づいた構図で描かれている。

甲斐の虎、越後の龍、川中島に対峙する

甲斐《かい》の**武田信玄**《たけだしんげん》と越後《えちご》の**上杉謙信**《うえすぎけんしん》は信濃《しなの》北部の領有をめぐり３度にわたって**川中島**《かわなかじま》で対陣してきた。好敵手として認め合う両者は４度目に川中島へ出陣するときは、乾坤《けんこん》一擲《いってき》の大勝負になると予感していた。

1561年、謙信は1万8000の軍勢を率いて8月14日に川中島に築かれた武田方の**海津城**《かいづじょう》を見下ろす**妻女山**《さいじょさん》に陣を置く。これに対し信玄は、海津城に2万の軍を集めて、９月９日の夜中に別働隊1万2000を妻女山の南に迂回させた。背後から急襲されて驚いて山を下りる謙信を、信玄本隊8000で挟み討ちにしようと考えたのだ。この「**啄木鳥戦法**《きつつき》」の発案者は信玄の名軍師・**山本勘助**《やまもとかんすけ》という。だが、謙信は信玄の狙いを見抜き、機先を制して別働隊到着前に密かに山を下り、**八幡原**《はちまんばら》に布陣していた信玄本隊に襲いかかった。謙信の越後勢は各部隊が輪形に並び、グルグルと回りながらつねに新手が敵を叩き後方に去る、「**車懸かり**《くるまがか》」の戦法をとったという。

上杉謙信《うえすぎけんしん》(1530～1578)

越後を治めた戦国大名。上杉憲政から関東管領を譲られ、上杉を名乗った。小田原の北条氏、甲斐の武田信玄と戦いを繰り広げ、織田信長軍も撃破するが、急逝した。

川中島関連地図

春日山城《かすがやまじょう》

謙信の居城だった春日山城は、春日山山頂に築かれた難攻不落の山城だった。

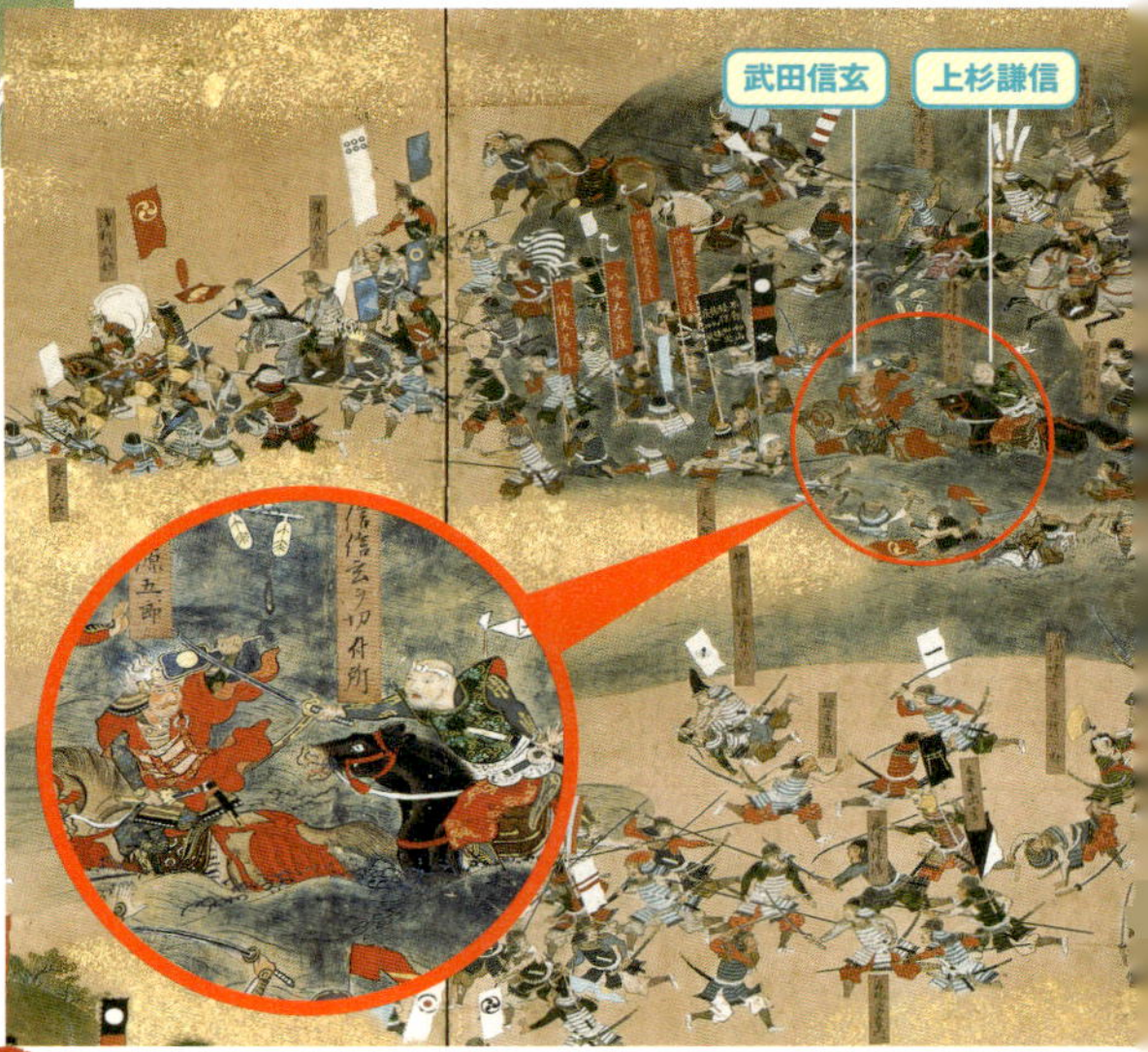

信玄と謙信の一騎討ちの像

第4次川中島の戦いでは、謙信が単騎で武田軍に突入して信玄に切りかかり、信玄はその刀を軍配で受け止めた、という伝説が残る。

両軍入り乱れての激闘、「一騎討ち伝説」を生む

戦いは当初、不意をついたうえに兵力でも倍以上の上杉軍が優勢だった。信玄の弟・**信繁《のぶしげ》**や、山本勘助が討ち死にするなど、武田軍は窮地におちいったが、別働隊が戦場に到着すると兵力差は逆転して武田軍優勢となり、結局明確な勝敗はつかずに終わった。両軍の死者は合わせて7000と伝えられる。なお、謙信はこのときみずから太刀をふるって戦っており、のち信玄・謙信が**一騎討ち**をしたという伝承が生まれている。

日本史余話 仏教を深く信仰した信玄と謙信

「信玄」、「謙信」という名は、ともに法名。出家したあとの名である。信玄は、臨済宗の僧・快川《かいせん》を深く信頼した。信玄没後、快川は葬儀を取り仕切り、武田氏滅亡に際しては織田軍に最後まで抵抗して焼死した。「心頭《しんとう》を滅却《めっきゃく》すれば火《ひ》も自《おのず》ら涼《すず》し」の辞世で知られる。謙信は毘沙門天《びしゃもんてん》を深く信仰し、自らを毘沙門天の化身と信じ、旗印に「毘」の文字を使ったことも有名だ。

▲38歳で出家した武田信玄。臨済宗以外の宗派も積極的に保護した。

神戸市立博物館蔵　Photo : Kobe City Museum / DNPartcom

1560年
戦国時代

桶《おけ》狭《はざ》間《ま》の戦い
織田信長が今川義元を討った「桶狭間の戦い」の真実

二《ふた》つ引《ひ》き
今川家の家紋。今川家は、名門足利家の分家のため、家紋も足利家と同じである。
今川軍
約２万5000の大軍勢だったが、豪雨のあと、信長軍に急襲されて義元を討ち取られた。

織田信長《おだのぶなが》（1534～1582）
戦国・安土桃山時代の戦国大名。今川義元を破って尾張を統一。上洛後、足利義昭《あしかがよしあき》を追放して室町幕府を滅ぼす。浅井氏、朝倉氏、武田氏など次々に滅ぼし、天下統一が目前となった1582年、家臣の明智光秀に討たれた。

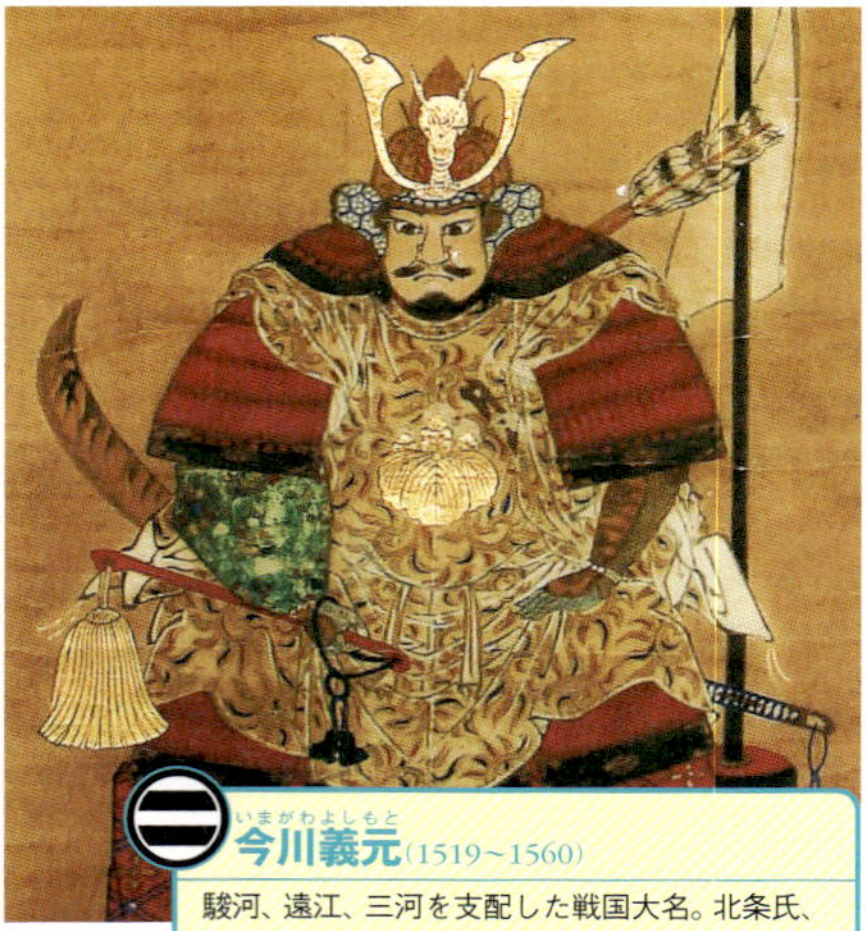

今川義元《いまがわよしもと》（1519～1560）
駿河、遠江、三河を支配した戦国大名。北条氏、武田氏と同盟を結び、大軍を率いて上洛を目指したが、桶狭間で織田信長に急襲され討ち死にした。

東海の太守《たいしゅ》・今川義元と尾張の風雲児・信長

尾張《おわり》では、守護の**斯波氏**《しば》が実権を守護代の**織田**《おだ》**氏**に奪われ、その織田氏も分裂していた。その分家から出た**織田信秀**《おだのぶひで》が商業都市の津島・熱田を地盤として勢力を拡大したあと、その跡を継いだのが**信**《のぶ》**長**《なが》だった。

1560年、駿河《するが》・遠江《とおとうみ》・三河《みかわ》の3か国の大名・**今川義元**《いまがわよしもと》が2万5000ともいわれる大軍を率いて西に進発する。衰微した足利将軍を助けて天下に号令しようと考えたとも、尾張を征服しようとしたともいうが、知多半島を織田氏から孤立させて伊勢湾交通を手中に収めようとした可能性が高い。

5月19日未明、桶狭間まで進んだ義元は今川方の**大高城**《おおだかじょう》を包囲していた織田方の**鷲津砦**《わしづとりで》・**丸根砦**《まるねとりで》に攻めかかる。一方の信長は、**清洲城**《きよすじょう》でこの知らせを受け、「人生五十年、下天のうちをくらぶれば、夢幻のごとくなり。ひとたび生をうけ、滅せぬ者のあるべきか」と有名な幸《こう》若舞《わかまい》「**敦盛**《あつもり》」をひとさし舞ったあと、わずか6騎で城から駆けだした。

将軍
1520
戦国時代（室町時代）
義晴
1540
義輝
桶狭間の戦い
1560
義栄
義昭
安土桃山時代

信長軍の奇襲攻撃を受けた義元が、討ち取られる場面を描いた錦絵。中央が義元。

桶狭間の戦い

義元の本陣を襲う信長の精鋭軍。「豪雨の中、油断していた義元軍を信長が奇襲した」（右の錦絵）というのが桶狭間の戦いの定説であるが、実際は下のイラストのように、雨上がりに精鋭部隊が義元軍の正面を突破して、本陣に突入したという説も有力である。

永楽銭《えいらくせん》

信長の旗印には中国の貨幣である永楽銭が使われた。経済を重視する信長の考え方を示すといわれる。

織田軍

約2000の精鋭部隊が、信長の指示により、斬った敵兵の首を取らずに今川軍本陣を目がけて突進した。

桶狭間古戦場伝説地

愛知県豊明市にある史跡で、現在は公園として整備されている。桶狭間の戦いが行われた場所については、諸説ある。

暴風雨が去った桶狭間に信長の突撃命令が響く

信長が現地に到着したとき、すでに鷲津・丸根は落ちていた。信長は重臣たちが止めるのもかまわず最前線に出て、わずか2000の兵で義元の**本陣**に向かった。そのルートについて、かつては東に大きく迂回して低地に布陣した義元の側面を衝《つ》いたという説が一般的だったが、現在では**桶狭間山**という高所にいる義元を正面から攻撃したという説が定着し、ほかにさらに大きく東に迂回した織田別働隊が義元の背後を衝いたという説もある。いずれにしても、折しも巻き起こった猛烈な西風と雷雨のあと、信長は突撃をかけ、義元を討ち取ったのだ。

1570年
安土桃山時代

姉川の戦い
美濃攻略後に上洛した信長は浅井・朝倉連合軍を撃破

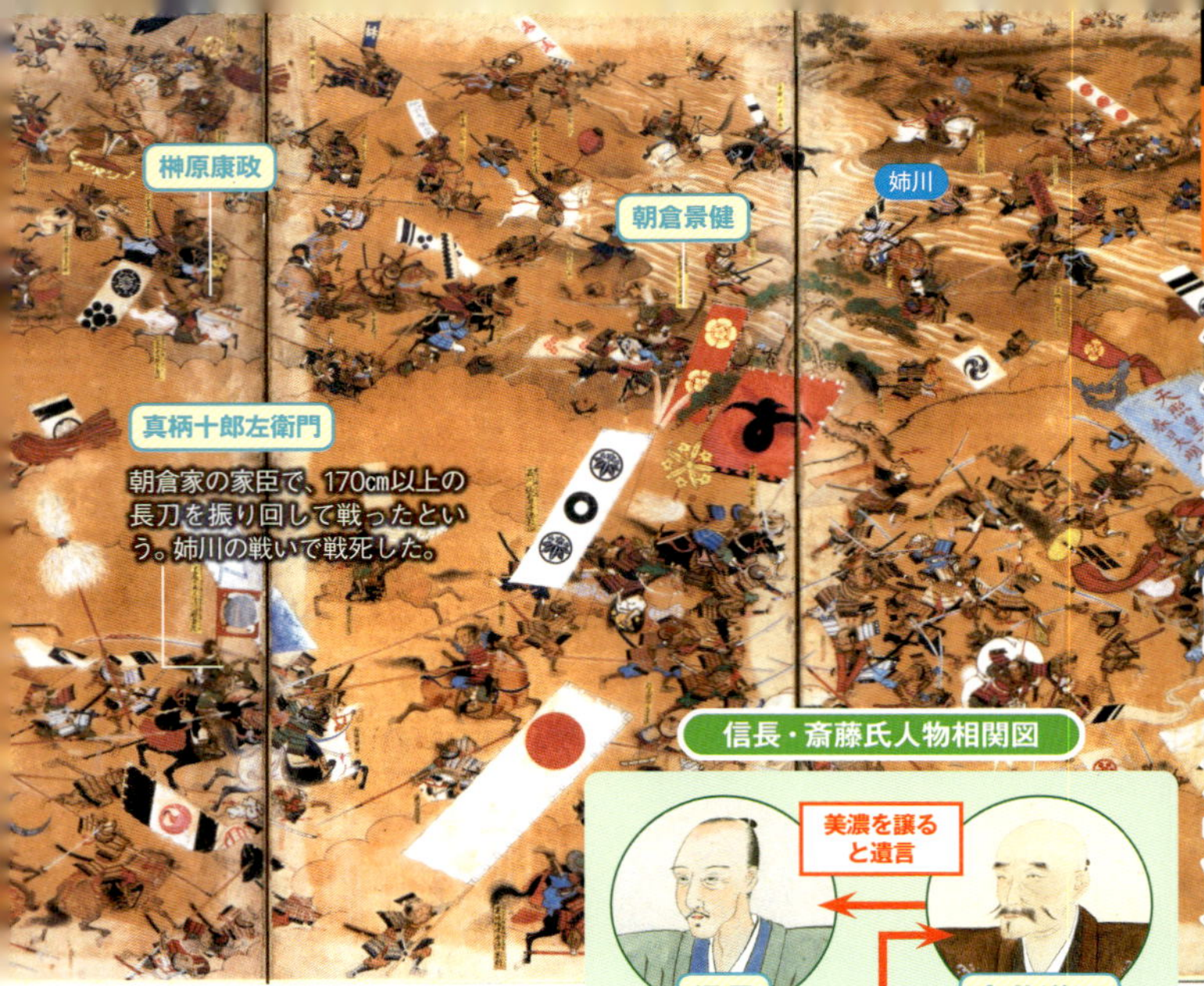

榊原康政
朝倉景健
姉川
真柄十郎左衛門
朝倉家の家臣で、170㎝以上の長刀を振り回して戦ったという。姉川の戦いで戦死した。

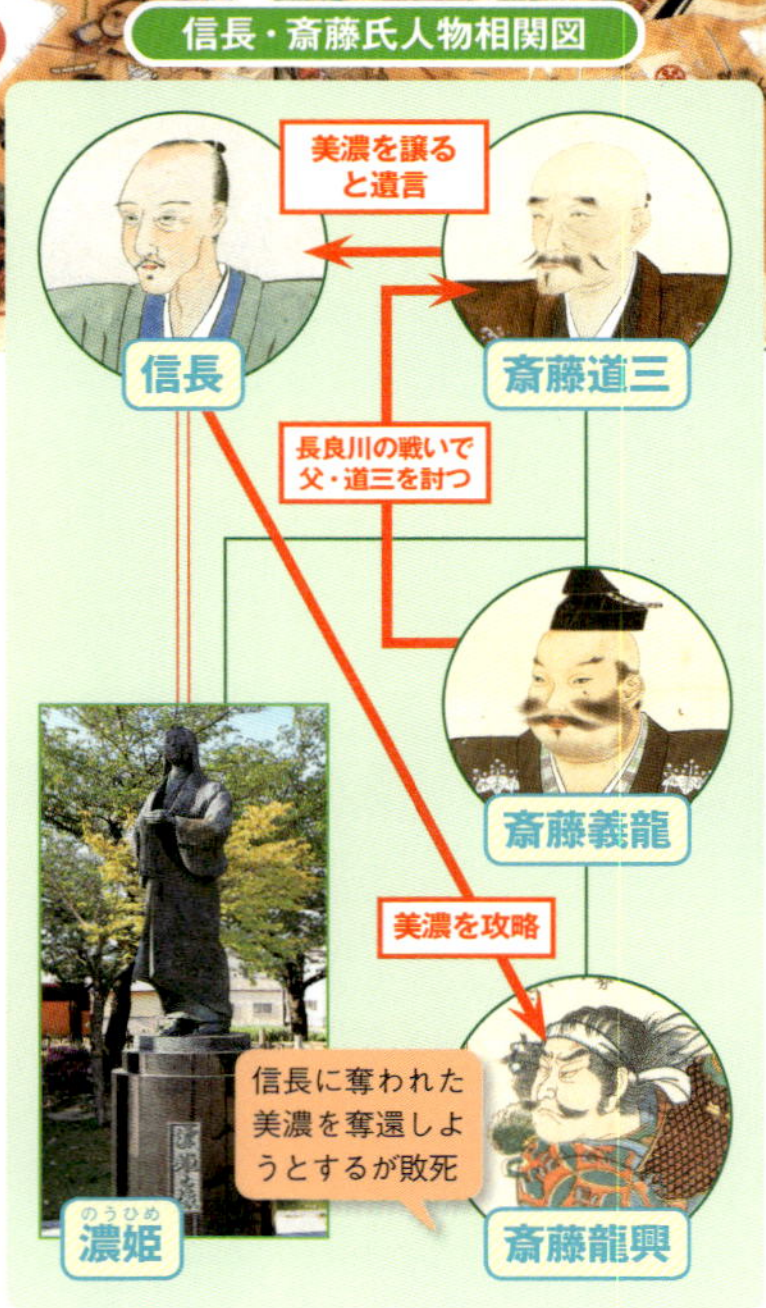

信長・斎藤氏人物相関図
美濃を譲ると遺言
信長
斎藤道三
長良川の戦いで父・道三を討つ
斎藤義龍
美濃を攻略
信長に奪われた美濃を奪還しようとするが敗死
濃姫《のうひめ》
斎藤龍興

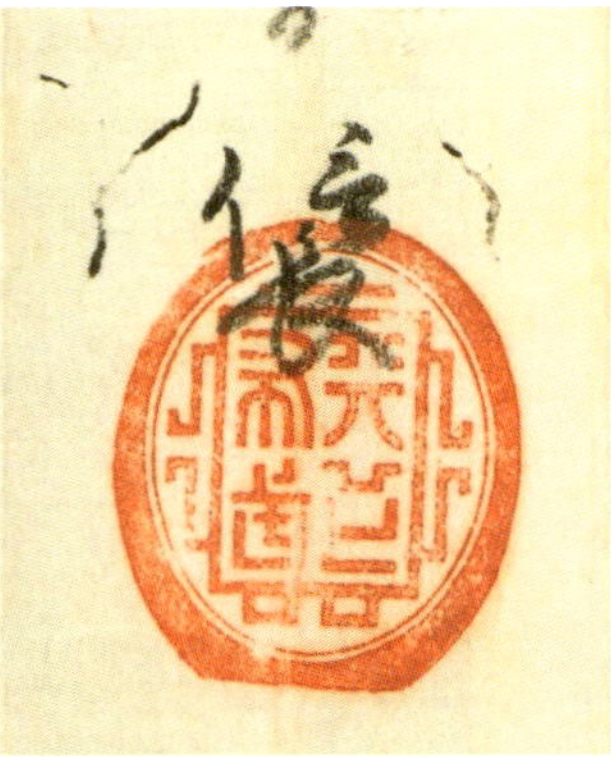

「天下布武《てんかふぶ》」の朱印 本拠地を美濃に移した信長は、天下統一の意志を示すために「天下布武」の印を用いるようになった。

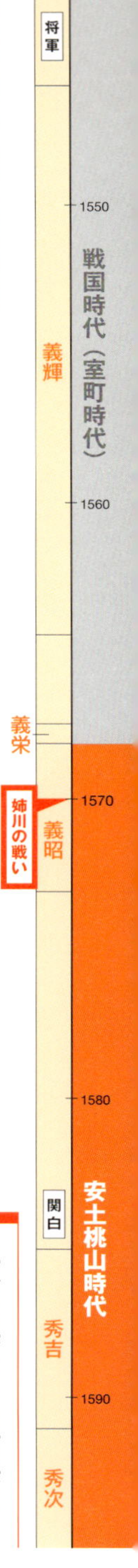

将軍
1550
戦国時代（室町時代）
義輝
1560
義栄
1570
姉川の戦い
義昭
1580
関白
安土桃山時代
秀吉
1590
秀次

上洛を果たした信長に意外な落とし穴が迫る

桶狭間の戦いのあと、**織田信長**は義元配下だった三河《みかわ》の**松平元康《まつだいらもとやす》**（のちの徳川家康）と同盟を結び、北の**美濃《みの》**攻略に全力を傾けた。1567年、**稲葉山城《いなばやまじょう》**を落とし、**斎藤龍興《さいとうたつおき》**（義龍の子）を追放した信長は、城を**岐阜城《ぎふじょう》**と改名し「**天《てん》下布武《かふぶ》**」の印判を用い始める。「天下に武を布く＝武力で天下を治める」という宣言である。翌年、信長は室町幕府13代将軍・**義輝《よしてる》**の弟、**義昭《よしあき》**を奉じて上洛し、義昭を15代将軍の座につけた。

1570年、信長は義昭の上洛命令に従わないという理由で越前《えちぜん》の**朝倉義景《あさくらよしかげ》**を攻撃するが、同盟者の北近江・**浅井長政《あざいながまさ》**が突如寝返ったためにあやうく京に逃げ帰った。浅井氏が離反し、南近江の**六角氏《ろっかく》**も蜂起して本拠地の岐阜城と京の通路をふさがれた信長は、即座に大軍を率いて北近江に出陣する。浅井氏の本拠・**小谷城《おだにじょう》**の南の**横山城《よこやまじょう》**を包囲した織田軍に対し、浅井軍と援軍の朝倉軍は**姉川《あねがわ》**の北に進出し、織田方の様子をうかがっていた。

『姉川合戦図屏風《あねがわかっせんずびょうぶ》』
画面上部は、姉川の戦いの激戦地となった姉川が流れ、左側は「厭離穢土《おんりえど》」「欣求浄土《ごんぐじょうど》」の旗を掲げた徳川家康、右側には朝倉軍の大将・朝倉《あさくら》景健《かげたけ》や武将・真柄十郎左衛門《まがらじゅうろうざえもん》が描かれている。

浅井長政《あざいながまさ》(1545～1573)
北近江を支配した戦国大名。信長の妹・お市の方を正室に迎えたが、姉川の戦いでは、朝倉氏とともに信長と戦い、敗れる。その後、信長に小谷城を攻められ、自害した。

朝倉義景《あさくらよしかげ》(1533～1573)
越前を治めた戦国大名。足利義昭を保護したが、上洛はしなかった。1570年、浅井氏とともに織田・徳川連合軍を姉川で迎え撃つが敗北。1573年、信長に侵攻され、一乗谷で自害。

足利義昭《あしかがよしあき》(1537～1597)
室町幕府15代将軍。朝倉義景に頼った後、信長に擁立されて将軍に就いた。その後、実権を握る信長に反抗したため、京都を追放され、これにより室町幕府が滅んだ。

織田・徳川と浅井・朝倉 姉川を挟んだ激戦

織田軍と援軍の徳川家康軍は合わせて2万5000、対する浅井・朝倉連合軍は1万5000。一度は退却する様子をみせた浅井・朝倉は、6月28日朝には一転して姉川を渡り織田・徳川連合軍に攻めかかった。

対応の遅れた織田軍は浅井軍に押されて信長の本陣近くまで攻め込まれるが、朝倉軍を迎え撃った徳川家康が家臣の**榊原康政**《さかきばらやすまさ》を西から迂回させ、信長の家臣の**稲葉良通**《いなばよしみち》も駆けつけて東から浅井軍を攻撃するなど、徐々に兵数の差が出て織田・徳川連合軍の勝利に終わった。これで信長は北近江に足がかりをつくり、**上洛ルート**を確保したのだ。

姉川 滋賀県北部を流れる川で、姉川の戦いの舞台となった。多数の戦死者により、川の水が血の色に染まったという。

1575年 安土桃山時代

長篠の戦い
鉄砲の大量使用で合戦に革命が起こる

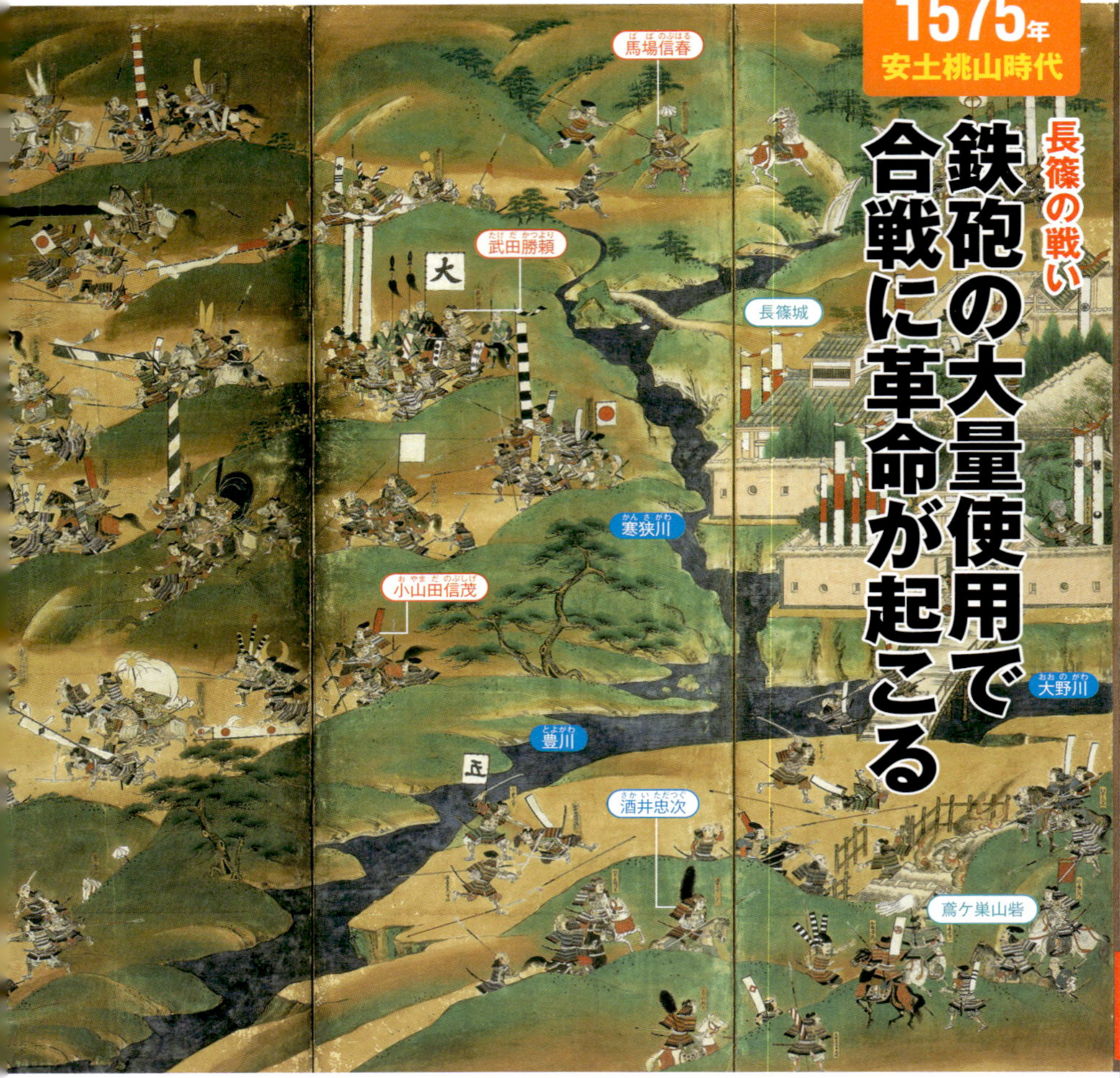

『長篠合戦図屏風』

長篠の戦いの全貌が描かれた屏風。連吾川の西側に馬防柵を築いた織田・徳川軍が、武田軍を鉄砲で攻撃する場面を中心に、別働隊である酒井忠次による奇襲攻撃や、討ち死にする馬場信春などが描き込まれている。

新兵器鉄砲の大量投入が戦の勝敗を決定づける

1572年に遠江**三方ケ原**《みかたがはら》で徳川・織田連合軍を粉砕した**武田信玄**《たけだしんげん》は翌年病没し、さらに**浅井**《あざい》**・朝倉**《あさくら》**氏**も織田信長に滅ぼされ、15代将軍・**義昭**《よしあき》も追放されて反信長包囲網は消滅した。信玄の跡を継いだ**武田**《たけだ》**勝頼**《かつより》は、1575年に1万5000の兵で三河北東端の**長篠城**《ながしのじょう》を包囲した。徳川家康は信長とともに長篠城の西方の**設楽原**《したらがはら》に陣を構える。

信長はこのとき設楽原に柵や堀、土塁などを築かせていた。これに対して勝頼も一部の兵を残して織田・徳川連合軍3万8000の前に陣を進めたが、ここで信長は一計を案じ、別働隊を武田方の**鳶ケ**《とびが》**巣山砦**《すやまとりで》へ迂回させて夜襲で攻め落とさせてしまう。退却路を失った武田軍が総攻撃をかけると、織田・徳川連合軍は柵の中から大量の**鉄砲**を放ち、ひるんだところを**足軽**が攻撃するという物量と巧みな戦術を組み合わせた戦法で立ち向かい、ついに武田軍団は壊滅、主立った武将は軒並み討ち死にするという結果に終わったのである。

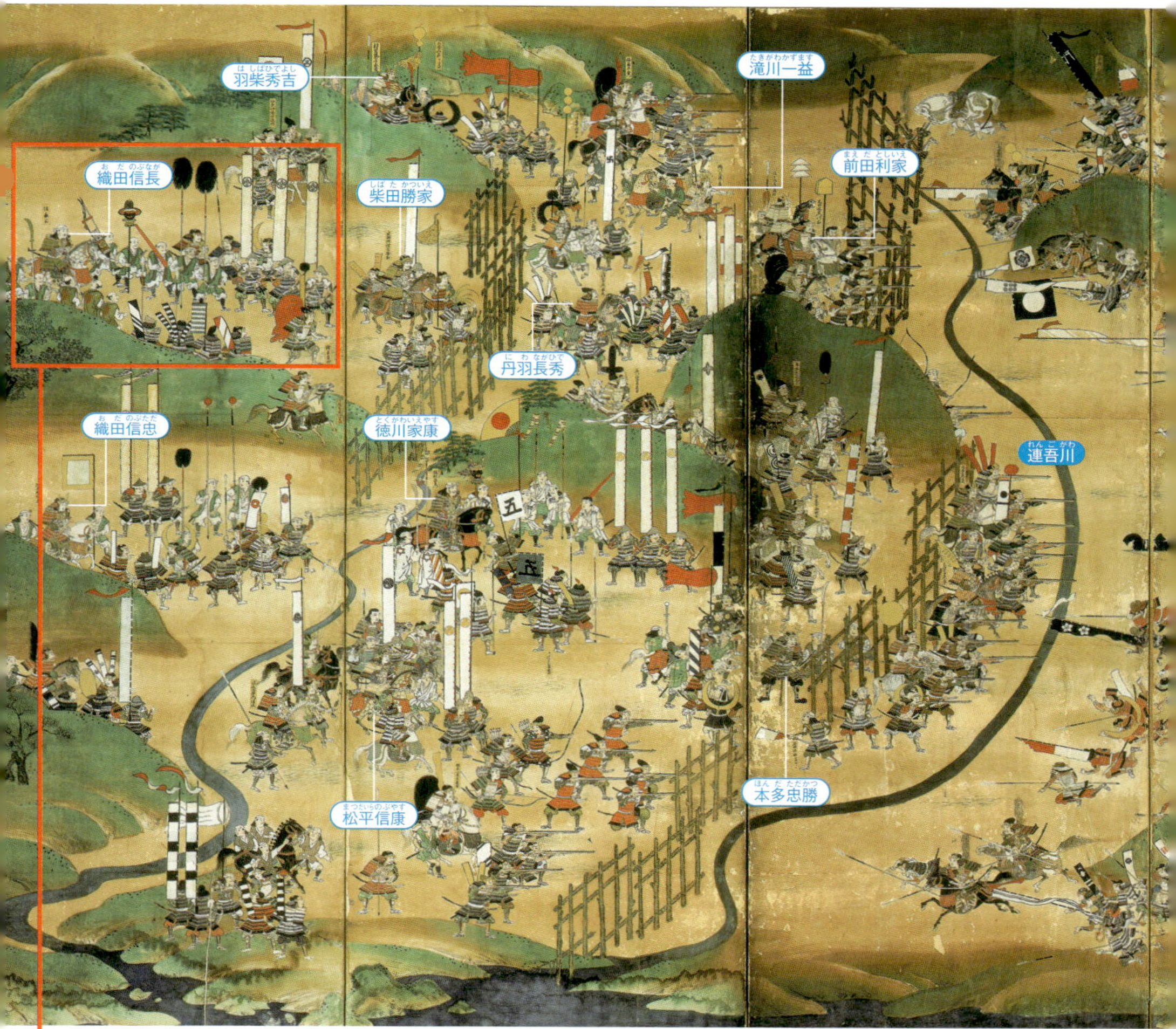

信長の本陣

左端の人物が信長。その前方には、黒色の南蛮風の兜が掲げられている。弓持ちが抱える弓入れには、織田家の木瓜紋《きうりもん》が見られる。

再現された馬防柵

愛知県新城市の設楽原に築かれた、織田・徳川軍の馬防柵。

長篠城跡

長篠城本丸は、大野川（右）と寒狭川（左）が合流する三角地帯の断崖に築かれていた。

特集

豪華絢爛な天空の城「安土城」のすべて

日本初の天守がそびえた魔王の城

5 安土城

天下統一を目指す織田信長が、琵琶湖の東岸の安土山に築いた城。日本で最初に構えたといわれる天守は、高さ46mとされる。城郭は総石垣造りで、城全体が要塞のようであった。

琵琶湖に鮮やかに映える権威の象徴

1576年、織田信長は近江《おうみ》安《あ》土《づち》での築城を開始した。**岐阜城**よりも京に近く、**東山道**や**琵琶湖**の水運も利用でき、周囲に平地も多く大軍の集結が容易な安土の地は、天下人の新たな本拠地に最適だったのだ。信長は重臣の**丹羽《にわ》長秀《ながひで》**を総奉行に任命すると、まだ工事が始まってひと月の安土にさっさと引っ越してしまった。

それから2年あまり、1579年5月には**安土城天守**（**天主**）がほぼ完成した。城は全体が石垣で固められ、なかでも蛇石《じゃいし》という大石は1万人が3日がかりでやっと運び上げた。大手からは広い**大手道**が本丸下までのびる。外観5層、内部は地下の石蔵から地上6階の計7階、4層目は8角形という変則的な天守は青い瓦と朱塗りや金箔押しの柱をもち、なかには名人・**狩野《かのう》永徳《えいとく》**が描いた障壁画が飾られ、天守下には天皇を迎えるための**清涼殿《せいりょうでん》**まで設けられていたという。まさに信長の威光を示す巨城だった。

信長ゆかりの城

◀那古屋城跡。

信長が青年期を過ごした城

❶ 那古屋城《なごやじょう》

信長の父・織田信秀が今川方から奪い、わずか４歳の信長に与えた城。信長は、青年期をこの城で過ごした。

◀清洲城天守。

尾張統一後の本拠地

❷ 清洲城《きよすじょう》

父・信秀の死後、家督を継いだ信長は、一族の反対勢力を次々に滅ぼして尾張を統一。清洲城に移り、ここを本拠とした。

◀小牧山城天守。

美濃斎藤氏攻略の拠点

❸ 小牧山城《こまきやまじょう》

隣国美濃を攻略するため、家臣団ともども移住して新しく築いた城。美濃攻略後に廃城となった。

◀岐阜城天守。

天下取りへ乗り出した城

❹ 岐阜城《ぎふじょう》

美濃攻略に成功した信長が、斎藤氏の居城・稲葉山城を岐阜城と改めて、居城とした。以後、天下統一への本拠地となった。

復元／宮上茂隆、竹林舎建築研究所

安土城の縄張(配置)

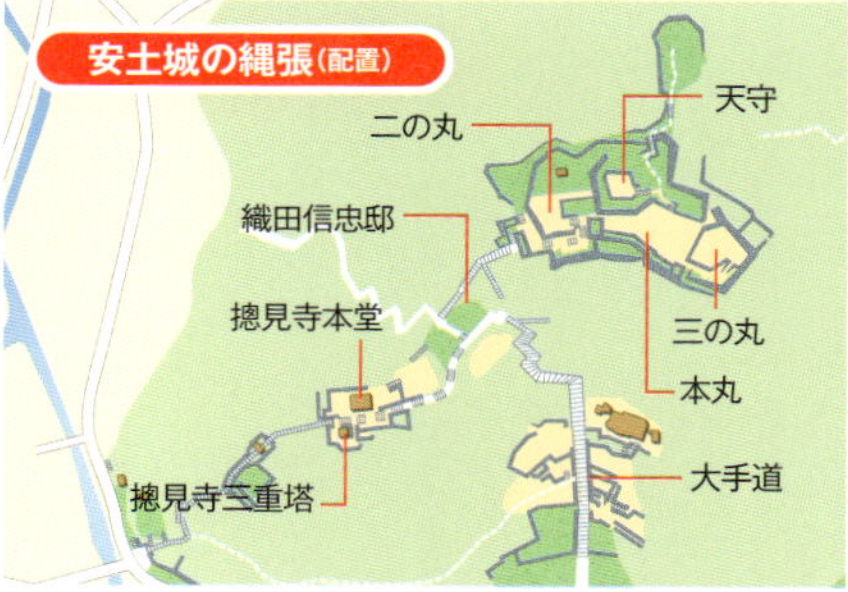

1582年
安土桃山時代

本能寺の変
明智光秀の謀反により天下統一の夢、破れる

本能寺跡

本能寺跡
本能寺跡に建てられた石碑。現在の本能寺（京都市）とは別の場所にある。

本能寺の変
1582年、明智光秀は、信長の宿所であった本能寺を１万3000の兵で急襲した。信長は弓や槍で応戦するが、傷を負ったため書院内の納戸に後退し、納戸の中で自刃したといわれる。

桔梗紋《ききょうもん》
明智光秀の家紋。清和源氏系の土岐《とき》氏の家紋で、土岐支流とされる明智家も桔梗紋を用いていた。

戦国時代
将軍
義栄
1570
義昭
1580
本能寺の変
関白
安土桃山時代
秀吉
1590
秀次
1600
将軍
家康
江戸時代
秀忠
1610

絶頂とともに訪れた革命児・信長の突然の死

1582年、**織田信長**は天下統一にあと一歩と迫っていた。朝廷からは関白《かんぱく》・太政大臣《だいじょうだいじん》・征夷大将《せいいたいしょう》軍《ぐん》のいずれかに就任するよう促されたが、信長は返答を保留していたという。5月、3男の**信孝**《のぶたか》は大坂で**丹羽長秀**《にわながひで》とともに四国攻めの準備中で、中国地方では**羽柴秀吉**《はしばひでよし》（のち豊臣秀吉）が**毛利輝元**《もうりてるもと》（元就の孫）と**備中高松城**《びっちゅうたかまつじょう》で対峙している。秀吉から応援要請を受けた信長は、重臣の**明智光秀**《あけちみつひで》に出陣を命じ京へ向かった。5月29日、わずかな従者と**本能寺**に宿をとった信長は、公家の挨拶などに忙殺され6月2日の朝を迎える。

この日未明、信長は人馬の声と鉄砲の音で目覚めた。光秀が居城の**丹**《たん》**波亀山**《ばかめやま》から中国方面に向かわず、1万3000の兵で京の本能寺を襲ったのだ。謀反の報告に信長はただひと言「**是非**《ぜひ》**に及ばず**」と言葉を発したという。弓をとって戦い、弦《つる》が切れると槍をふるった信長は、やがて肘《ひじ》を負傷して退き、炎上する本能寺奥書院の一室で自害して果てた。

明智光秀《あけちみつひで》（1528？～1582）

信長の家臣。近江坂本城主となり、その後、丹波《たんば》一国を与えられた。毛利攻めで遠征していた羽柴秀吉を救援するため中国地方へ向かう途中、「敵は本能寺にあり」と叫んで信長を襲って自害させた。しかし急遽引き返してきた秀吉に、山崎の戦いで敗れ、逃走中に殺害された。

客殿《きゃくでん》
本堂に放火しながら進んできた明智軍と、信長の従者たちが乱戦を繰り広げた場所。大半が討ち死にし、客殿は放火された。
奥書院《おくしょいん》
信長の寝所とされていた建物。明智軍が襲撃したとき、信長は、寝巻姿で洗顔中だったと伝わる。奥書院は放火され、信長の遺体とともに焼かれた。

『本能寺焼討之図』 本能寺の変を描いた錦絵。右端に信長、中央に光秀家臣の安田作兵衛、左に森蘭丸《もりらんまる》が描かれている。

信長の勢力図（本能寺の変前後）

羽柴秀吉軍
清水宗治の備中高松城を水攻めにしていたが、信長の死を知ると、急遽和議を結び、京へ戻る。
柴田勝家軍
佐々成政とともに上杉景勝と交戦していたが、信長死後、上杉軍の反撃により京に戻るのが遅れた。
松浦
龍造寺隆信
大村純忠
有馬晴信
大友義鎮（宗麟）
島津義久
毛利輝元
吉川元春
小早川隆景
高松
長宗我部元親
京都
堺
安土
稲葉山
織田信長
筒井順慶
北畠信雄
徳川家康
一乗谷
佐々成政
上杉景勝
村上
真田
滝川一益
北条氏政
南部
最上義光
伊達輝宗
蘆名
相馬
那須
岩城
佐竹
結城
桶狭間の戦い頃の信長の支配領域
本能寺の変直前の信長の支配領域
丹羽長秀軍
織田信孝とともに大坂で長宗我部元親攻めの準備中だったが、信長死後、秀吉軍に合流。
明智光秀軍
信長から、秀吉の援護を命じられたが、本能寺にいた信長を急襲。

1583年
安土桃山時代

北ノ庄城の落城

明智光秀、柴田勝家を破った羽柴秀吉が信長の後継に

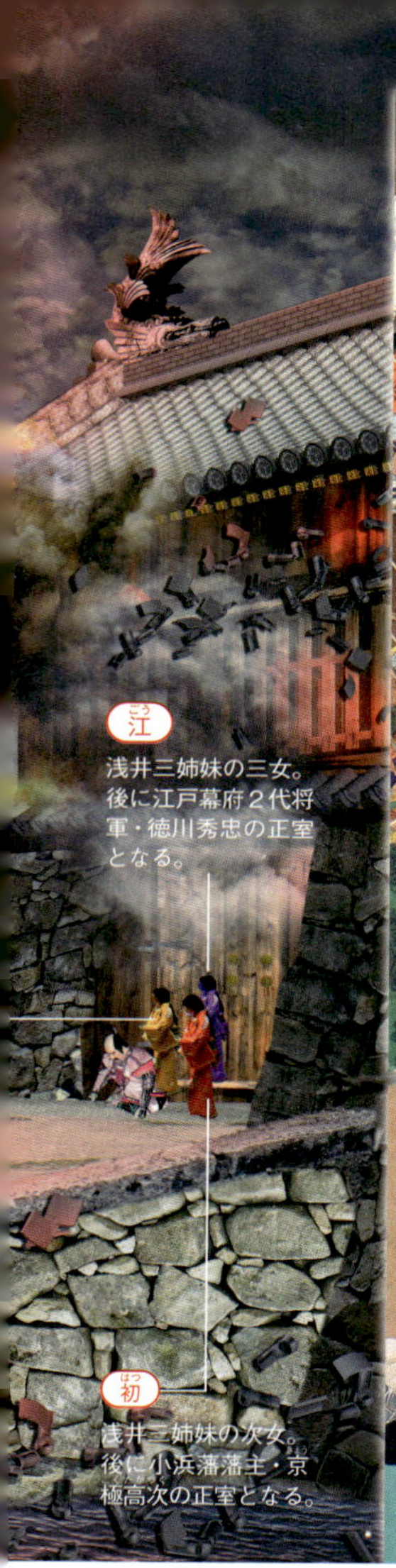

江《ごう》
浅井三姉妹の三女。後に江戸幕府２代将軍・徳川秀忠の正室となる。

初《はつ》
浅井三姉妹の次女。後に小浜藩藩主・京極高次の正室となる。

山崎の戦い
山崎の戦いにおける天王山《てんのうざん》での戦闘を描いた錦絵。重要な局面を意味する「天王山」は、これに由来するが、実際に天王山で重要な戦闘が行われたかについては諸説ある。

羽柴秀吉《はしばひでよし》（1537～1598）
貧農の子として生まれ、信長に仕えて戦功を上げ、羽柴秀吉と名乗った。本能寺の変後、明智光秀、柴田勝家を討ち、信長の後継者として地位を確立。

信長の仇を討つ！秀吉の鮮やかな反転攻勢

1582年6月3日夜、**備中高松城**《びっちゅうたかまつじょう》水攻め中の**羽柴秀吉**に、本能寺で織田信長が**明智光秀**《あけちみつひで》に討たれたとの報が届いた。秀吉はただちに毛利軍と講和し、兵を反転させる。姫路を経由して11日に摂津尼崎《せっつあまがさき》まで進んだ早技は、「**中国大返し**」と呼ばれる。秀吉は**織田信孝**《おだのぶたか》・**丹羽長秀**《にわながひで》らと合流し決戦にのぞんだ。

一方、光秀は秀吉の迅速な反転を予想できず対応が遅れ、近畿の有力武将たちはこぞって秀吉に加担する。もともと光秀の謀反は怨恨ともいわれるが意図不明で、彼らの支持を得られなかったのだ。6月13日、**山崎**北方で合戦は起こった。「**天下分け目の天王山**」などというが、光秀は天王山の占拠は考えず、**勝竜寺城**《しょうりゅうじじょう》の手前で秀吉軍を迎撃する作戦だった。だが、1万余りの兵は秀吉軍4万によって左右から迂回攻撃をかけられて大敗。光秀は勝竜寺城に逃げ込み、その夜**坂本城**へ退く途中、小栗栖《おぐるす》の藪《やぶ》で土民の竹槍に突かれて死んだという。

戦国時代
将軍
義栄
義昭
1570
1580
山崎の戦い
北ノ庄城落城
安土桃山時代
関白
秀吉
1590
秀次
1600
将軍
家康
江戸時代
秀忠
1610

北ノ庄城
越前一向一揆を平定した戦功により、信長から北ノ庄を与えられた柴田勝家が1575年に築いた城。９層の天守をもつ巨大な城だったと伝えられるが、北ノ庄城の戦いにおいて、完全に焼失した。
茶々《ちゃちゃ》
浅井三姉妹の長女。後に秀吉の側室「淀殿」となり、豊臣秀頼を生む。
堀秀政《ほりひでまさ》が使った家紋「釘貫」。

北ノ庄城の落城

賤ケ岳の戦いに敗れた柴田勝家は、北ノ庄城（福井県）に籠城したが、秀吉軍は城を完全に包囲した。敗北を悟った勝家は、妻のお市の方とともに自害し、城に火を放った。落城の際、お市の３人の娘（浅井三姉妹）は城外へ逃がされた。

秀吉得意の電撃作戦で信長の遺業を継ぐ

織田家筆頭重臣の**柴田勝家**《しばたかついえ》は、**清洲城**《きよすじょう》で会議を催し、自分と近しい**信孝**を織田家の跡取りにして秀吉の主導権を奪おうと画策する。だが秀吉は**丹羽長秀**らを味方につけ、信長の嫡孫・**三法師**《さんぼうし》を担いで勝家の鼻をあかした。おさまらない勝家は翌1583年、北近江**賤ケ岳**《しずがたけ》で秀吉とにらみ合う。秀吉が岐阜城の信孝を先に討とうと大垣に移動すると、勝家の甥の**佐久間盛政**《さくまもりまさ》が突出。

これに対し秀吉は大垣からとって返し、4月21日未明、小姓たちにまで突撃させる。世にいう「**賤ケ岳七**《しち》**本槍**《ほんやり》」である。これにより佐久間隊は潰乱し、勝家本軍も崩れ去った。その3日後、勝家は居城の越前**北ノ庄城**で自害し、秀吉は「日本の治まり、（源）頼朝以来」と豪語した。

柴田勝家《しばたかついえ》（？～1583）

信長の家臣。信長第一の家臣として数々の戦功を収め、北陸の統治を任された。賤ケ岳の戦いで羽柴秀吉に敗れた。

1590年 安土桃山時代

小田原攻め・奥州仕置き
北条氏と政宗を降伏させて秀吉が天下を統一する

豊臣秀吉関連年表

1573	信長の家臣として、近江**長浜城**の城主になる
1582	**山崎の戦い**で**明智光秀**を討つ
1583	**賤ケ岳の戦い**で**柴田勝家**を討つ
1584	**小牧・長久手の戦い**で**徳川家康**と戦うが和睦
1585	**関白**に就任
1586	**徳川家康**が臣従する
1587	**九州**を平定
1590	**小田原**、**奥州**を平定して**天下を統一する**

豊臣秀吉像 神戸市立博物館蔵 Photo : Kobe City Museum / DNPartcom
羽柴秀吉は、1586年に朝廷から豊臣の姓を賜り、太政大臣に就任した。

「伊達政宗画像・狩野安信筆」仙台市博物館蔵

伊達政宗《だてまさむね》(1567～1636)

南奥州を支配した戦国大名。幼少時に右目の視力を失った。小田原攻めの最中、秀吉のもとに参陣し、臣従した。秀吉死後、関ケ原の戦いや、大坂の陣では徳川方につき、仙台藩発展の基礎を築いた。

石垣山一夜城跡
秀吉が小田原城を攻略するとき、石垣山に一夜城を築いたといわれる。

石垣山一夜城で北条氏は戦意を喪失

1585年、豊臣秀吉は紀州《きしゅう》の**雑賀衆**《さいかしゅう》を破り、四国の**長宗我部元親**《ちょうそかべもとちか》を降伏させて関白《かんぱく》となった。1586年には**徳川家康**を臣従させ、朝廷から豊臣姓を賜って太政大臣となる。さらに翌年の九州征伐で薩摩の**島津義久**《しまづよしひさ》を降伏させ、秀吉政権に従わないのは関東の**北条氏**と、奥羽の諸大名の一部のみとなった。

秀吉は**惣無事令**《そうぶじれい》（豊臣平和令）の名のもとに諸大名の私戦を禁じており、それに違反したという名目で**北条征伐**にとりかかる。1590年、20万以上の豊臣軍が関東に殺到し、北条氏の支城は次々に陥落した。**北条氏直**《ほうじょううじなお》の本拠・**小田原城**を包囲した秀吉は、西隣の笠懸山《かさがけやま》に築城を開始する。

3か月近くをかけて総石垣造りの城が完成すると、秀吉は周囲の林を一気に切り払わせてあたかも突然城が出来たように演出した。有名な「**石垣山一夜城**《いしがきやまいちやじょう》」である。これに度肝を抜かれた北条氏は士気阻喪《そそう》して開城降伏。早雲以来の北条氏は5代で滅亡に至った。

『聚楽第行幸図《じゅらくだいぎょうこうず》』 1588年、聚楽第に向かう御陽成《ごようぜい》天皇一行を描いたもの。聚楽第は、秀吉が京都に築いた城郭風の大邸宅。後に豊臣秀次の居城となったが、秀次の自害後に破却された。 堺市博物館蔵

上杉景勝《うえすぎかげかつ》(1555～1623)

上杉謙信の養子。秀吉に仕え、五大老のひとりとして会津120万石を領するが、関ケ原の戦いに敗れて、米沢30万石に移封された。

前田利家《まえだとしいえ》(1538～1599)

加賀藩主前田氏の祖。信長に仕えて数々の戦功をあげ、その後、秀吉に仕えて五大老のひとりに指名される。秀吉没後、後を追うように病没した。

豊臣政権の組織図

五大老(最高顧問職)		五奉行(実務の最高執政官)	
江戸256万石	徳川家康《とくがわいえやす》	検地担当	浅野長政《あさのながまさ》
金沢84万石	前田利家《まえだとしいえ》	内政担当	石田三成《いしだみつなり》
岡山57万石	宇喜多秀家《うきたひでいえ》	土木担当	増田長盛《ましたながもり》
広島121万石	毛利輝元《もうりてるもと》	財政担当	長束正家《なつかまさいえ》
会津120万石	上杉景勝《うえすぎかげかつ》	京都庶政担当	前田玄以《まえだげんい》

政宗が死装束で帰順し東北も秀吉の手に

小田原城包囲中の秀吉の本陣に**伊達政宗《だてまさむね》**が到着したのは小田原落城寸前の6月5日。遅参の謝罪のため死装束《しにしょうぞく》姿の政宗に対し秀吉は「城が落ちた後ならお主の首は無かったところだ」と会津を没収したが、それでもまだ幸せだった。北条氏降伏後、東北に進んだ秀吉は参陣しなかった大名を取り潰し、**天下統一**を完成した。秀吉は、**太閤《たいこう》**検地《けんち》や**刀狩り《かたなが》**などの政策を、実務官僚・**石田三成**らと進めていった。

日本史余話

命を懸けて美意識を貫いた千利休

茶の湯を大成させた千利休《せんのりきゅう》が目指したのは「侘《わび》・寂《さび》」と呼ばれる、簡素で静かな境地であった。一方、利休が仕えた秀吉は、黄金の茶室に見られるような豪華できらびやかな世界を好んだ。利休が自らの美学を貫くことは、秀吉への挑戦であったのだ。

堺市博物館蔵

◀1591年、利休は秀吉の怒りにふれて切腹を命じられた。

特集

難攻不落の天下の名城「大坂城」のすべて

豊臣時代の大坂城天守
五層八重の天守で、現在と違って黒壁だった。
現在の大阪城天守
徳川時代に再建された天守は、1665年に落雷により焼失。その後、1931年に再建されたのが現在の天守。天守台は徳川時代のものだ。
山里丸

浪速の地に出現した黒と金の大城塞

天下取りの城として**豊臣秀吉**が選んだのは、かつて**石山本願寺**《いしやまほんがんじ》があり「日本一の境地」と讃えられた**大坂の地**だった。**京**と**淀川**で結ばれ、**奈良**や**堺**にも近く、海に面していて城下町を造るのに十分な平地もある。秀吉は1583年、**柴田勝家**《しばたかついえ》を攻め滅ぼした5か月後にこの理想的な場所への築城を開始する。最大6万人の人夫が動員され、まず天守の土台石垣が完成し、2年後には**天守**も築かれた。

上町台地《うえまち》の高低差を利用し、淀川・大和川・平野川を天然の**大外堀**とした巨城・大坂城が一応完成したのは、秀吉が**九州征伐**を行った1587年といわれる。外観5層・内部8階の天守は**黒漆喰**《くろしっくい》の壁と**黒漆塗**《くろうるしぬり》の板、**金箔押瓦**《きんぱくおしがわら》で飾られていた。九州の**大友宗麟**《おおともそうりん》はこの城を見て「天守の様子は筆舌におよばない。三国無双の城だ」と驚嘆している。城下町も最初の40日間で7000戸の家が建ち並び、のち「**天下の台所**」と呼ばれる商業都市の基礎ができあがった。

秀吉ゆかりの城

一夜城の伝説が残る

❶ 墨俣城《すのまたじょう》

信長が美濃攻めを行う際、若き日の秀吉が一夜にして築きあげたという伝説が残る城。事実か否かについては説が分かれる。

◀墨俣城天守。

初めて城主になった城

❷ 長浜城《ながはまじょう》

信長が滅ぼした浅井氏の旧領を与えられた秀吉が、琵琶湖湖畔に築いた城。秀吉にとって初めての居城であった。

◀長浜城天守。

毛利攻めで水攻めにした城

❸ 備中高松城《びっちゅうたかまつじょう》

毛利攻めの際に水攻めにした城で、その最中に本能寺の変を知った秀吉は、城主・清水宗治《しみずむねはる》の切腹で急ぎ和議を成立させた。

◀備中高松城の堀。

隠居のために築いた城

❺ 伏見城《ふしみじょう》

天下を統一した秀吉は、関白職を甥の秀次に譲った後、隠居用の城として伏見城を築いた。別名桃山城とも呼ばれる。

◀伏見城天守。

三国無双の大城塞

❹ 大坂城

1583年、豊臣秀吉が、石山本願寺《いしやまほんがんじ》跡地に築城を開始し、２年後に天守や本丸が完成した。1615年の大坂夏の陣で落城した後、徳川氏によって再建されたが、その際、石垣をすべて埋めるなどして豊臣氏の痕跡が完全に消された。現在の遺構のほとんどは、徳川時代のものである。

現在の大阪城の縄張（配置）

1592年
安土桃山時代

文禄・慶長の役

秀吉の無謀なる野望が巻き起こした朝鮮出兵

安宅船《あたけぶね》
室町時代末期から江戸時代初期にかけて、日本で使われた巨大な軍船。朝鮮出兵では、日本水軍の旗艦として建造された。船首は箱型で、船体の上部は矢倉《やぐら》で囲まれていた。船の各所に狭間《さま》が設けられ、ここから鉄砲や弓矢を射た。
日本軍
退路を遮断された小西行長《こにしゆきなが》を救出するため、島津義弘《しまづよしひろ》、立花宗茂《たちばなむねしげ》らが約500艘といわれる軍船を編成し、露梁海峡で明・朝鮮軍と戦った。
矢倉
露梁《ろりょう》海戦
1598年、慶長《けいちょう》の役において、日本水軍と、明・朝鮮水軍との間に露梁《ろりょう》海峡で起こった海戦。朝鮮出兵における海戦の中で最大の激戦となった。明・朝鮮水軍は亀甲船を駆使して勝利したが、朝鮮水軍の主将・李舜臣は戦死した。

名分なき秀吉の野望が朝鮮を戦禍に巻き込む

豊臣秀吉は「日本だけでなく、中国までも褒美として分けてやる」と家臣らに言い続けてきた。秀吉はこの公約を実行し、前線基地として肥前《ひぜん》に**名護屋城《なごやじょう》**を築き、1592年に**小西行長《こにしゆきなが》・加藤清正《かとうきよまさ》**ら15万を朝鮮に渡海させた。彼らの快進撃に気をよくした秀吉は、「明（中国）征服後は天皇を北京に移し、自分は寧波《にんぽー》（上海の南）に行って天竺《てんじく》（インド）まで支配する」と大言壮語している。

しかし**李舜臣《りしゅんしん》**の朝鮮水軍の活躍、義勇兵の蜂起や明軍の到着で戦況は悪化、**碧蹄館《へきていかん》の戦い**や**晋州城《しんしゅうじょう》の戦い**の後、休戦状態となった。

1597年、秀吉は14万の兵を再び渡海させる。敵兵や朝鮮の民衆まで殺し、耳を削いで日本に送るなど、不毛の戦いであった。**蔚山城《うるさんじょう》の戦い**では清正ら1万の兵が明・朝鮮6万近い大軍に包囲され、飢えと寒さで多くの者が命を落としている。1598年夏、秀吉は病で世を去り、**文禄《ぶんろく》の役・慶長《けいちょう》の役**と続いた朝鮮出兵はようやく終了した。

- 戦国時代
- 将軍 義栄
- 義昭
- 1570
- 1580
- 関白 秀吉
- 安土桃山時代
- 1590
- 文禄の役
- 秀次
- 慶長の役
- 1600
- 将軍 家康
- 江戸時代
- 秀忠
- 1610

加藤清正《かとうきよまさ》(1562～1611)

幼くして秀吉に仕え、肥後半国を与えられた。朝鮮出兵では、会寧《かいねい》（北朝鮮）、兀良哈《オランカ》（現ロシア領）まで進撃するなど奮戦した。関ケ原の戦いでは家康方につき、肥後一国の領主となった。熊本城を築城したことでも有名。

李舜臣《りしゅんしん》(1545～1598)

李氏朝鮮の水軍の主将。壬辰《じんしん》倭乱《わらん》（文禄の役）において、亀甲船を改良して、日本水軍を撃破した。丁酉《ていゆう》倭乱《わらん》（慶長の役）でも奮戦したが、露梁海戦で戦死した。

文禄・慶長の役関連地図

明
豆満江
会寧
鴨緑江
平壌
開城
漢城
朝鮮
碧蹄館
慶州
蔚山
釜山
羅州
泗川
露梁
対馬
壱岐
名護屋
済州島
日本
文禄《ぶんろく》の役
1592～1596
日本軍の進路
おもな戦地
慶長《けいちょう》の役
1597～1598
日本軍の進路
おもな戦地
日本城所在地

亀甲船《きっこうせん》
矢や敵の侵入を防ぐため、上部が厚板（亀甲板）で覆われた李氏朝鮮の軍船。亀船《きせん》とも呼ばれる。朝鮮出兵のとき、李舜臣が改良して海戦に使用された。全長約28m、幅約9m。船首に竜頭が飾られ、亀甲板は鉄板で覆って一面に錐《きり》を立て、左右の舷《げん》と船尾に銃眼も備えられていた。
明・朝鮮軍
日本軍を迎撃するため、露梁海峡で待ち伏せして戦った。朝鮮軍の指揮官は李舜臣であった。
竜頭
銃眼

名護屋城跡《なごやじょうあと》

朝鮮出兵の基地となった名護屋城は、肥前《ひぜん》（佐賀県）に築かれ、現在は石垣だけが残る。大坂城に匹敵する巨大な城であった。

耳塚《みみづか》

朝鮮出兵では、戦功として首を送るかわりに、耳や鼻を削ぎ落して、塩漬けなどにして日本に送った。それを葬って築いたのが耳塚で、京都の方広寺近くにある。

1600年 安土桃山時代

関ケ原の戦い

天下分け目の関ケ原の戦い

堺市博物館蔵

福岡市博物館蔵

C 黒田長政《くろだながまさ》（1568〜1623）

黒田孝高《くろだよしたか》の子。秀吉に仕えて、九州平定や朝鮮出兵に活躍。関ケ原では、交渉により小早川秀秋や吉川広家を東軍に寝返らせた。

B 井伊直政《いいなおまさ》（1561〜1602）

徳川家康の重臣。部隊の軍装を赤で統一し、「井伊の赤備え」と呼ばれた。関ケ原では福島正則を出し抜いて先峰として活躍した。

A 徳川家康《とくがわいえやす》（1542〜1616）

江戸幕府初代将軍。織田信長と同盟を結んで三河《みかわ》・駿河《するが》などを領有。その後、豊臣秀吉と戦うが、和睦して関東に移る。秀吉死後、関ケ原の戦いに勝利して天下を取り、1603年に江戸幕府を開いた。1615年に豊臣氏を滅ぼし、翌年没した。

朝鮮出兵の矛盾が政権内部の対立を呼ぶ

豊臣秀吉死後、**石田三成《いしだみつなり》**ら吏僚《りりょう》派と**福島正則《ふくしままさのり》**ら武功派の対立が激しくなる。最大の原因は朝鮮出兵の**論功行賞**（戦功に応じて恩賞を与えること）ができなかったことだろう。

1600年、家康はこの対立を利用して会津の**上杉景勝《うえすぎかげかつ》**を討とうとし、これに対抗した三成らは**毛利輝元《もうりてるもと》**を主将として家康討伐の兵を挙げる。関東でこの報せを受けた家康は諸大名に「どちらにつくのも自由」と判断をゆだね、正則の主唱で家康加担に決すると、家康の**東軍**は反転して三成ら**西軍**を攻めることを決意した。先行した正則らは岐阜城を攻め落とし大垣城を包囲する。そして家康が到着した9月14日、大垣城にいた三成らは**関ケ原**に移動した。水攻めを恐れたとも、一気に大坂へ進むという東軍の偽情報によるとも考えられる。**秀忠《ひでただ》**（家康の子）隊3万8000は信濃上田《しなのうえだ》で**真田昌幸《さなだまさゆき》**に食い止められて遅れ、また西軍の**立花宗茂《たちばなむねしげ》**ら1万5000も近江**大津城攻め《おおつじょう》**の最中で未着だった。

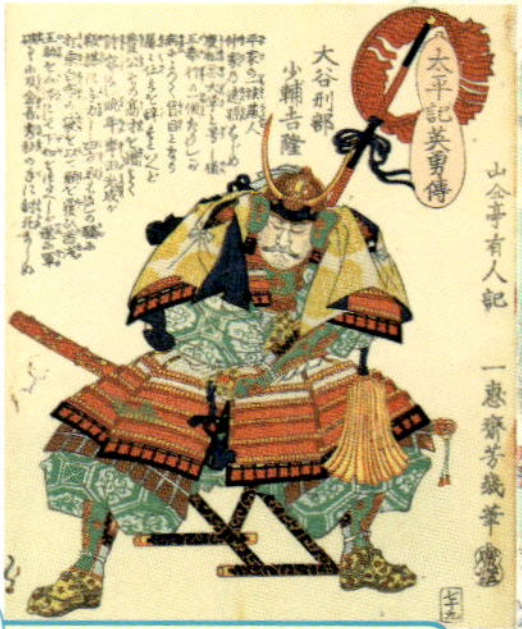

「太平記英勇伝　七十九　大谷刑部少輔吉隆」東京都立図書館特別文庫室所蔵

○西軍の陣地
○東軍の陣地
H
G
F
I
山内一豊《やまうちかずとよ》
藤堂高虎《とうどうたかとら》
松尾山

H 大谷吉継《おおたによしつぐ》（1559～1600）

秀吉に仕え、三成と懇意だった。三成の挙兵に反対するが、病身をおして参戦。小早川秀秋の寝返りを予期して奮戦したが、大谷軍が壊滅して自害した。

『関ケ原合戦図屏風』

関ケ原の戦いを詳細に描いた屏風。戦闘に参加した多くの武将たちの姿が描き込まれている。

G 宇喜多秀家《うきたひでいえ》（1572～1655）

秀吉の養女・豪姫《ごうひめ》を正室に迎え、五大老のひとりに任じられた。関ケ原では副大将として奮戦するが敗北。八丈島に流されて83歳まで生きた。

F 島津義弘《しまづよしひろ》（1535～1619）

兄・義久とともに九州を平定。その後、秀吉に仕えた。関ケ原では西軍に属すが、西軍が総崩れする中、東軍中央を突破して薩摩へ帰還した。

E 福島正則《ふくしままさのり》（1561～1624）

幼少の頃より秀吉に仕え、数々の戦功をあげる。関ケ原では井伊直政に先峰を出し抜かれたが、勇猛に戦って東軍を勝利に導いた。

D 石田三成《いしだみつなり》（1560～1600）

豊臣秀吉に見出され、五奉行のひとりに抜擢された。関ケ原では毛利輝元《もうりてるもと》を総帥に立てて家康に挑んだが、敗北して斬首された。

日本を真二つに分けた大合戦は1日で終了

9月15日未明、関ケ原に東西両軍16万弱の軍勢が集結する。東軍は7万4000と、8万4000の西軍に対し不利だったが、まず家康の重臣・**井伊直政**《いいなおまさ》隊と家康の4男・**松平忠吉**《まつだいらただよし》隊が**宇喜多秀家**《うきたひでいえ》隊に攻めかけた。地形上有利な西軍はよく戦い、とくに宇喜多隊・石田隊は**福島**隊や**黒田長政**《くろだながまさ》（官兵衛の子）隊・**細川忠興**《ほそかわただおき》隊に甚大な損害を与えた。

家康は本陣を前進させ、味方を鼓舞する。一方の三成は**松尾山**《まつおやま》に陣取った**小早川秀秋**《こばやかわひであき》に参戦を促したが、家康と通じていた秀秋は逆に西軍に攻めかかり、東軍が勝利を握った。

I 小早川秀秋《こばやかわひであき》（1582～1602）

秀吉の養子として育ち、小早川家の当主となる。関ケ原では西軍から東軍へ寝返り、その功績により岡山55万石を領するが、21歳で夭逝。

ニッポン
ヒストリーラボ

キリスト教伝来と南蛮貿易

日本人とヨーロッパ人の遭遇

大航海時代がもたらしたキリスト教と鉄砲

1543年、**明**《みん》（中国）に向けて航海していた**ポルトガル**の船が暴風雨のために日本の**種子島**《たねがしま》に漂着した。このとき、船に乗っていたふたりのポルトガル商人が初めて**鉄砲**をもたらしたという。この話はポルトガル側の史料では前年の1542年のこととなっているが、ヨーロッパ文明が初めて日本に直接足跡を残したのはこの頃と考えられる。

続いて1549年、**キリスト教**イエズス会の宣教師**フランシスコ・ザビエル**が鹿児島に上陸した。彼の布教活動はわずか2年に過ぎず、必ずしも成功したとはいえないが、先達者としての彼の功績は巨大である。

のちに来航した宣教師は**貿易商人**に随行《ずいこう》し、その商人たちが大量の鉄砲を日本にもたらした。**織田信長**も**豊臣秀吉**も、その鉄砲によって大作戦を実行できたのだ。

神戸市立博物館蔵　Photo : Kobe City Museum / DNPartcom

『四都図《よんとず》・世界図《せかいず》』（部分）　ポルトガルの首都リスボンの街並で、江戸時代初期、来日した南蛮人の指導の下で日本人が描いたものといわれる。「南蛮人」とは、ポルトガル人やスペイン人、イタリア人などの南欧系の来日者を指した。

フランシスコ・ザビエル
(1506～1552)

スペインの宣教師。イグナティウス・デ・ロヨラとともにイエズス会を創設。1549年、鹿児島に上陸して、日本に初めてキリスト教を伝え、その後、山口、大分などで布教活動を続けた。1551年に日本を離れてインドに戻り、翌年中国布教を目指したが、広東《カントン》付近で病死した。

『聖フランシスコ・ザヴィエル像』
神戸市立博物館蔵 Photo : Kobe City Museum / DNPartcom

『南蛮屏風《なんばんびょうぶ》』　南蛮から日本に到着した船から貿易品を荷揚げしている様子や、カピタン（南蛮船船長）の行列、行列を出迎えるキリスト教宣教師などが描かれている。
神戸市立博物館蔵　Photo : Kobe City Museum / DNPartcom

第5章 江戸時代

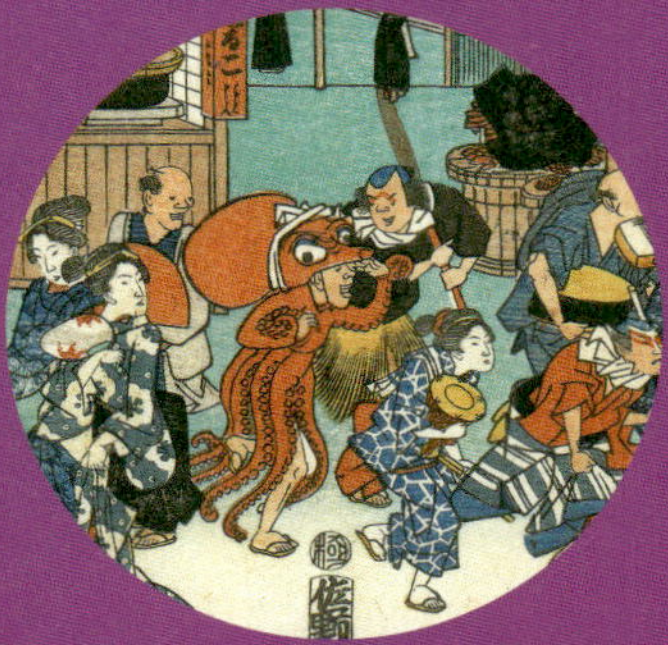

- 1615年　大坂夏の陣
- 1637年　島原の乱
- 1641年　鎖国の完成
- 1657年　明暦の大火
- 1702年　赤穂浪士の討ち入り
- 1716年　享保の改革開始
- 1787年　寛政の改革開始
- 1800年　伊能忠敬の第一次測量
- 1841年　天保の改革開始

徳川政権が天下泰平の世を実現する！

関ケ原の戦いを制した徳川家康は江戸幕府を開き、全国支配を確立した。以後、徳川家は260余年にわたって平和な時代を実現した。

1615年 （▶P106）

大坂夏の陣

大坂夏の陣における天王寺口の戦い。

1657年 （▶P112）

明暦の大火

明暦の大火での消火活動。

消防博物館蔵

時代	年	年表	将軍
安土桃山時代	1590	豊臣秀吉が天下を統一	
江戸時代	1600	関ケ原の戦い	
	1603	**徳川家康**が**征夷大将軍**に就任	家康
	1605	徳川秀忠が征夷大将軍に就任	秀忠
	1614	大坂冬の陣	
	1615	**大坂夏の陣**	
		武家諸法度（元和令）の制定	
		禁中並公家諸法度の制定	
	1624	スペイン船の来航を禁止	家光
	1629	紫衣事件で沢庵らが配流	
	1636	長崎に**出島**が完成	
	1637	**島原の乱**が起こる	
	1641	オランダ商館を出島に移し、鎖国が完成	
	1651	由井正雪の乱	家綱
	1657	**明暦の大火**	
		徳川光圀が『大日本史』の編纂に着手	
	1663	武家諸法度改定により殉死が禁止される	
	1669	シャクシャインの戦い	
	1685	生類憐みの令が出される	綱吉
	1689	松尾芭蕉が『奥の細道』の旅に出発	

人物生没年

徳川秀忠 1579–1632
27歳のとき2代将軍に就任

徳川家光 1604–1651
20歳のとき3代将軍に就任

堺市博物館蔵

1684（綱吉没年）

徳川光圀 1628–1700
30歳のとき『大日本史』編纂着手

真田幸村 1567–1615
49歳のとき大坂夏の陣

浅野長矩 1667–1701
35歳のとき吉良を斬る

大石良雄 1659–1703
44歳のとき吉良邸に討ち入る

松尾芭蕉 1644–1694

将軍　大名・武士　文化人

※年齢は数え年

1800年（▶P124）

伊能忠敬が測量開始

四国や淡路島地域を示す「伊能小図」。

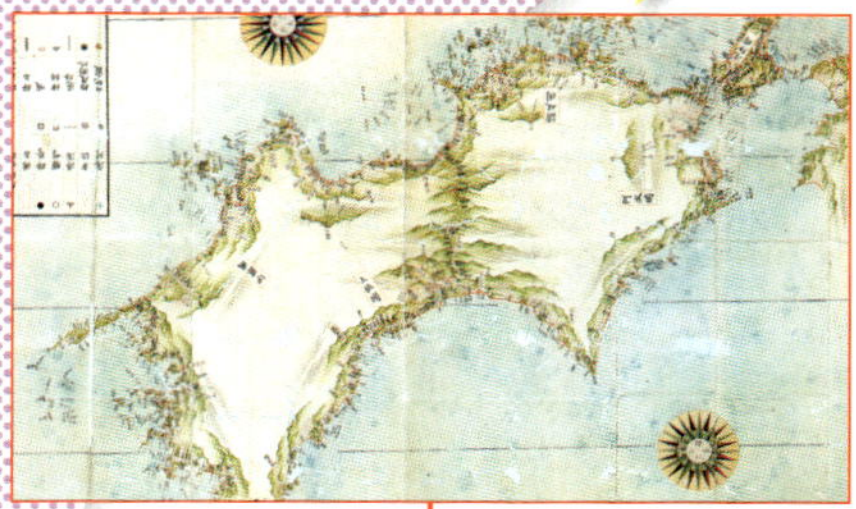

1702年（▶P114）

赤穂浪士の討ち入り

吉良邸に討ち入る赤穂浪士たち。

江戸時代

1702	大石良雄らが吉良義央を討つ（**赤穂事件**）
1707	富士山が噴火（宝永噴火）
1716	**徳川吉宗**が将軍に就任し、**享保の改革**を始める
1721	目安箱を設置
1732	享保の大飢饉
1742	公事方御定書が完成
1758	御三卿が成立
1767	上杉鷹山（治憲）が藩政改革に着手
1772	田沼意次が老中就任
1774	『解体新書』が完成
1776	平賀源内がエレキテルを完成
1782	天明の大飢饉
1787	**松平定信**が**寛政の改革**を始める
1790	寛政異学の禁
1800	**伊能忠敬**が蝦夷地測量に出発
1806	薪水給与令（文化の撫恤令）
1811	ゴローウニン事件
1821	「大日本沿海輿地全図」が完成
1823	シーボルトが来日
1833	天保の大飢饉
1837	大塩平八郎の乱
1841	**水野忠邦**が**天保の改革**を始める
1845	阿部正弘が老中首座に就任
1853	ペリーが浦賀に来航

将軍：家宣｜家継｜吉宗｜家重｜家治｜家斉｜家慶｜家定

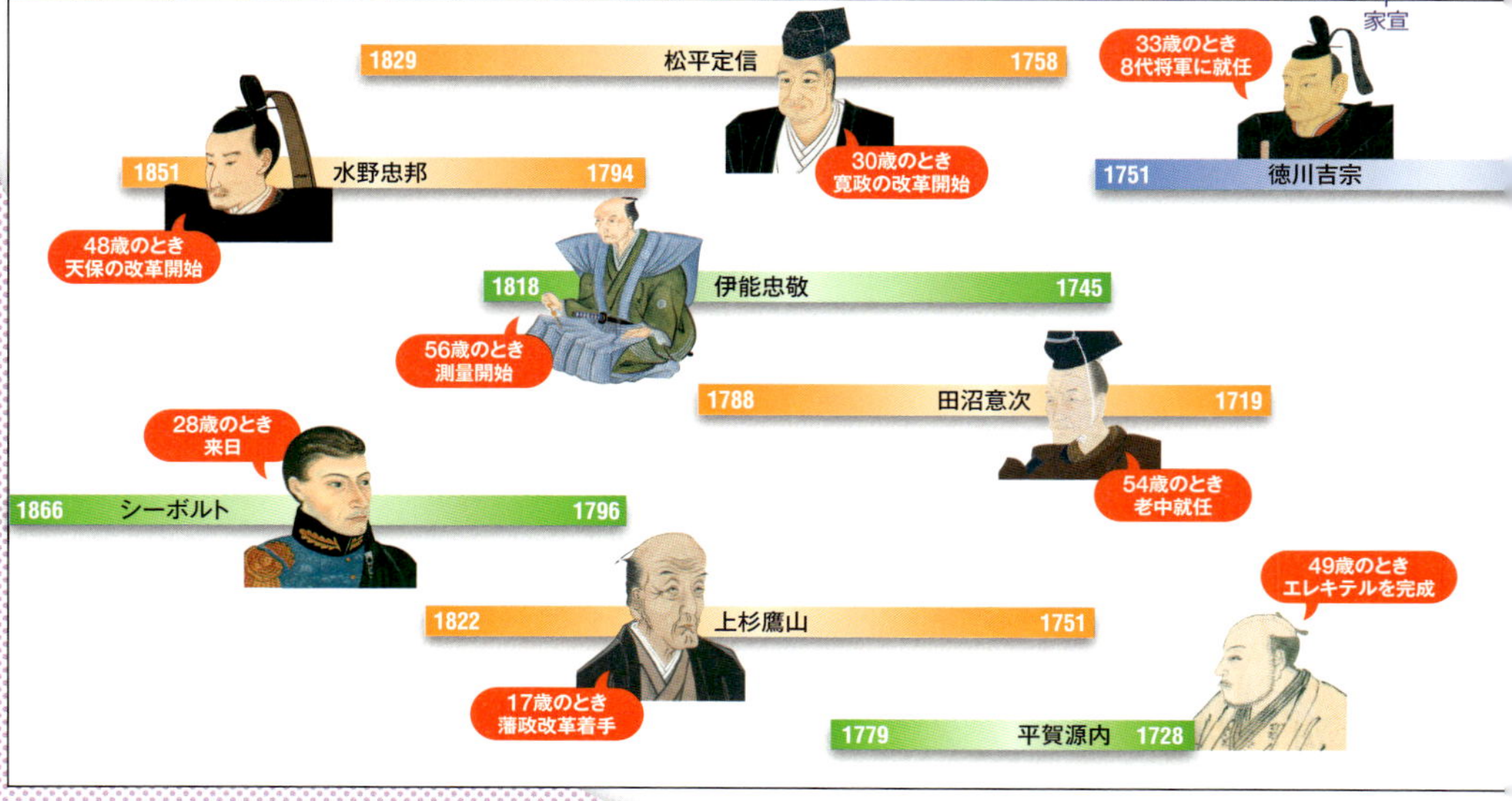

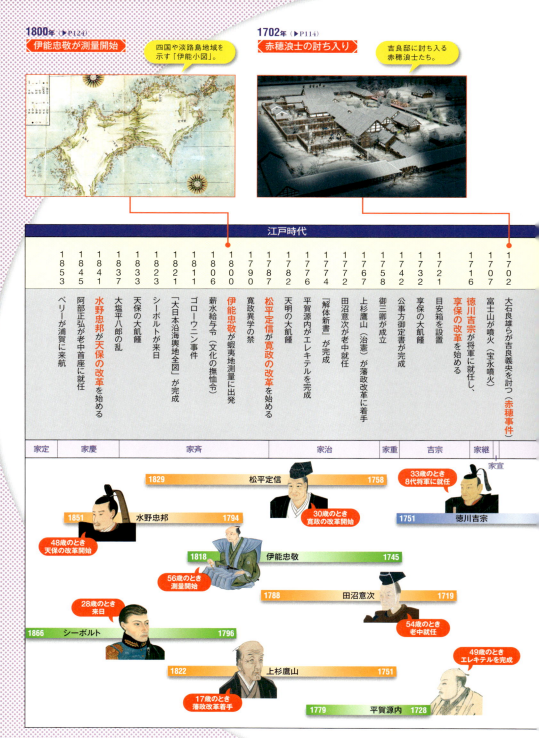

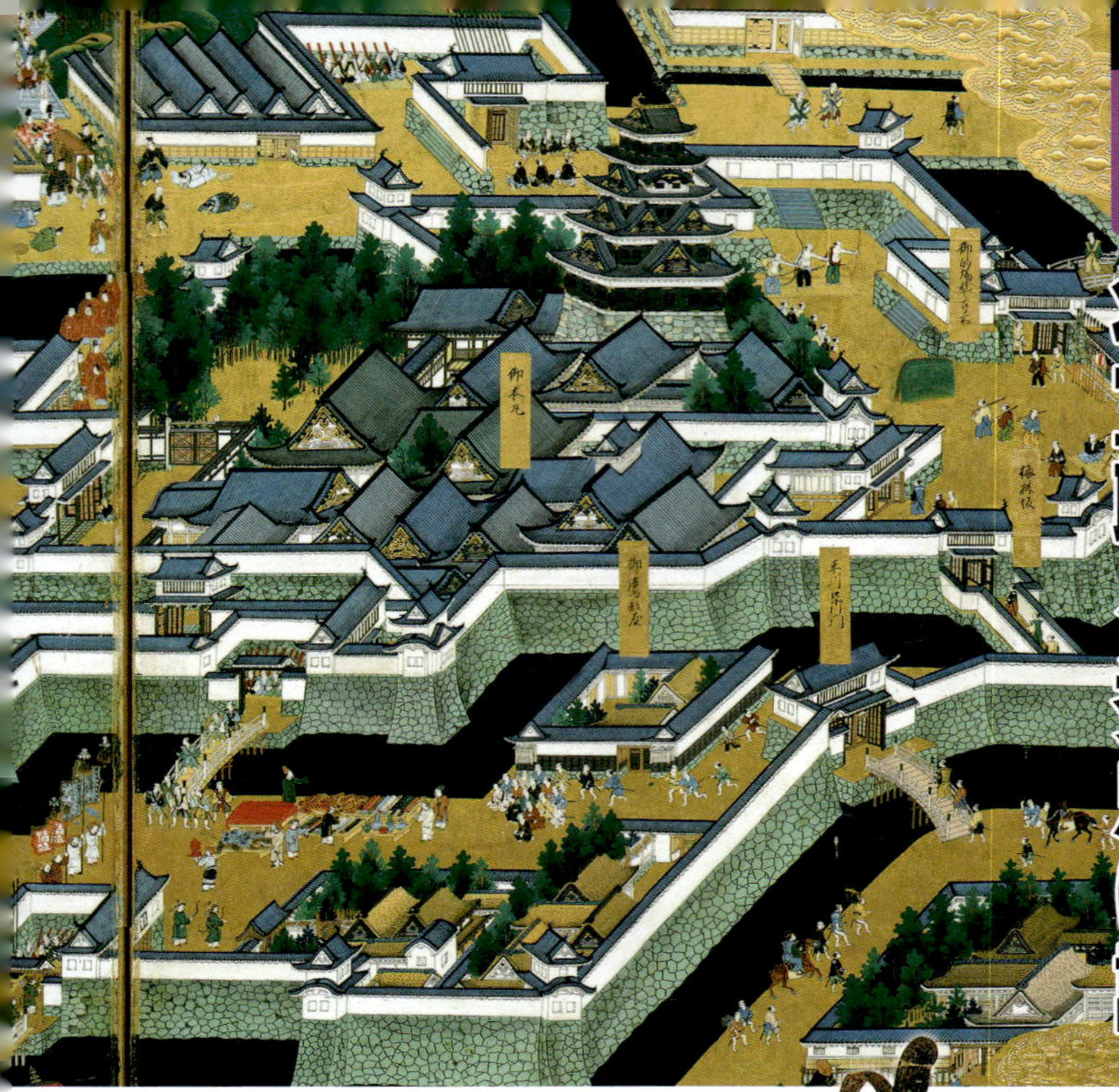

江戸城　『江戸図屏風』に描かれた、江戸幕府の中枢「江戸城」。描かれている天守は1638年に完成した天守で、３度目の再建によるもの。1657年の明暦《めいれき》の大火《たいか》で焼失し、以後、再建されることはなかった。

1605年
江戸時代

江戸幕府を開いた家康が将軍職を秀忠に譲る

徳川秀忠が征夷大将軍に就任

江《ごう》（お江与《えよ》）(1573～1626)

徳川秀忠の正室。父は浅井長政、母は織田信長の妹・お市の方。嫡男の家光の乳母《めのと》・春日局《かすがのつぼね》と対立し、弟の松平忠長《まつだいらただなが》を将軍につけようと画策するが失敗。

徳川秀忠《とくがわひでただ》(1579～1632)

江戸幕府２代将軍。関ケ原の戦いに間に合わず、徳川家康から激怒されるが、後継者に選ばれた。大名の改易《かいえき》（領地の没収）を進め、江戸幕府の基礎を固めた。

秀忠への将軍宣下が徳川家の永続を告げる

関ケ原の戦い後、**徳川家康《とくがわいえやす》**は敵対した大名を改易《かいえき》・減封《げんぷう》し、**豊臣家**の領地を削って浮いた２２１万石を味方した大名たちとともに分け合った。全国支配の体制を固めた家康は、１６０３年に**征夷大将軍《せいいたいしょうぐん》**に就任し、江戸に幕府を開いた（幕府の体制は、３代将軍・家光《いえみつ》の頃にほぼ完成する）。

だが、家康は2年後の１６０５年に、早くもその地位を世継ぎの**秀忠《ひでただ》**に譲ることを朝廷に申請する。将軍職が今後は徳川家によって世襲され、天下人の座が豊臣家の手に戻ることはないという宣言だった。

１６０５年2月、秀忠は先発した家康のあとを追って江戸から京へ進発する。彼に従うのは**伊達政宗《だてまさむね》**、**上杉景勝《うえすぎかげかつ》**、**最上義光《もがみよしあき》**ほか東国の大大名と、**榊原康政《さかきばらやすまさ》**などの譜代家臣以下合計10万（一説に16万）の兵だった。この大軍勢で朝廷と大坂の豊臣家に幕府の力を誇示した秀忠は、4月12日に**伏見城**で徳川家の2代目征夷大将軍となったのだ。

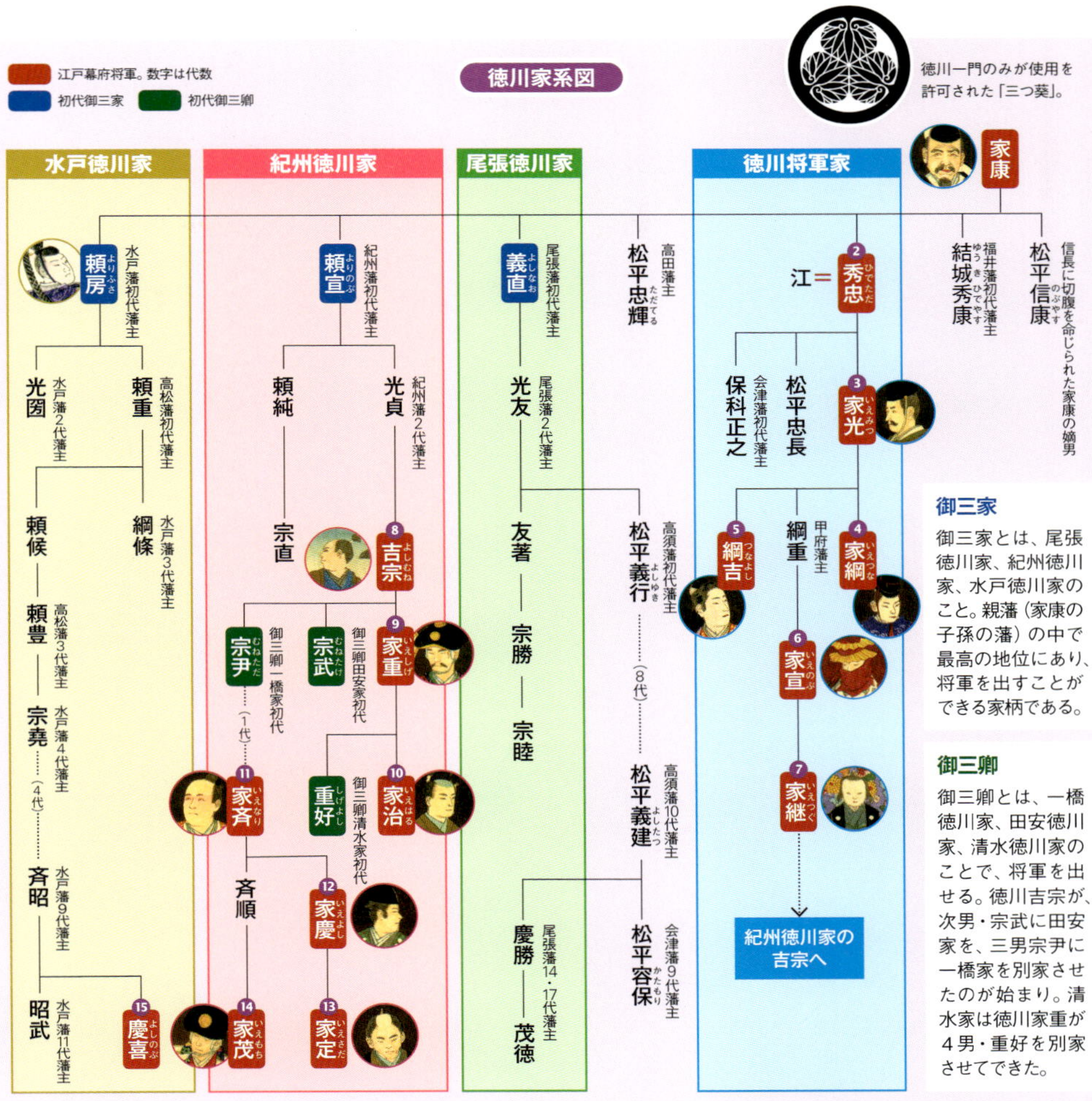

御三家

御三家とは、尾張徳川家、紀州徳川家、水戸徳川家のこと。親藩（家康の子孫の藩）の中で最高の地位にあり、将軍を出すことができる家柄である。

御三卿

御三卿とは、一橋徳川家、田安徳川家、清水徳川家のことで、将軍を出せる。徳川吉宗が、次男・宗武に田安家を、三男宗尹に一橋家を別家させたのが始まり。清水家は徳川家重が4男・重好を別家させてできた。

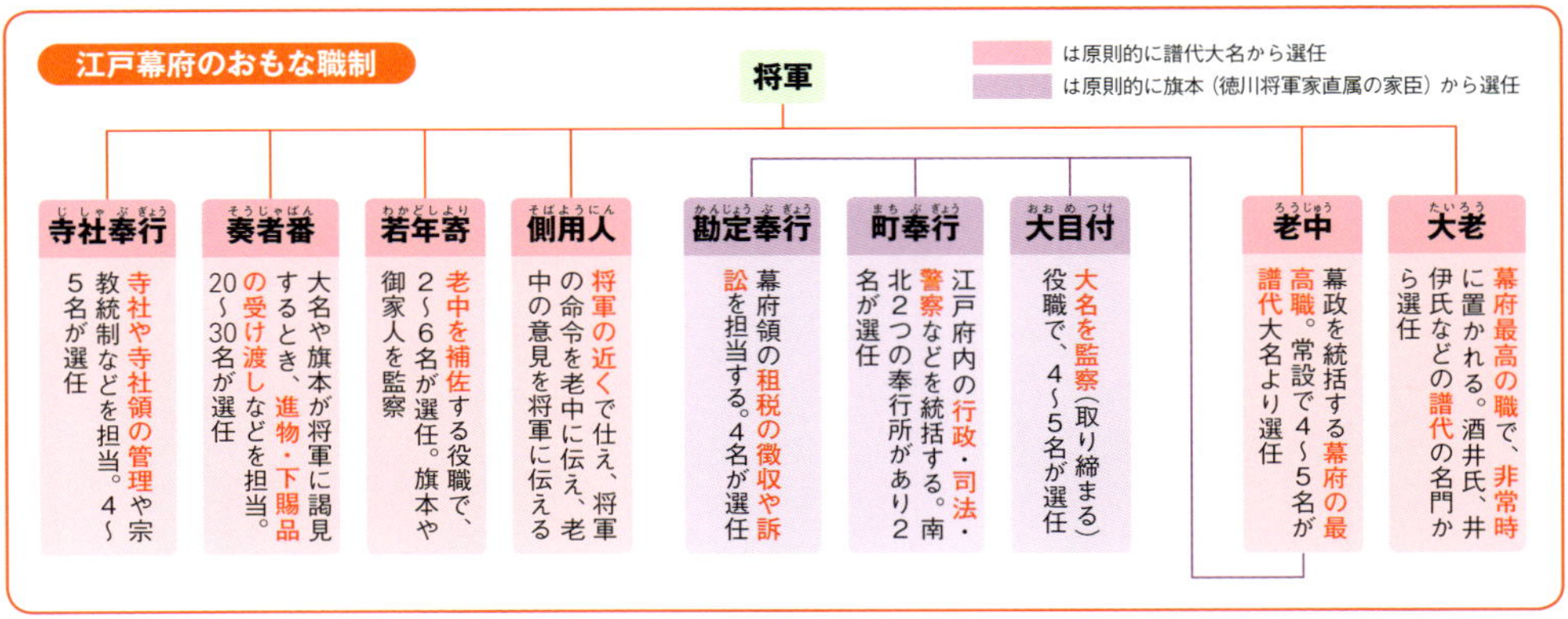

1615年
江戸時代

大坂夏の陣
幸村の奮戦虚しく豊臣家が滅亡する

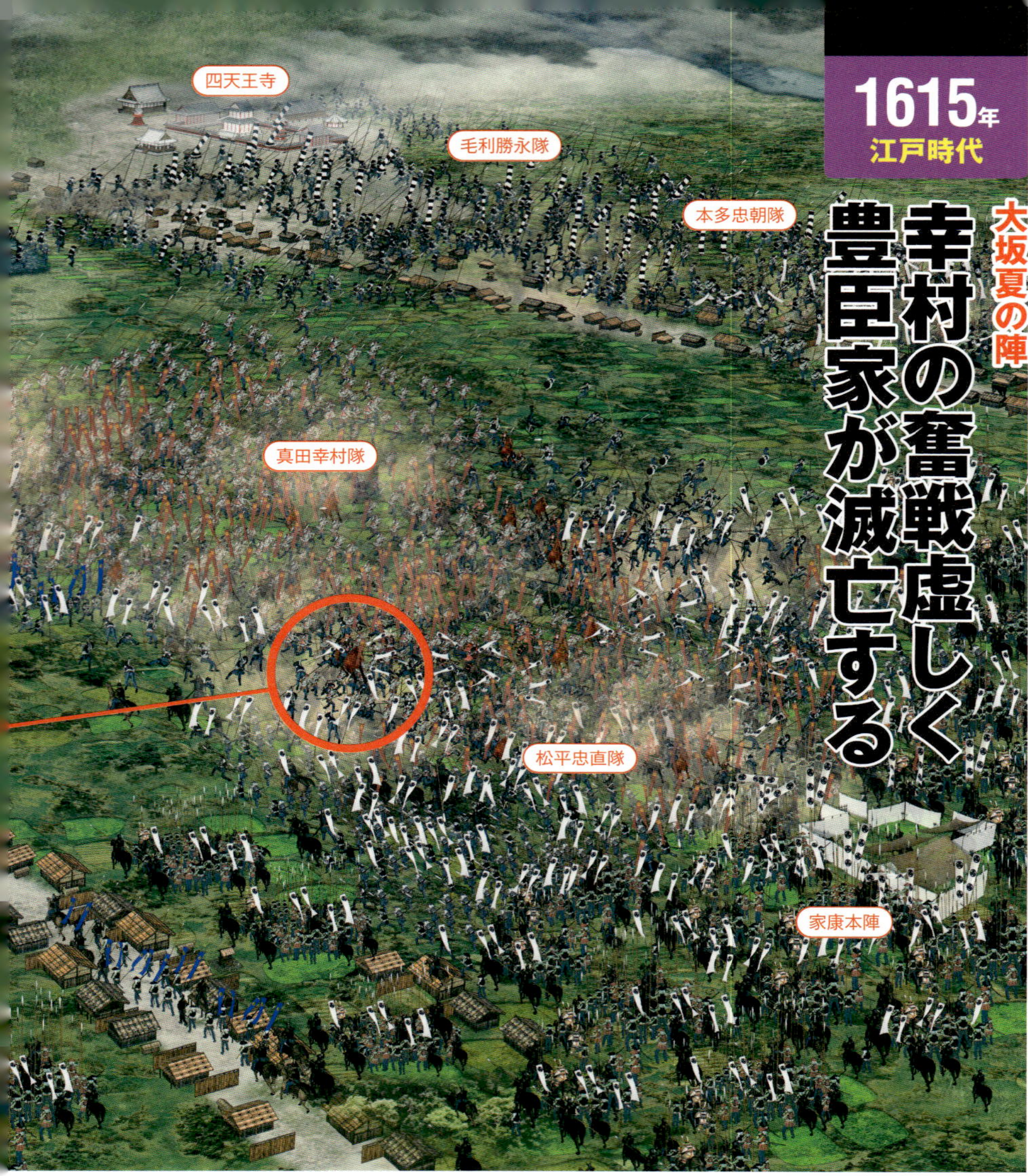

将軍
安土桃山時代
1600
家康
秀忠
大坂夏の陣
江戸時代
家光
1650
家綱
綱吉
1700

炎の中に崩れ去った大坂城と豊臣家の栄光

幕府への臣従を拒み続ける**豊臣《とよとみ》秀頼《ひでより》**（秀吉の子）に対し、**大御所《おおごしょ》**（将軍職を子に譲った者を指す）・**徳川家康《とくがわいえやす》**は1614年、**大坂冬の陣**をしかけて20万の大軍で**大坂城**を囲む。**真田丸《さなだまる》**（幸村が築いた出《で》城《じろ》）を守る**真田幸村《さなだゆきむら》**が幕府軍を見事に撃退する一幕もあったが、戦いはやがて講和となった。しかし、その交渉で幕府は巧妙に城の堀を埋め立てるように進め、大坂城を丸裸にしてしまう。

抵抗する術を失った大坂城に幕府の軍勢15万以上が攻めかかったのは、翌1615年5月のことである。和泉樫井《いずみかしい》で**浅野長晟《あさのながあきら》**隊と戦った**塙《ばん》団右衛門《だんえもん》**、道明寺《どうみょうじ》で**伊達政宗《だてまさむね》**・**水《みず》野勝成《のかつなり》**隊と戦った**後藤又兵衛《ごとうまたべえ》**と豊臣方の武将が次々と壮烈な戦死を遂げる。幸村も**天王寺口《てんのうじぐち》**で茶臼山《ちゃうすやま》から捨て身の突貫攻撃をかけて家康を自刃寸前まで追い詰めたがついに戦死し、5月7日夜、大坂城は炎に包まれる。翌日、城内**山里曲《やまざとぐる》輪《わ》**（山里丸）の蔵の中で豊臣秀頼・**淀殿《よどどの》**母子も自害して果てた。

真田幸村《さなだゆきむら》(1567～1615)

信濃《しなの》の上田城主・真田昌幸《さなだまさゆき》の次男。本名は信繁《のぶしげ》。関ケ原の戦いでは西軍に属し、徳川秀忠の軍を引きつける活躍をしたが、西軍が敗れたため九度山《どやま》(和歌山県)に流された。大坂冬の陣が勃発すると大坂城へ駆けつけ、真田丸を築いて徳川軍を攻撃。夏の陣では決死の覚悟で、家康の本陣に突入したが、戦死。

天王寺口の戦い

大坂夏の陣における最後の戦いで、最大の激戦となった戦い。茶臼山に陣を構えた3500の真田幸村隊は、捨て身の覚悟で家康本陣に突入をしかけ、あわや家康も最期かと思われるところまで追いつめた。

茶臼山《ちゃうすやま》

標高26mの墳丘で、大坂夏の陣では真田幸村が本陣を置いた。また、大坂冬の陣では家康が本陣を置いた。

家康の本陣へ突入する幸村

大坂夏の陣、天王寺口の戦いにおいて、幸村は家康の首のみを狙って、家康の本陣に攻め込んだ。その凄まじい攻撃に騎馬で逃げた家康は、切腹も覚悟したと伝えられる。

秀頼・淀殿自刃の地

秀頼と淀殿が自害したと伝えられる山里丸には石碑が立つ。

淀殿《よどどの》(？～1615)

父は浅井長政、母はお市の方。浅井三姉妹の長女で、豊臣秀吉の側室となり、豊臣秀頼を産んだ。秀吉没後は、秀頼の後見人として権力を握り、家康への臣従を拒否。大坂夏の陣で敗北し、秀頼とともに自害した。

「伝淀殿画像」
写真提供／奈良県立美術館

島原の乱が鎮圧され、鎖国が完成する

ポルトガル船の来航を禁止

原城跡《はらじょうあと》

島原の乱の一揆軍がたてこもった原城跡（長崎県）。現在は、石垣と空堀のみが残る。

天草四郎《あまくさしろう》（1623？～1638）

キリスト教の信者で、本名は益田時貞《ますだときさだ》とされる。島原・天草地方の領民に対する過酷な税と、キリシタンへの激しい弾圧により島原の乱が勃発したとき、その首領に推された。原城に約90日間籠城するが戦死。

堺市博物館蔵

徳川家光《とくがわいえみつ》（1604～1651）

江戸幕府３代将軍。秀忠の次男、母は江《ごう》。乳母《めのと》は春日局《かすがのつぼね》。武家諸法度や参勤交代などを定め、幕府の権力を確立した。外交では鎖国を完成させ、キリスト教の布教を防ぎ、島原の乱を鎮圧した。

天草市立天草キリシタン館所蔵

天草四郎陣中旗

島原の乱で、一揆軍結束のシンボルとして使われた陣中旗。十字架と聖杯、天使などが油彩で描かれている。

領主への反抗心と篤い信仰心が生んだ乱

徳川家康《とくがわいえやす》は積極的な外国貿易を推進したが、一方、その晩年には**キリスト教**を禁止して**貿易**と**宗教**を切り離そうとつとめた。**秀忠《ひでただ》**もその路線を継続し、さらに貿易統制を強化して**イギリス**や**スペイン**との通商を取り止めている。

そんななか、１６３７年10月に九州の**島原《しまばら》**と**天草《あまくさ》**で一揆が勃発した。領主の暴政とキリスト教徒の不満が爆発したふたつの騒乱は、島原半島の**原城跡《はらじょうあと》**で合流し、３万７０００人が籠城する。天草の少年武士・**天草四郎《あまくさしろう》**が、失明した少女を治したり、海の上を歩いて渡るなどの奇蹟を見せたとして籠城軍の盟主にまつりあげられ、籠城は約３か月にわたって続いた。

無理攻めをかけた幕府軍の総大将・**板倉重昌《いたくらしげまさ》**が討ち取られるなど、一揆軍は大健闘したが、駆けつけた老中**松平信綱《まつだいらのぶつな》**が持久戦法をとる。長い籠城によって城中は兵糧も弾薬も尽き、幕府軍の一斉突入を受けて四郎以下全員が斬り殺された。

唐人屋敷《とうじんやしき》　長崎に設けられた唐人（清国人）の居住地区。中国風の建物が並び、丸山遊廓の遊女を呼んで宴会なども行われていた。

◀『長崎唐館交易図巻』神戸市立博物館蔵　Photo : Kobe City Museum / DNPartcom

神戸市立博物館蔵
Photo : Kobe City Museum / DNPartcom

『長崎港図』　川原慶賀《かわはらけいが》が、出島・唐人屋敷から、長崎港外までを望んで描いた鳥瞰図（19世紀初頭）。

『長崎唐館交易図巻』神戸市立博物館蔵
Photo : Kobe City Museum / DNPartcom

新地蔵所《しんちくらしょ》　唐人と貿易するために、海を埋め立てて造られた貨物倉庫。中国から届いた貿易品は、まず新地蔵所に荷揚げされた。

カピタン部屋
オランダ国旗
牛小屋
花畑
表門
倉庫
荷揚場

長崎出島　1634年、ポルトガル人を管理するために、江戸幕府の命によって長崎港内に築かれた扇型の人工島。1639年にポルトガル人を追放した後、1641年に平戸のオランダ商館を移して、オランダ貿易が行われた。

鎖国関連年表

1616	**中国船**以外の**外国船**の**来航**を**平戸**と**長崎**に制限
1624	**スペイン船**の**来航**を禁止
1629	長崎で**絵踏**が始まる
1634	長崎に**出島**が完成
1637	**島原の乱**
1639	**ポルトガル船**の**来航**を禁止
1641	**オランダ商館**を**出島**に移す

島原の乱の衝撃で幕府は鎖国を実施

島原の乱は3代将軍**徳川家光《とくがわいえみつ》**の幕府に大きな衝撃を与えた。すでに乱の前年の1636年には長崎の**出島**に**ポルトガル人**が収容されていたが、1639年にポルトガル船は来航を完全に禁じられる。また、幕府直轄領には**宗門改役《しゅうもんあらためやく》**が置かれ、**絵踏《えふみ》**などによってキリスト教信者が摘発された。1641年、出島に**オランダ商館**が移され、オランダ人たちは基本的にその中でのみ生活と貿易が許された。**鎖国**の完成である。

日本史余話

将軍の代替わりごとに来日した「朝鮮通信使」

秀吉の朝鮮出兵で日本と朝鮮との国交は途絶えていたが、1605年に講和が成立。友好関係の証として、その2年後に初めて朝鮮通信使が来日。以後、将軍の代替わりごとに来日した。

▼江戸市中を進む朝鮮通信使の行列。

『朝鮮通信使来朝図』神戸市立博物館蔵
Photo : Kobe City Museum / DNPartcom

特集

諸藩の名君たち 藩政改革を成功させた

▲加賀藩の大名行列。随員は約2000人で、江戸まで２週間かかったといわれる。

江戸時代の代表的な名君

「藩」とは１万石以上の大名が支配する領国で、幕府から経済的に独立し、行政権をもっていた。江戸末期で約280藩あった。

上杉鷹山《うえすぎようざん》(1751～1822)

米沢藩主。鷹山は号で、名は治憲《はるのり》。殖産興業に努め、率先して質素倹約を行うなど、悪化していた藩財政を改善した。

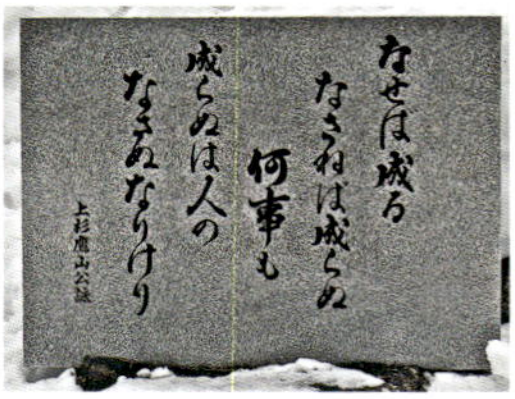

「なせば成る」石碑

鷹山の名言「なせば成る なさねば成らぬ 何事も成らぬは人のなさぬなりけり」が刻まれた石碑。

保科正之《ほしなまさゆき》(1611～1672)

徳川秀忠の庶子。高遠《たかとお》藩主・保科正光《まさみつ》の子として育てられ、後に会津《あいづ》23万石の大名となる。飢饉《ききん》に備えて社倉《しゃそう》(穀物貯蔵庫)を創設するなど、善政をしいた。幕政にも参加し、玉川上《たまがわじょう》水《すい》の開削などを行う。

徳川光圀《とくがわみつくに》(1628～1700)

水戸藩２代藩主。『大日本史《だいにほんし》』の編纂を始め、学問を奨励した。中納言に任じられ、その唐名「黄門」から、「水戸黄門」として、後世、講談や歌舞伎などで演じられたが、実際は関東から出たことがなかった。

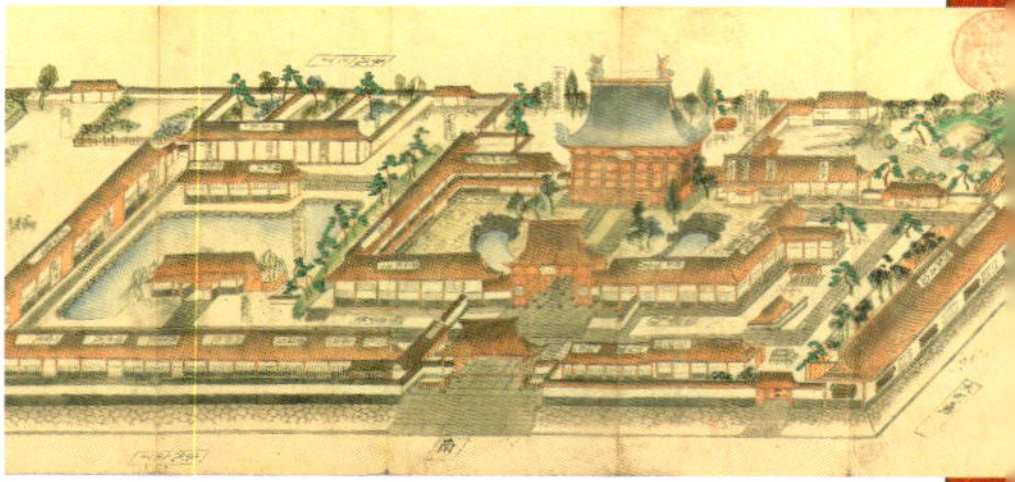

日新館《にっしんかん》

1799年に創設された会津藩の藩校。保科正之が藩士のための学問所としてつくった「稽古堂《けいこどう》」が起源となっている。

財政の窮乏に悩み 再建に尽力する殿様

江戸幕府は諸大名に**参勤交代**《さんきんこうたい》や**天下普請**《ふしん》(公共事業の分担)などを義務づけた。加賀藩の場合、江戸後期の参勤の大名行列に5500両以上かけ、さらに家臣の「長期出張手当」に740両余り。また、江戸中期の**薩摩**《さつま》**藩**による木《き》曽三川《そさんせん》改修工事には40万両という巨費がかかっている。こうした出費のうえ、徐々に商業中心経済になっていくなかで人々の生活も贅《ぜい》沢《たく》になり、各藩の財政は苦しくなる一方だった。このため優秀な藩主は、各地で**藩政改革**を実施した。

江戸前期の会津藩主・**保科正之**《ほしなまさゆき》は各地に**社倉**《しゃそう》(凶作時に備える食糧備蓄倉庫)を置き、税制緩和でかえって領民からの税申告が増えるなど、「**愛民**」思想による改革を進めた。岡山藩主・**池田光政**《いけだみつまさ》は質素倹約と新田開発で収支を改善し、**閑谷**《しずたに》**学校**を開設して庶民にまで教育の機会を与えている。江戸後期には米沢藩主・**上杉鷹山**《うえすぎようざん》が「なせば成る」と唱えて倹約を徹底し、殖産興業で財政再建に成功した。

前田綱紀《まえだつなのり》(1643~1724)

加賀藩４代藩主。前田利家の曾孫《そうそん》。新田開発を推進し、木下《きのした》順庵《じゅんあん》や室鳩巣《むろきゅうそう》などを招聘して学問を奨励。徳川綱吉から御三家に次ぐ待遇を与えられた。

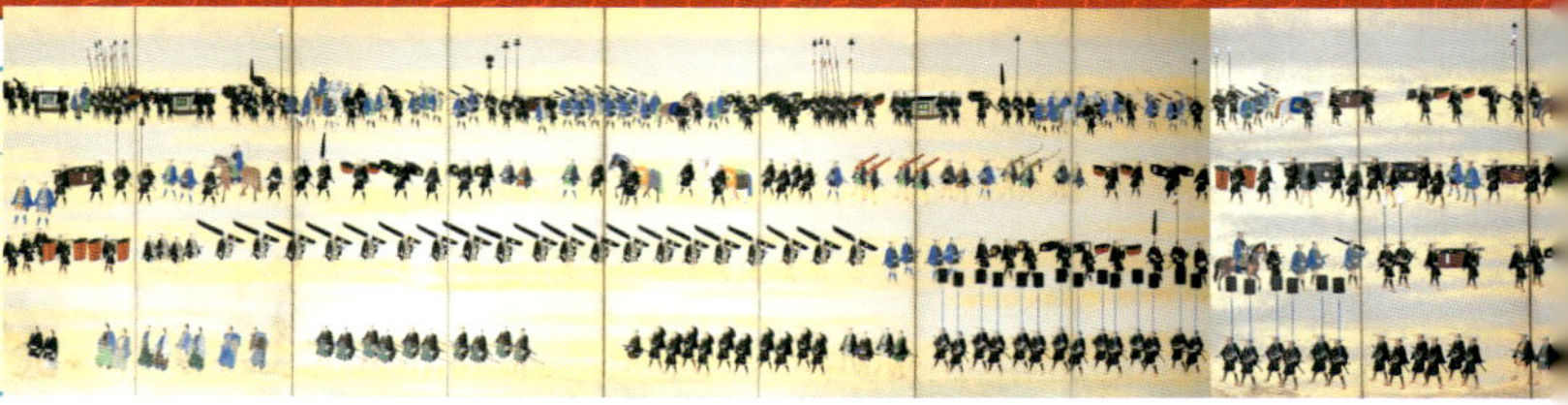

日本史余話

大井川は大名行列の最大の難所だった!?

静岡県を流れる大井川《おおいがわ》は江戸時代、幕府の防衛上の理由から架橋や船での渡航が禁じられていた。このため、川を渡るときは川越人足《かわごえにんそく》に料金を払い、肩や台に乗せて運んでもらった。大名行列が大井川を渡るときは多大な費用と時間がかかった。

◀大井川を渡る大名行列。

明々庵

松平治郷が建てた茶室。

松平治郷《まつだいらはるさと》(1751~1818)

松江藩松平家７代藩主。不昧《ふまい》の号で知られる。木綿、松江塗などの特産品の生産を奨励し、倹約と増税で藩財政を立て直した。茶人としても知られ、不昧流を確立した。

細川重賢《ほそかわしげかた》(1720~1785)

熊本藩６代藩主。困窮する藩財政を立て直すため、新田開発や殖産興業に努め、質素倹約を進めて穀物を備蓄した。身分に関係なく学べる藩校「時習館《じしゅうかん》」や、日本初の公立医学校「再春館《さいしゅんかん》」などを設立した。

20万石以上の藩

1	金沢藩	前田家	102万5000石
2	薩摩藩	島津家	72万8000石
3	仙台藩	伊達家	62万石
4	尾張藩	尾張徳川家	61万9000石
5	紀州藩	紀州徳川家	55万5000石
6	熊本藩	細川家	54万1000石
7	福岡藩	黒田家	47万3000石
8	広島藩	浅野家	42万6000石
9	長州藩	毛利家	36万9000石
10	佐賀藩	鍋島家	35万7000石
11	水戸藩	水戸徳川家	35万石
12	鳥取藩	池田家	32万石
12	福井藩	松平越前家	32万石
14	岡山藩	池田家	31万5000石
15	彦根藩	井伊家	30万石
16	会津藩	松平会津家	28万石
17	津藩	藤堂家	27万石
18	徳島藩	蜂須賀家	25万7000石
19	久留米藩	有馬家	21万石
20	久保田藩	佐竹家	20万5000石
21	土佐藩	山内家	20万2000石
22	盛岡藩	南部家	20万石

※江戸末期の石高

島津重豪《しまづしげひで》(1745~1833)

薩摩藩８代藩主。調所広郷《ずしょひろさと》を登用して藩財政を再建した。蘭学に傾倒し、藩校「造士館《ぞうしかん》」のほか、天文館、医学館などを設立するなど文化事業発展に尽力。曾孫《そうそん》の島津斉彬《しまづなりあきら》を寵愛した。

池田光政《いけだみつまさ》(1609~1682)

岡山藩３代藩主。教育と質素倹約を奨励し、特に民政に力を注いだ。庶民のための学校として「閑谷学校《しずたにがっこう》」を創設した。

◀江戸時代の閑谷学校を描いた絵。

1657年
江戸時代

明暦《めいれき》の大火
江戸を焼きつくした大災害「振袖火事」

大団扇
あおいで迫りくる火の粉を払う団扇。

消防博物館蔵

明暦の大火での焼失範囲

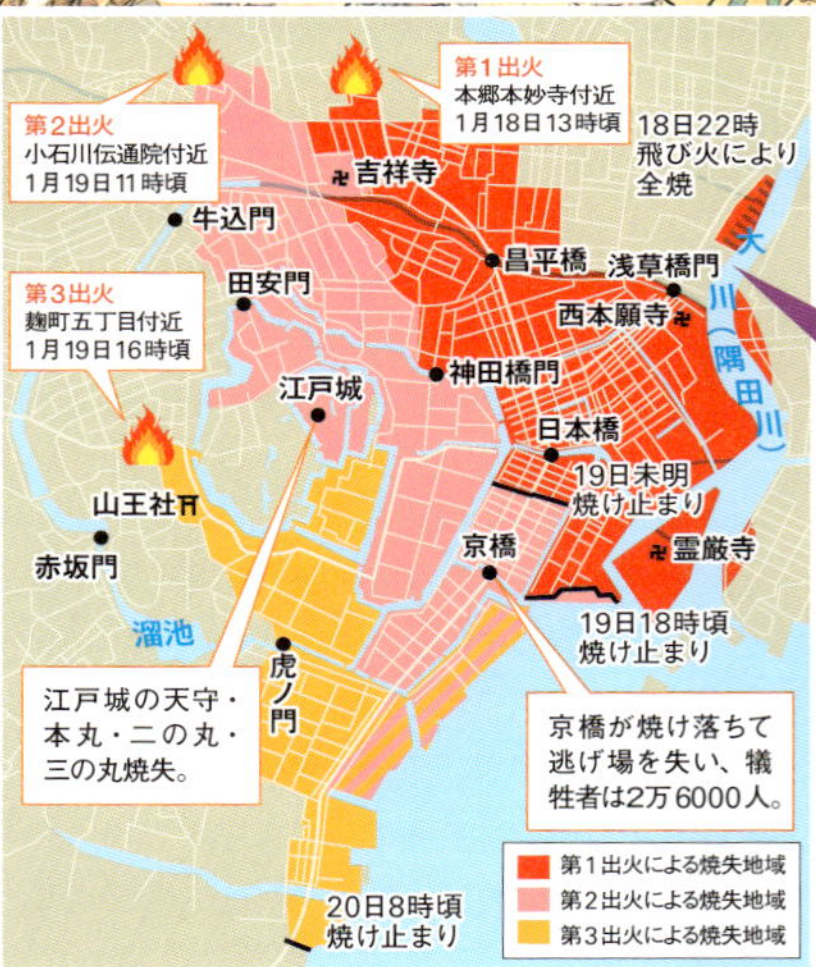

第1出火
本郷本妙寺付近
1月18日13時頃
第2出火
小石川伝通院付近
1月19日11時頃
第3出火
麹町五丁目付近
1月19日16時頃
18日22時
飛び火により
全焼
吉祥寺
牛込門
昌平橋
浅草橋門
田安門
西本願寺
大川（隅田川）
神田橋門
江戸城
日本橋
19日未明
焼け止まり
山王社
赤坂門
京橋
霊巌寺
溜池
19日18時頃
焼け止まり
虎ノ門
江戸城の天守・本丸・二の丸・三の丸焼失。
京橋が焼け落ちて逃げ場を失い、犠牲者は2万6000人。
20日8時頃
焼け止まり
第1出火による焼失地域
第2出火による焼失地域
第3出火による焼失地域

浅草橋門《あさくさばしもん》での悲劇 火事のため牢獄から解放された囚人を脱走と判断した役人が浅草橋門を閉ざしたため、避難路を失った人々の多くが亡くなった。犠牲者数は２万3000人といわれる。

空前絶後の大火が過密都市・江戸を襲う

1657年1月18日、**江戸**の町は2か月以上降雨がなくカラカラに乾燥していた。そんなとき本郷の**本妙寺《ほんみょうじ》**から出た火は、折からの激しい北西風にあおられて一瞬で数十町に燃え広がって駿河台《するがだい》・鎌《かま》倉河岸《くらがし》を飲み込み、さらに西風に変わったあと伝馬町《てんまちょう》などを飲み込んだ。翌日も小石川《こいしかわ》や麹町《こうじまち》でも火事が発生し、北風で**江戸城本丸**に延焼して江戸のほぼ6割が丸焼けとなる。

これが有名な「**明暦の大火**」で、本妙寺で悪い因縁のある振袖《ふりそで》を焼いて供養しようとしたところ、火の粉が本堂に燃え移ったのが原因という伝承のために「**振袖火事**」とも呼ばれるが、真相は不明だ。

この大火による犠牲者は3万とも10万ともいわれ、生き残った者も厳寒のため多くが凍死している。まだ火災が収まらないなか、幕府は緊急に「**救い小屋**」を設置して炊き出しを行った。身ひとつで難を逃れた人たちは焼け瓦に粥を注いでもらったという。

将軍
家光
1650
明暦の大火
家綱
綱吉
1700
家宣
家継
吉宗
江戸時代

明暦の大火

鳶口

鳶口《とびぐち》は、延焼を防ぐため、家屋を引き倒す道具。

1657年に起きた「明暦の大火」において、消火活動を行う大名火消《だいみょうびけし》を描いた『江戸火事図巻』。大名火消とは、大名家によって編成された消火組織。機動性が低く、被害を拡大させたといわれる。

明暦の大火後の対策

避難のための両国橋

明暦の大火では、隅田川を渡れずに犠牲となった者が多かったため、大火後に両国橋が架けられた。写真は明治時代初期の撮影。

火事発生を見張る火の見櫓

火事の発生を見張る「火の見櫓」が、江戸各所に設置された。２名が常駐し、太鼓を鳴らして火事を知らせた。

延焼を防ぐための火除地《ひよけち》

火除地とは、火事が燃え広がらないための空き地のこと。大火後、江戸城の北西側を中心に、数多く設けられた。

防災都市建設に全力を注いだ幕府

ひと月あまりのち、幕府は本所牛島新田に遺体を集め、埋葬して「**万人塚**《まんにんづか》」を建てた。これが両国の寺院「**回向院**《えこういん》」の始まりとなる。

江戸再建に乗り出した幕府は、従来の**大名火消**《だいみょうびけし》に加えて旗本の**定火消**《じょうびけし》を置き、避難場所となる河岸に小屋を建てて商売することを禁じた。さらに、城下の武家屋敷や寺社を遠隔地に移して**広小路**《ひろこうじ》や**火除地**《ひよけち》を設け、燃えにくい土蔵《どぞう》や瓦《かわら》葺《ぶ》きが奨励されていった。

▲富士山の宝永火口。

日本史余話

富士山大噴火でできた「宝永火口」

明暦の大火の50年後、１７０７年には富士山が大噴火した。この「宝永《ほうえい》噴火」は、噴火前に発生した宝永地震と合わせて、２万人以上の犠牲者を出し、江戸にも火山灰を積もらせたという。富士山中腹にある「宝永火口」は、宝永噴火でできたものである。

赤穂浪士の討ち入り

主君・浅野長矩の仇を四十七士が討つ

吉良義央の討ち死に場所
表門

大石良雄を大将にして、総勢23人が門に梯子を立てて突入。大石は采配で指揮を取った。大石が陣太鼓で指揮を取ったというのは『仮名手本忠臣蔵』での脚色で、事実ではない。

浅野長矩《あさのながのり》
(1667～1701)

赤穂藩主。官名の「内匠頭《たくみのかみ》」で知られる。幕府から、朝廷からの勅使《ちょくし》の接待役を命じられたが、その指南役である吉良《きら》義央《よしなか》と対立し、江戸城松之大《まつのおお》廊下《ろうか》で斬りつけた。このため即日切腹となり、領地は没収された。

高師直

『仮名手本忠臣蔵《かなでほんちゅうしんぐら》』 赤穂浪士の討ち入り後、この事件を題材にした人形浄瑠璃《じょうるり》『仮名手本忠臣蔵』が上演され大人気を博した。上の錦絵は、『仮名手本忠臣蔵』で大石が吉良を討ち取る場面を描いたもの。

泰平の世を驚かせた赤穂浪人の討ち入り

1701年3月14日、天皇から5代将軍・**徳川綱吉《とくがわつなよし》**への正月の挨拶の使者（**勅使《ちょくし》**）を迎えての儀式の直前、江戸城の**殿中松之大廊下《でんちゅうまつのおおろうか》**で、勅使の接待を受け持つ饗応役《きょうおうやく》の赤穂《あこう》藩主・**浅野長矩《あさのながのり》**が式全般を取り仕切る**高家《こうけ》**（儀礼担当の名門旗本）筆頭・**吉良義央《きらよしなか》**に突然斬りつけるという事件が発生した。その原因は義央によるいやがらせとも、長矩の精神の不安定ともいう。綱吉は即座に長矩に切腹を申し渡し、**赤穂藩**の取り潰しが決定した。

赤穂藩の国家老《くにがろう》・**大石良雄《おおいしよしお》**以下は綱吉の裁決を不公平とし、城の明け渡し後は浅野家再興のために運動したが、その望みがなくなると主君・長矩の「仇討ち」を決意した。

江戸に集まった赤穂藩浪士47人は情報収集を進め、1702年12月15日未明に本所《ほんじょ》・**吉良邸**への討ち入りを決行する。激闘の末、隠れていた義央を発見して殺害し、首をとる。赤穂浪士たちはみごと本懐を遂げたのである。

吉良邸跡

赤穂浪士が討ち入った吉良邸があった場所で、現在は公園として残されている。

裏門
大石良雄の子・主税《ちから》を大将に、総勢24人が門を打ち破って突入。

吉良邸へ討ち入る赤穂浪士

1702年12月15日、午前４時、赤穂浪士47人は吉良義央邸《きらよしなかてい》に討ち入った。浪士たちは３人１組で行動した。突然の侵入により、吉良方の侍は応戦する間もなく討ち取られていった。

大石良雄《おおいしよしお》
(1659～1703)

赤穂藩浅野家の家老。内蔵助《くらのすけ》と称した。主君・浅野長矩の切腹後、浅野家の再興を幕府に願い出るが挫折。1702年、浅野家遺臣を率いて吉良邸に討ち入り、義央を殺害。その首を泉岳《せんがく》寺《じ》の長矩墓前に供えた。翌年、切腹。

「義士」と絶賛されるが名誉の切腹を遂げる

浪士たち47人の中にはこの討ち入りを「武士の意地」とした者もおり、一概に主君への忠義のためともいえないのだが、世間は彼らを「**義士**」と絶賛し、その処分をめぐって幕府でも激論がおこる。最終的に名誉の切腹という処分が決まったのは2か月近く経ってからで、良雄以下46人（1人は吉良邸から引き揚げる途中で失踪）は粛々《しゅくしゅく》と自刃した。

切腹する大石良雄

身柄が預けられていた細川家の下屋敷《しもやしき》で切腹する大石良雄。浅野長矩と同じ泉岳寺（東京都）に埋葬された。

特集

江戸の町の象徴・江戸城天守を再現

江戸城天守 家康が入府した慶長期の天守。天守台は現在の位置より本丸中央寄りに築かれ、高さは約65mあったといわれる。

東京に甦った江戸城天守

1657年の明暦の大火によって江戸城の天守は焼失。その後、財政難などの理由により、再建されることはなかった。もし、現在の東京に江戸城の天守が甦ったら、このように見えるに違いない。

江戸城の縄張(配置)

幕末の二重橋 現在は鉄製だが、江戸時代は木製の橋だった。橋桁《はしげた》を上下二重に組んだことから「二重橋」と呼ばれた。

幕末の江戸城富士見櫓《ふじみやぐら》 江戸城の中で唯一の三重櫓で、天守焼失後、天守の代用とされた。1923年の関東大震災で破損したが、解体された後、復元された。

江戸のシンボルとなった雄大な江戸城天守

1603年の**徳川家康**将軍就任以来、江戸は**天下普請**《てんかぶしん》(諸大名に分担させる土木事業)で整備拡張されていった。**神田山**《かんだやま》を切り崩した土で**日比谷入江**《ひびやいりえ》が埋め立てられ、東側の町人地が造成された。江戸を起点とする**東海道**《とうかいどう》・**日光道中**《にっこうどうちゅう》・**奥州道中**《おうしゅうどうちゅう》・**中山道**《なかせんどう》・**甲州道中**《こうしゅうどうちゅう》の**五街道**《ごかいどう》も順次完成していく。

江戸の町は渦巻き状に発展していったが、その中心となるのはいうまでもなく**江戸城**だった。もともと**太田道灌**《おおたどうかん》が築いた江戸城は、家康の時代に改修が開始されて秀忠の代に本丸・西の丸の整備が行われ、家光になってさらに二の丸拡張と惣構《そうがまえ》(外郭)の設置が実施され、30年以上の月日をかけてようやく完成をみた。城の象徴となる**天守**は、慶長《けいちょう》期天守から元和《げんな》期・寛永《かんえい》期と2度建て直されたが、いずれも5層で、大坂城天守よりふた回り大きく将軍の威信を示していた。だが、**明暦の大火**による焼失後は再建されることなく明治を迎えている。

大名行列

大名たちは、正月や五節句などの決められた日に、江戸城に登城することが義務付けられていた。このため、江戸市中では大名行列が頻繁に見られた。

江戸の範囲

江戸時代、江戸の範囲を示すものとして、「朱引《しゅびき》」と「墨引《すみびき》」があった。幕府が「江戸御府内」と示したのが朱引で、町奉行が支配した地域の境界が墨引である。

江戸時代の江戸の地図

江戸末期に制作された江戸の地図。日比谷や深川一帯は、江戸時代初期に埋め立てによって造成された土地である。

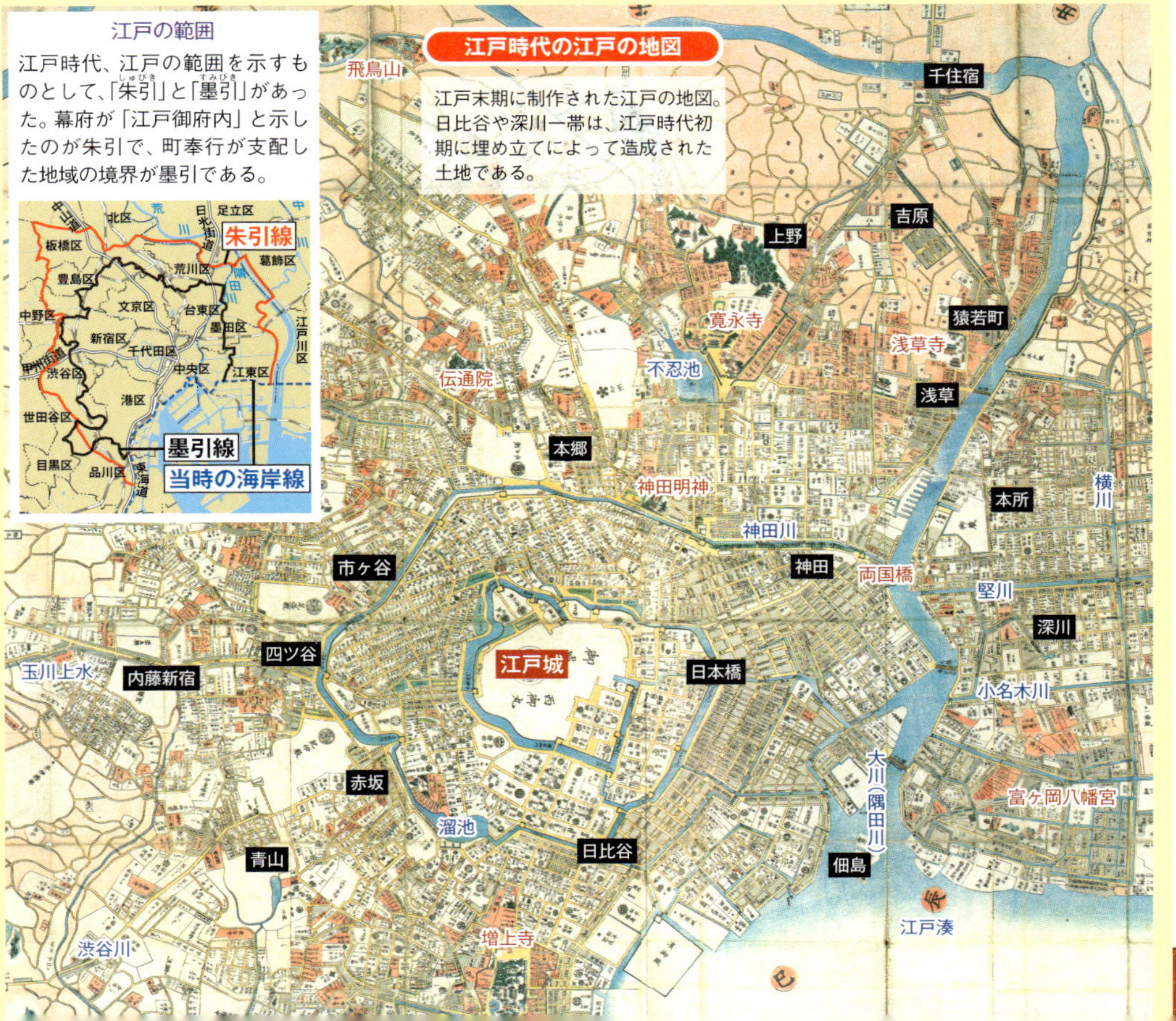

1716年
江戸時代

享保の改革が始まる
享保・寛政・天保の江戸幕府三大改革がスタート

徳川吉宗《とくがわよしむね》(1684～1751)

江戸幕府8代将軍。紀州藩主・徳川《とくがわ》光貞《みつさだ》の4男で、7代将軍家継《いえつぐ》が死去したため、将軍家を相続した。質素倹約を奨励し、上げ米などで幕府財政を再建し、町火消や目安箱を設置。吉宗の一連の政策は「享保の改革」と呼ばれる。

享保《きょうほう》の改革(1716～1745)

経済

- 新田開発
- 上《あ》げ米《まい》(大名に石高1万石につき100石の米を上納させる代わりに、参勤交代の江戸在府期間を半減)
- 相対済《あいたいすま》し令《れい》(金銭関連の訴訟を幕府が受け付けない)
- 足高の制

社会政策

- 町火消の制度
- 目安箱の設置

法制

- 公事方御定書《くじかたおさだめがき》の編纂(裁判の基準とする法典)

町火消の纏持《まといもち》

町火消は、吉宗が登用した町奉行・大岡忠相が組織した町人による消防組織。火事場において、消火活動の目印である纏を掲げる「纏持」は、町火消の花形だった。

『甘藷記《かんしょき》』

蘭学者・青木昆陽《あおきこんよう》が救荒作物としての甘藷(サツマイモ)について記し、徳川吉宗に献呈した書物。吉宗が甘藷を推奨して広まった。

吉宗が「享保の改革」で幕府財政を再建する

1716年、7代将軍・**徳川家《とくがわいえ》継《つぐ》**がわずか8歳で病死したあと、紀州徳川家藩主の**徳川吉宗《とくがわよしむね》**が8代将軍の座に就く。その頃、幕府の財政は金銀山の枯渇、商人の台頭と物価の上昇、明暦《めいれき》の大火などによる準備金の払底で危機的状況に向かっていた。吉宗は**大奥《おおおく》**を縮小するなど自らも倹約し、「**享保《きょうほう》の改革**」を進める。

大岡忠相《おおおかただすけ》ら有能官僚を登用し、家柄が低い者でも高い役職に抜擢して俸禄《ほうろく》(知行)の不足分は在任中幕府が負担する制度(**足高《たしだか》の制《せい》**)も採り入れた。忠相は**町火消《まちびけし》**を創設するなど、名奉行として活躍する。

農政では**新田開発**で増収を図り、それまでの毎年の豊作・不作によって変化する**検見法《けみほう》**による年貢取り立てを改めて、一定の税率で徴収する**定免法《じょうめんほう》**に変え、税率も上げられて幕府の収入の安定化を実現している。経済面では**米相場**の支配とコントロールを目指したが、これは大坂の有力米商人たちの抵抗にあい、なかなか成功しなかった。

水野忠邦《みずのただくに》
(1794〜1851)

唐津藩主から浜松藩主となり、さらに老中となる。12代将軍徳川家慶に信任され、株仲間の解散や、人返しの法など「天保の改革」を断行したが、江戸・大坂周辺を直轄地とする「上知令」が猛反発を受けて失脚した。

天保《てんぽう》の改革(1841〜1843)

経済
- 倹約令
- 株仲間の解散

社会政策
- 薪水給与令《しんすいきゅうよれい》
- 人返《ひとがえ》しの法《ほう》(江戸出稼人の帰農を奨励)
- 上知令《あげちれい》(江戸・大坂周辺を直轄地とする)→撤回

松平定信《まつだいらさだのぶ》
(1758〜1829)

徳川吉宗の孫で、白河藩主。田沼意次の失脚後、老中となった。棄捐令、囲米、寛政異学の禁などの政策を実施した。これらの一連の「寛政の改革」は、民衆の反発を招いて終わった。

寛政《かんせい》の改革(1787〜1793)

経済
- 棄捐令《きえんれい》(旗本・御家人の借金帳消し)

社会政策
- 囲米《かこいまい》(米の備蓄)
- 人足寄場《にんそくよせば》に無宿人《むしゅくにん》を収容

思想統制
- 寛政異学《かんせいいがく》の禁《きん》(幕府の学問所で、朱子学以外の講義を禁止)

救い小屋 天保の大飢饉《だいききん》(1833〜1839)で、飢えに苦しむ京都の民衆を救うために設けられた小屋。幕府は江戸にも救い小屋を建て、約6000人を収容した。

田沼意次《たぬまおきつぐ》
(1719〜1788)

相良藩主。10代将軍徳川家治の側用人から老中に就任し、幕政の実権を握る。株仲間を公認し、印旛沼・手賀沼の干拓工事など、積極的な経済政策を進めるが、保守層からの反発によって失脚した。

成果が上がらなかった寛政・天保の改革

9代**家重**《いえしげ》と10代**家治**《いえはる》の時代は、**田沼意次**《たぬまおきつぐ》が商業経済により幕府の懐を潤そうと、**金貨**と**銀貨**の交換制度を整えるなど開明的政策を進めたが、保守派の反対で失脚した。

そのあとを受けたのが、老中**松**《まつ》**平定信**《だいらさだのぶ》である。「**寛政**《かんせい》**の改革**」と呼ばれる幕府再建を進める定信は、生活苦にあえぐ旗本《はたもと》・御家人《ごけにん》の借金を、5年以内のものについて帳消しとする「**棄捐令**《きえんれい》」を発するとともに、猥褻《わいせつ》な洒落本《しゃれぼん》や銭湯の男女混浴を禁止するなど**綱紀粛正**《こうきしゅくせい》にも努めた。有名な火付盗賊改《ひつけとうぞくあらため》の**長谷**《はせ》**川平蔵**《がわへいぞう》が活躍したのもこの時期だ。

定信の改革が際立った成果をあげずに終わってから半世紀、老中首座となった**水野忠邦**《みずのただくに》が1841年から開始したのが「**天保**《てんぽう》**の改革**」だ。町奉行に登用された**遠山景元**《とおやまかげもと》は「遠山の金さん」として知られる。忠邦は物価を下げるために贅沢な着物や品物を禁止し、花火や芝居も制限したが、江戸・大坂の周囲の土地を幕府の管理下に置こうとする「**上**《あげ》**知令**《ちれい》」が幕府内の反発を受け、改革はまたも半ばで挫折したのだった。

特集

江戸の食文化を支えた、ひとり者の男たち

いか焼き屋

現在の屋台の定番「いか焼き」は、江戸時代から人気の商品で、たれをつけて食べていた。

冷水売り

地下深くまで掘り抜いた井戸から汲み上げた冷水を錫や真鍮製の茶碗に注いで売っていた。

寿司屋

握り寿司（江戸前寿司）は、江戸で誕生した。当時の寿司ネタは、生ではなく、酢でしめたり、煮たりしたものが使われた。

水菓子屋

江戸時代、西瓜や桃、瓜などを「水菓子」と呼んだ。冷水で冷やして屋台で売っていた。

「縞揃女弁慶　安宅松の鮨」
東京都立中央図書館特別文庫室所蔵

寿司

握り寿司

女性が持っているのは「松ヶ鮨」の寿司で、当時最高に贅沢な一品だった。

天ぷら屋

高カロリーの天ぷらは、大工などの肉体労働者に人気だった。上の絵では、武士が顔を隠して屋台を覗き込んでいる。

天ぷら

◀天ぷらを食べる遊女。

江戸の独身男たちの胃袋は屋台の外食頼み

江戸はもともと将軍以下の**武士**の町である。だが、江戸城と江戸の町を造るため、そして武士たちの生活を支えるため、多くの**職人**や**商人**が集まって住むようになる。江戸中期には江戸の人口は100万人に達するが、その半数が彼ら町人だったのだ。しかも、その内に女性の占める割合は4割以下だったから、必然的に圧倒的に独身男が多くなる。そんな寂しい男たちが頼りにしたのが、**屋台**の外食だ。わざわざ出かけなくても長屋の近所に来てくれるし、値も安い。屋台といえばすぐそば屋が連想されるが、江戸時代は「**二八**《にはち》**そば**」とか「**夜鷹**《よたか》**そば**」などと呼ばれ庶民の腹を満たした。値段は江戸後期で16文《もん》。現代の価格で300円弱というところだろう。

天ぷらも当時は屋台で売られた。夏場の暑いとき、屋台のあるじは上半身裸で天ぷらを揚げ続けた。当時の天ぷらは串に刺して出され、つゆに2度漬けるのは禁止だったから、感覚としては串カツに近い。

「二十六夜待」に並ぶ屋台

「二十六夜待《にじゅうろくやまち》」とは、旧暦7月26日の夜、月の出を待つ行事で、江戸時代は月が出るまで、屋台で飲み食いして楽しんだ。この絵は、江戸高輪の二十六夜待を描いたもので、さまざまな屋台や、沖に浮かぶ月見用の船などが描かれている。

団子屋

団子は、屋台で買える人気の菓子だった。1串4個で、4文で売られていた。

そば屋

江戸時代のそばの屋台は、ふたつの長方形の箱をつないだ形で、「二八そば」と呼ばれた。

天ぷら屋

火を使う天ぷら屋は、出火の危険があるため、屋台が多かった。魚介類を揚げたものが、1串4文で売られていた。

江戸時代は、祭りで仮装することが流行した。

江戸町人の男女比

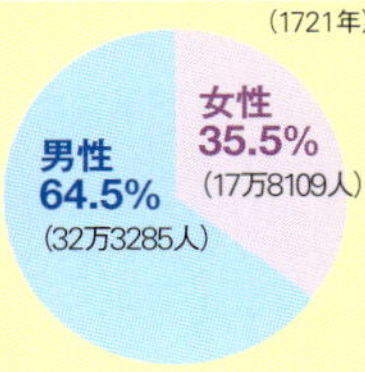

(1721年)
女性
35.5%
(17万8109人)
男性
64.5%
(32万3285人)

うなぎ

蒲焼き屋

江戸では「江戸前」といえば、寿司ではなく、うなぎを指した。隅田川産のうなぎが名物で、蒲焼きが売られていた。

そば

二八そば屋

屋台のそばは、基本的には「二八そば」と呼ばれた。二八の語源は、値段が16文（2×8＝16）という説や、小麦粉とそば粉の割合という説などがある。

握り寿司は江戸の町で登場

また**寿司**も人気で、普通の店のほかに屋台もあり、さらに桶に入れた寿司を担いで売り歩く簡単な寿司屋もいた。江戸の寿司は当初は上方風の**押し寿司**だったが、江戸後期になって**握り寿司**が登場する。ネタに塩をなじませたり、型につめて完成までに時間と手間がかかる押し寿司を簡略化して握り寿司を考案したのは、いかにも短気な江戸っ子らしい。このころの握り寿司は**赤酢**が使われたため赤い酢飯で、今よりひと回り以上大きかった。

うなぎの蒲焼きももてはやされた。ともかく、今は「**江戸前**」というと東京の寿司屋の客引き文句だが、江戸時代は城下の**神田川《かんだがわ》**や**隅田川《すみだがわ》**などで獲れたうなぎのことを指したほどだ。**振《ふ》り売《う》り**（商品を歩きながら売る商人）の蒲焼き屋は、天秤棒《てんびんぼう》の前後の荷物を地面に下ろし、七輪でパタパタとうなぎを焼いた。

ほかにも**甘酒**の振り売りもいて、夏の暑い盛りに大汗をかきながら飲むのが流行った。

特集

江戸最大の歓楽街だった「吉原」の真実

花魁
吉原で位の高い遊女のこと。花魁は美貌だけでなく、教養も必要とされた。下位の遊女を引き連れて、裕福な客を迎えに行くことを「花魁道中」と呼んだ。
吉原仲之町
吉原を南北に貫くメインストリートが「仲之町」。仲之町から左右に伸びる「表通り」には、大小80軒以上の妓楼が建ち並んでいた。吉原には約3000人の遊女がいたという。
武士
吉原の客には武士もいたが、吉原の中では身分はなく、武士は野暮な客として軽蔑されることもあったという。

最新の流行と高度な文化の発信基地

幕府公認による江戸唯一の遊里・**吉原**は、**明暦《めいれき》の大火**後に日本橋から浅草の北へ移された。3000人以上の遊女が堀と黒塀に囲まれた2万8000坪弱の敷地の中で生活していたという。

山谷堀《さんやぼり》沿いの**日本堤《にほんづつみ》**の道の両側には、水茶屋や食べ物屋がひしめき、**衣紋坂《えもんざか》**から**大門《おおもん》**をくぐる。中央を南北に走る通りは「**仲之《なかの》町《ちょう》**」だ。「表通り」には大小さまざまな妓楼《ぎろう》が80軒以上営業しており、その左右には「**河岸見世《かしみせ》**」、ほかにも「**局見世《つぼねみせ》**（**切見世《きりみせ》**）」が並んでいた。日暮れ時になると遊女はそれぞれの妓楼の1階の「**張《はり》見世《みせ》**」と呼ばれる通りに面した**紅《べん》殻格子《がらごうし》**の中に出て、指名を待った。

大見世《おおみせ》の高級遊女と遊ぶには、仲之町にある**引手茶屋《ひきてちゃや》**に仲介させてから目当ての遊女の妓楼に行くのだ。そこまでこぎつけても、その先にまた「**初会《しょかい》**」の酒宴を開き、次に「**裏を返す**（2度目に会う）」など、煩雑な段取りがある。ようやく遊女と「**馴染《なじ》み**」となると、

高級遊女との遊びのルール

❶「張見世《はりみせ》」で遊女を選ぶ

妓楼の店先にある格子窓の部屋にいる遊女を、客は外から眺めて指名する。

客

❷「初会《しょかい》」の客として遊女に面会する

初めての客は「初会」と呼ばれ、2階の引付《ひきつけ》座敷《ざしき》で遊女と酒宴のみを楽しむ。遊女は顔を見せるだけ。

客
遊女

❸ 3度目で「馴染《なじ》み」となる

2度目は「裏を返す」といい、ここで初めて遊女は親しみを見せる。3度目以降は「馴染み」と呼ばれ、遊女と疑似結婚関係が結ばれる。

女性・子ども客
仲之町の桜を見物するために、女性や子ども客も吉原にやってきた。一般女性にとって、花魁は憧れの存在だった。
桜
春には仲之町の中央に桜が植えられたが、季節が変われば別の花に植え替えられた。

吉原の俯瞰図

水田 吉原周辺は一面の田が広がっていた。
仲之町
大門 吉原唯一の出入り口。
お歯黒どぶ 吉原の堀の外を囲む堀。

それは擬似的夫婦関係であり、浮気をすると集団リンチにあったりもする。だが、遊女たちはさまざまな客の相手をするために**文学**・**楽器**・**舞踊**など学問・芸能に通じ、さらに流行の**柄**や**髪型**の発信基地になるなど文化のリーダーでもあったため、それにあこがれる男たちは吉原のルールを守ることを「**粋**《いき》」として楽しんだ。

1800年
江戸時代

伊能忠敬の第一次測量
日本の正確な地図作成のため伊能忠敬が測量開始

伊能忠敬《いのうただたか》（1745～1818）
上総《かずさ》出身の測量家。商家を営み、隠居した50歳を過ぎて幕府天文方・高橋至時《たかはしよしとき》から天文学や測量術を学ぶ。後に全国を実地測量し、地図を作成。没後３年後、弟子たちが「大日本沿海輿地全図《だいにほんえんかいよちぜんず》」を完成させた。

伊能忠敬の旧宅
忠敬は18歳で、佐原《さわら》（千葉県香取市）にある豪商・伊能家の婿養子となり、50歳まで商人として過ごした。その旧宅が残されている。

江戸初期の日本地図に描かれた四国。伊能図の精密さを実感できる。

「伊能小図　四国図」
忠敬が実地測量して作成した四国地図。現在の地図と変わらないほど正確である。忠敬が作成した伊能図の原本はすべて紛失しており、現在残っているのは模写本。

ロシアの脅威が北海道の測量を実現させた

１７９２年、**ロシア**の遣日使節・**ラクスマン**が**北海道**の根室に来航した。通商を求める彼に対し幕府は長崎以外では交渉しないと突っぱねたが、それ以前からたびたびロシアの接触を受けていた幕府は本腰で対ロシア戦略の検討を迫られることとなった。

ここで**伊能忠敬**《いのうただたか》が登場する。50歳まで上総佐原《かずささわら》の商人として過ごした忠敬は、その後江戸に出て、幕府**天文方**《てんもんがた》の**高橋至時**《たかはしよしとき》の下で測量術や天文学を学んだ。そして１８００年、幕府の許可を得た忠敬は私財をつぎこんで**北海道南岸**の**測量**を行う。その実績をもとに翌年から2年間かけて本州東部の測量もこなし、続いて１８０５年から6年間で西日本の測量も実施した。

一方、その間の１８０４年にはまたもロシアから使節・**レザノフ**が来航し、長崎で通商交渉を行ったが、幕府はこれを拒否。これに怒ったレザノフは帰途、北海道の東の**択捉島**《えとろふとう》を砲撃するという強硬策に出る。

将軍
吉宗
1750
家重
家治
江戸時代
伊能忠敬、第一次測量開始
1800
家斉
家慶
1850
家定
家茂
慶喜
明治時代

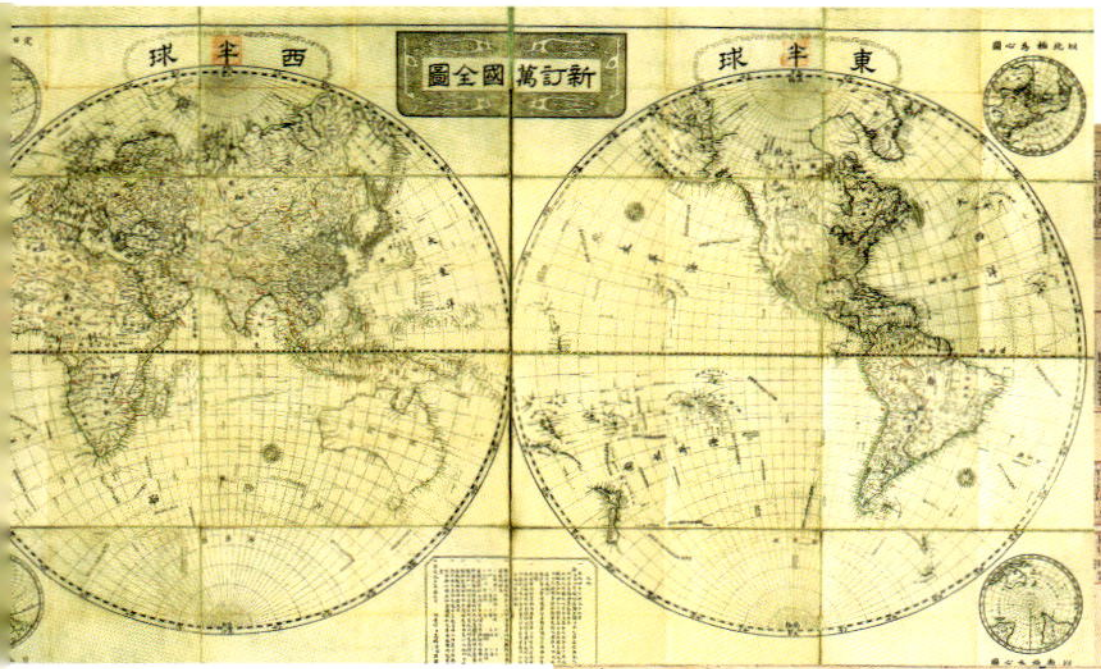

「新訂万国全図」

1807年、高橋景保《たかはしかげやす》が幕命によって製作した世界地図。イギリスのアロースミス世界図を原図として、天文学者・間重富《はざましげとみ》や、蘭学者・馬場佐十郎《ばばさじゅうろう》らと協力して完成させた。地図の精度は当時の世界最高水準を誇る。

「日本国地理測量之図」

幕府天文方・高橋景保《たかはしかげやす》は「大日本沿海輿地全図」を基に日本全図を編成。また忠敬の調査記録を『地勢提要』として著した。「日本国地理測量之図」は、後に両者の情報がまとめられて編纂された日本全図である。

神戸市立博物館蔵　Photo : Kobe City Museum / DNPartcom

間宮林蔵《まみやりんぞう》(1775?～1844)

探検家。伊能忠敬に測量術を学ぶ。幕命探査した樺太《からふと》が島であることを発見した。幕府隠密も務め、シーボルト事件を密告した。

シーボルト(1796～1866)

1823年、オランダ商館の医師として来日。翌年、長崎に鳴滝塾《なるたきじゅく》を開設。高野長英《たかのちょうえい》をはじめ、全国から集まった塾生に蘭学を講義した。幕府天文方の高橋景保《たかはしかげやす》らと交流し、国外持ち出し禁止の忠敬の日本地図を入手したが発覚し、国外追放となった。1859年、日本が開国すると再来日し、幕府の外事顧問となった。

間宮海峡

間宮林蔵の口述によって描かれた絵。「間宮海峡」と名づけたのはシーボルト。

高い完成度を誇った日本初の精密全国地図

北方警備待ったなしの幕府は、忠敬から測量術を伝授された**間宮林蔵**《まみやりんぞう》を**北海道**に派遣し、西・北・東海岸の測量を行わせた。こうして忠敬と林蔵が現地を歩いて測量したデータは、ひとつにまとめられて全国地図化する作業が始まる。途中忠敬は74歳で世を去るが、その3年後の1821年に「**大日本沿海輿地全図**《だいにほんえんかいよちぜんず》」が完成したのだった。この地図を見た外国人は、**シーボルト**をはじめ、皆がその精密さに驚嘆した。

日本史余話

伊能忠敬が学んだ浅草天文台

幕府の初代天文方は、新しい暦である「貞享暦」を作成した渋川《しぶかわ》春海《はるみ》である。1689年、渋川は本所の邸宅内に天文台を設置した。その後、天文台は、移転をくり返され、1782年に浅草に移転された。伊能忠敬も、この「浅草天文台」で天文学・測量学を学んだ。

▲葛飾北斎《かつしかほくさい》が描いた浅草天文台。

ニッポンヒストリーラボ

江戸時代の町人文化「元禄文化」と「化政文化」

上方が生んだ元禄文化 江戸が生んだ化政文化

世は5代将軍・**徳川綱吉**《とくがわつなよし》の**元禄時代**《げんろく》。酒や京の文物など、江戸で珍重されるものは**上方**《かみがた》から下ってくる品ばかりで、関東の産物は「下らないもの」と卑下された。江戸の**大店**《おおだな》も関西の資本という状況だったから、芝居作家の**近松門左衛門**《ちかまつもんざえもん》や大和絵の**尾形光琳**《おがたこうりん》に代表される華麗で洗練された「**元禄文化**」は**淀屋**《よどや》、**鴻池**《こうのいけ》、**住友**《すみとも》といった名だたる上方の豪商たちに後援され、花開いたのだ。

時代が1世紀ほど下って文化・文政期に入ると、大消費地の**江戸**は経済の面でも上方を上回る実力をもつようになる。これを背景として生まれたのが江戸町人による「**化政文化**《かせい》」だ。遊里小説の「**洒落本**《しゃれぼん》」や絵入り小説の「**黄表紙**《きびょうし》」が喜ばれ、**十返舎一九**《じっぺんしゃいっく》の『**東海道中膝栗毛**《とうかいどうちゅうひざくりげ》』も生まれた。一方で**洋学**や**国学**など、知識の探求欲も高まった時代であった。

元禄文化

時期	17世紀中頃～18世紀初
中心地	京都・大坂
特色	担い手は上方の豪商。人間性に富み、華やかで活気にあふれた文化。

松尾芭蕉《まつおばしょう》(1644～1694)

俳人。京都で北村季吟《きたむらきぎん》に師事し、のち江戸の芭蕉庵に住む。各地を旅して『野ざらし紀行』『笈《おい》の小文《ぶみ》』などの紀行文を著し、晩年、俳諧紀行『奥の細道《おくのほそみち》』を記した。滑稽を求める「談林風《だんりんふう》」から、芸術性の高い「蕉風《しょうふう》」を確立。

井原西鶴《いはらさいかく》『**好色一代男**《こうしょくいちだいおとこ》』

主人公・世之介の女性遍歴をまとめた物語。挿絵は井原西鶴自身が描いたもの。

市川団十郎《いちかわだんじゅうろう》**(初代)**(1660～1704)

歌舞伎役者。隈取《くまどり》の化粧や見得《みえ》などが特徴的な「荒事《あらごと》」と呼ばれる歌舞伎演技を創始。

化政文化

時期	18世紀末～19世紀初
中心地	江戸
特色	担い手は江戸の庶民。文化が多様化し、風刺や滑稽な表現が重んじられた文化。

国立国会図書館蔵

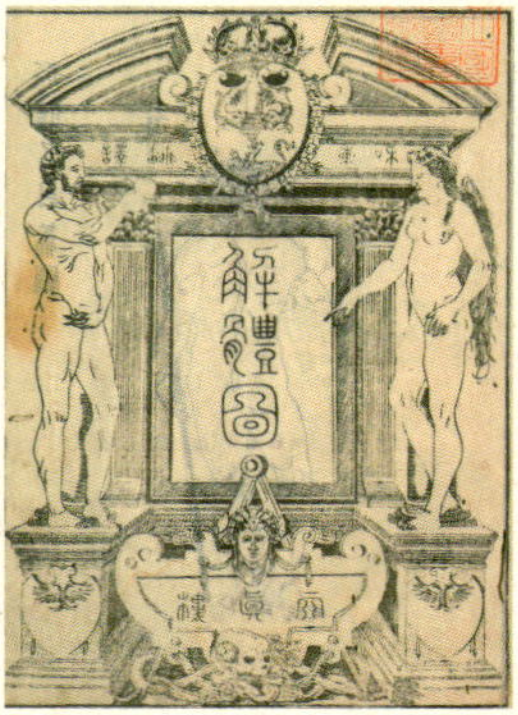

『解体新書《かいたいしんしょ》』

1774年に刊行された、日本初の西洋医学の翻訳書。杉田玄白《すぎたげんぱく》(1733～1817)や、前野良沢《まえのりょうたく》(1723～1803)らが翻訳に携わった。

神戸市立博物館蔵 Photo : Kobe City Museum / DNPartcom

平賀源内《ひらがげんない》**『西洋婦人図《せいようふじんず》』**

平賀源内(1728～1779)は、オランダ語、医学から本草学、油絵まで通じた才人。洋風画の指導にもあたった。

本居宣長《もとおりのりなが》(1730～1801)

国学者。賀茂真淵《かものまぶち》に師事し、国学(古典研究)に没頭。35年の歳月を費やし『古事記伝』を完成させた。

第6章 江戸末期（幕末）

1853年 黒船来航

1858年 安政の大獄

1860年 桜田門外の変

1863年 薩英戦争

1864年 池田屋事件

1864年 下関戦争

1866年 薩長同盟成立

1866年 第二次長州征伐

1867年 大政奉還

江戸時代 末期（幕末）

薩長主導によって江戸幕府が崩壊する！

ペリー来航により日本は開国したが、尊王攘夷運動が激化していく。やがて長州藩と薩摩藩を中心に倒幕運動が高まり、徳川慶喜は政権を朝廷に返上した。

1854年 （▶P130）
日米和親条約の締結

日本に再来日したときのペリー艦隊。

1860年 （▶P134）
桜田門外の変

水戸浪士たちに惨殺される井伊直弼。

江戸時代

年表	
1828	シーボルト事件
1830	徳川斉昭が藩政改革に着手
	鍋島直正が佐賀藩主に就任
1832	村田清風が長州藩改革案を上申する
1833	天保の大飢饉
1834	水野忠邦が老中に就任
1837	大塩平八郎の乱
	モリソン号事件
1839	蛮社の獄
1841	天保の改革が始まる
1842	天保の薪水給与令
1843	上知令を発布、撤回
1844	オランダ国王による開国勧告
1845	**阿部正弘**が老中首座に就任
1846	ビッドルが浦賀に来航
1849	佐賀藩、長州藩で種痘を実施
1851	**島津斉彬**が薩摩藩主に就任

将軍：家斉、家慶

人物生没年

- 井伊直弼 1815
- 1827
- 吉田松陰 1830
- 1833
- 1834
- 坂本龍馬 1835
- 1837
- 1839
- 徳川家茂 1846

44歳のとき大老就任

27歳のとき松下村塾を主宰

32歳のとき薩長連合

13歳のとき14代将軍就任

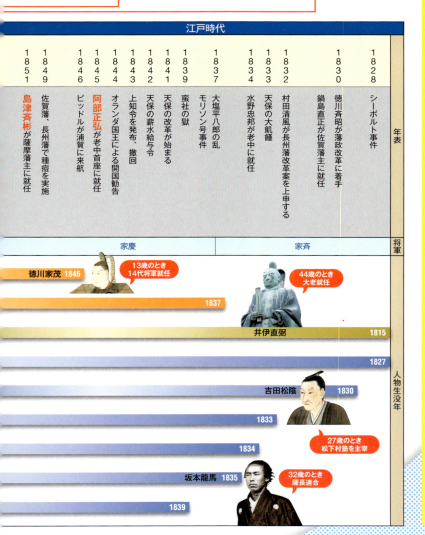

1866年（▶P142）
第二次長州征伐

長州藩士の上陸作戦を援護するユニオン号。

1864年（▶P138）
池田屋事件

新選組に襲撃される尊攘派志士たち。

1853	ペリーが浦賀に来航
1854	日米和親条約締結
1855	安政の大地震
1856	アメリカ総領事ハリスが下田に着任
1858	日米修好通商条約を無勅許で締結
	安政の大獄
1860	桜田門外の変
1862	徳川家茂と和宮の婚儀
	文久の改革
1863	薩英戦争
1864	池田屋事件
	禁門（蛤御門）の変
1866	薩長同盟の成立
	第二次長州征伐開始
1867	大政奉還
	王政復古の大号令
1868	鳥羽・伏見の戦い
1869	版籍奉還
1871	廃藩置県
1872	新橋・横浜間に鉄道が開通
1873	徴兵令が公布
1874	台湾出兵
1876	萩の乱が起こる
1877	西南戦争

明治時代

将軍：家定　家茂　慶喜

30歳のとき15代将軍就任

1866–1913 徳川慶喜

42歳のとき鳥羽・伏見の戦い

1877 西郷隆盛

1860

34歳のとき薩長連合

1877 桂小五郎（木戸孝允）

1859

31歳のとき池田屋事件

1868 近藤勇

25歳のとき奇兵隊創設

1867

1867 高杉晋作

将軍
大名
藩士・幕臣
※年齢は数え年

1853年
江戸時代

黒船来航
アメリカのペリー艦隊が日本に開国を迫る

『ペリー提督横浜上陸之図』

浦賀に来航した翌年の1854年に、ペリーは再び日本に来航して、横浜に上陸。日米和親条約締結のための会談が始められた。

ペリー（1794～1858）

アメリカの海軍軍人。1853年、４隻の蒸気船で浦賀に来航し、日本に開国を迫った。翌年、再来航して日米和親条約を締結した。

阿部正弘《あべまさひろ》
（1819～1857）

福山藩主。ペリーが浦賀に来航したときの老中首座。日米和親条約を締結し、海防に努めたが、開国の３年後に急死。

品川台場

ペリーの開国要求に脅威を感じた幕府が、江戸湾内に６基の海上砲台を建設した。現在、第３台場と第６台場が残る。

泰平の眠りを覚ます蒸気船が浦賀に出現

1853年6月、**浦賀**《うらが》（神奈川県）に**黒船**が4隻現れた。**ペリー提督**率いるアメリカ合衆国東インド艦隊の船団である。開国を迫るアメリカ側に対し、幕府老中・**阿**《あ》**部正弘**《べまさひろ》は国書だけを受け取ったが、翌年再度やってくるというペリーにどう対応すればよいか、長い鎖国下の平和に馴れきった幕府首脳は頭を抱える。

この頃、日本は外国の動きに神経をとがらせていた。イギリスは**清**《しん》（中国）にアヘンを売りつけ、それがもとで**アヘン戦争**が起こると、結果はイギリスの勝利となり、清は**香港割譲**や**賠償金**、**不平等条約**などで苦しんでいた。日本にもその情報は伝わり、欧米列強の軍事力は脅威としてとらえられていたのだ。

翌年1月、予告通りアメリカ艦隊は再び来航した。幕府はやむをえず「**日米和親条約**《にちべいわしんじょうやく》」を結び、**下**《しも》**田**《だ》・**箱館**《はこだて》を開港することを決定する。その一方、幕府は品川《しながわ》に「**台**《だい》**場**《ば》」と呼ばれる人工島を築いて砲台とするなど、海防に力を注ぎ始めた。

将軍
家慶
1850
黒船来航
家定
江戸時代
1860
家茂
慶喜
1870
明治時代

海軍伝習所　1855年、海軍士官養成のために、幕府が長崎西役所（現在の長崎県庁）に設置した機関。オランダ寄贈による軍艦・観光丸で訓練を行った。

幕末期の出島

1854年に長崎が開港されたため、出島の存在意義は失われていった。

不平等条約の内容

日米和親条約

- 下田・箱館の開港
- 漂流民の救助・引き渡し
- 片務的最恵国待遇《さいけいこくたいぐう》（日本が最もよい待遇を与えている他国と同等の待遇をアメリカに与える）
- 下田にアメリカ人居留地を設置

日米修好通商条約

- 神奈川・長崎・新潟・兵庫の開港
- 開港地に居留地を設置
- 領事裁判権《りょうじさいばんけん》（治外法権《ちがいほうけん》）
- 関税自主権の欠如

木村家所蔵、横浜開港資料館保管

咸臨丸《かんりんまる》

1860年、日米修好通商条約批准《ひじゅん》のため、幕府はアメリカに使節を派遣した。このときに随行した幕府の軍艦が咸臨丸であった。艦長は勝海舟で、福沢諭吉も同乗していた。

勝海舟《かつかいしゅう》（1823～1899）

江戸幕府の幕臣。海軍伝習所で学び、1860年に咸臨丸の艦長として太平洋を横断した。帰国後に軍艦奉行に就任。1868年には、西郷隆盛と会見して、江戸城無血開城を実現した。

日米修好通商条約が強行調印される

だが、海防の目玉はなんといっても**海軍**である。幕府は長崎に**海軍伝習所**《かいぐんでんしゅうじょ》を設け、**勝海舟**《かつかいしゅう》、**榎本武揚**《えのもとたけあき》、**五代友厚**《ごだいともあつ》（のち日本郵船を創業）らがオランダ軍人から手ほどきを受けた。

一方、アメリカは総領事**ハリス**が**日米修好通商条約**《にちべいしゅうこうつうしょうじょうやく》の締結を厳しく迫る。これに対し幕府は開国反対派を抑えるため**孝明**《こうめい》**天皇**の**勅許**《ちょっきょ》（許可）を得ようとするが失敗、やむなく大老《たいろう》の**井伊直弼**《いいなおすけ》は独断での条約調印を決意。これがのちに一連の大事件へと発展することになるのだった。

日本史余話

「福沢の勝嫌い」を決定づけた航海

咸臨丸の艦長であった勝海舟は船酔いがひどく、自室にこもり、寝込んでいたという。自費で咸臨丸に乗船し、船酔いもしなかった福沢諭吉《ふくざわゆきち》は、勝の態度に腹を立てていたようだ。後に福沢は、幕臣出身の勝が、明治政府に仕えたことを非難している。

▲咸臨丸で渡米した福沢諭吉。

安政の大獄

次期将軍候補をめぐって四賢候と井伊直弼が対立

幕府内部の対立

一橋派

雄藩連合により、攘夷実行と幕政改革を目指す。

将軍候補
一橋家
一橋慶喜《ひとつばしよしのぶ》

- 松平慶永（福井藩主）……四賢候
- 島津斉彬（薩摩藩主）……四賢候
- 山内豊信（土佐藩主）……四賢候
- 伊達宗城（宇和島藩主）……四賢候
- 徳川斉昭（前水戸藩主）

VS

南紀派

幕府による独裁体制維持を目指す。

将軍候補
紀州藩主
徳川慶福《とくがわよしとみ》（家茂《いえもち》）

- 井伊直弼（彦根藩主）
- 譜代大名
- 旗本
- 九条尚忠《くじょうひさただ》（関白）
- 大奥

島津斉彬《しまづなりあきら》（1809～1858）

薩摩藩主。西洋文明へ強い興味を抱き、富国強兵策を推進した。養女・篤姫《あつひめ》を13代将軍家定《いえさだ》に嫁がせ、幕政にも参加。将軍継嗣問題で、一橋慶喜を擁立し、井伊直弼と対立した。

彦根 清凉寺所蔵　画像提供：彦根 清凉寺／DNPartcom

井伊直弼《いいなおすけ》（1815～1860）

彦根藩主。将軍継嗣問題では、徳川家茂を擁立。1858年に大老に就任し、孝明天皇の勅許を得られないまま日米修好通商条約に調印。反対派を徹底的に弾圧したが、桜田門外で尊攘派志士に暗殺された。

血の粛清を呼んだ将軍継嗣・条約調印問題

幕府による条約締結決定は、激しい反発を呼んだ。折から、幕府では次の将軍を誰にするか、紀州の**徳《とく》川慶福《がわよしとみ》**を推す**井伊直弼《いいなおすけ》**らに対して、水戸の**徳川斉昭《とくがわなりあき》**の子、**一橋慶喜《ひとつばしよしのぶ》**を推す薩摩《さつま》の**島津斉彬《しまづなりあきら》**・越前の**松平《まつだいら》慶永《よしなが》**、宇和島の**伊達宗城《だてむねなり》**、土佐の**山内豊信《やまうちとよしげ》**らいわゆる「**幕末の四賢《しけん》侯《こう》**」らが激しく主導権を争っていた。

直弼は強引に慶福を次期将軍に決め、1858年12月に14代将軍・**家茂《いえもち》**（慶福から改名）を誕生させる。

一方、条約調印で直弼に無視された**孝明《こうめい》天皇**は、徳川斉昭に直弼追い落としをひそかに命じていた。「将軍を頂点とする幕府の指揮系統を無視した行為」と断じた直弼は、これ以上反対派を放置すれば幕府の体制が根本から崩れると粛清《しゅくせい》を決意した。世にいう「**安政《あんせい》の大獄《たいごく》**」である。

一橋派は大弾圧され、斉昭は永《えい》蟄居《ちっきょ》、慶喜・慶永・豊信らは隠《いん》居《きょ》・謹慎《きんしん》に処され、4人の水戸藩士が死罪となるなど、多くの大名や志士が犠牲となった。

安政の大獄でのおもな処罰者

尊王派志士

吉田松陰《よしだしょういん》(1830～1859)

長州藩士。ペリー来航時に、海外渡航を企てるが失敗して入獄。出獄後、松下村塾《しょうかそんじゅく》を開いて高杉晋作や久坂玄瑞、伊藤博文などを育成するが、安政の大獄で刑死となる。

刑死

橋本左内《はしもとさない》(1834～1859)

福井藩士。緒方洪庵《おがたこうあん》に西洋医学と蘭学を学んだ後、松平慶永に重用されて、藩政・幕政改革を補佐した。開明的な開国論者であったが、安政の大獄で処刑された。

刑死

梅田雲浜《うめだうんぴん》(1815～1859)

小浜藩士。京で藩塾の講師となるが、藩主の怒りに触れて士籍を削られた。ペリー来航後、尊王攘夷派を主導するが、安政の大獄で捕らえられ、江戸で取り調べ中に病死した。

獄中死

幕臣

永井尚志《なかいなおゆき》(1816～1891)

幕臣。長崎海軍伝習所総督や初代外国奉行、初代軍艦奉行を歴任するが、安政の大獄で失脚。直弼死後に復帰し、徳川慶喜のもとでは若年寄に抜擢された。

罷免・差控

藩主・前藩主

徳川斉昭《とくがわなりあき》(1800～1860)

前水戸藩主。ペリー来航により海防参与に任じられ、強硬な攘夷論を主張。将軍継嗣問題では息子の慶喜を推すが、井伊直弼の南紀派に敗れ、安政の大獄で永蟄居《えいちっきょ》を命じられた。

永蟄居

松平慶永《まつだいらよしなが》(春嶽《しゅんがく》)(1828～1890)

福井藩主。開国を主張するが、日米修好通商条約が無勅許で調印されたことに抗議し、井伊直弼と対立。直弼暗殺後、14代将軍家茂《いえもち》の後見として幕政に参加し、公武合体実現に尽力。

隠居・謹慎

山内豊信《やまうちとよしげ》(容堂《ようどう》)(1827～1872)

土佐藩主。吉田東洋を起用して藩政改革を行う。島津斉彬や松平慶永らと交流するが、井伊直弼と激しく対立して謹慎処分を受ける。直弼暗殺後、公武合体、大政奉還の実現に活躍した。

隠居・謹慎

伊達宗城《だてむねなり》(1818～1892)

宇和島藩主。大村益次郎を招くなど、西洋技術や制度を積極的に取り入れた。山内豊信らと公武合体を唱えるが、安政の大獄で謹慎処分となる。維新後は政府の要職を歴任。

隠居

大獄の犠牲として消えた長州の熱き大和魂の男

大獄で犠牲になった者の中に、長州藩《ちょうしゅうはん》の**吉田松陰《よしだしょういん》**もいた。かつてアメリカに密航して国防のための知識を得ようとした松蔭は、故郷で「**松下村塾《しょうかそんじゅく》**」を主宰し門弟に教育をほどこしていたが、幕府が**勅許《ちょっきょ》**(天皇の許可)なしで条約に調印したことに激怒し、老中の暗殺や倒幕を計画したのだ。捕らわれた松蔭は安政の大獄が始まると自ら「死刑に値する」と申告し斬首された。だが、のちに**高杉晋作《たかすぎしんさく》**ら彼の門弟たちが、新しい時代を開くことになる。

日本史余話 前途に悲観して自殺を図った西郷隆盛

西郷隆盛《さいごうたかもり》は、島津斉彬のもとで一橋慶喜擁立のために活動していたが、斉彬が急死。さらに、安政の大獄による厳しい幕府の追及が重なって、前途に絶望した西郷は、鹿児島湾で入水自殺を図ったが、一命を取り留めた。

▲幕府の目から隠すため、自殺未遂後、奄美大島に流された西郷隆盛。

桜田門外の変

大老・井伊直弼が暗殺されて幕府権威が失墜する

合図を兼ねた銃撃により、井伊は腰を貫かれて負傷した。銃声を聞いた水戸浪士はいっせいに駕籠を襲って刀を突き入れたという。

大老が水戸の武士たちの恨みの刃にたおれる

1860年3月3日早朝、季節外れの大雪の中、大老《たいろう》・**井伊直弼**《いいなおすけ》の行列が江戸城西《にし》の丸《まる》の南、**桜田**《さくらだ》**門**《もん》にさしかかった。道ばたにはいつものように大名登城を見物する庶民や、彼らに食物や甘酒を売る屋台の商人がいる。

と、その中のひとりが訴状を手に腰をかがめているのが御供衆《おともしゅう》ふたりの目に入った。大老への直訴かと彼らが男に近づいたそのとき、突然男が刀を抜いてふたりを斬り倒した。そして**銃声**が轟《とどろ》き、銃弾が駕籠《かご》の中の直弼の下半身に命中した。

一斉に行列に襲いかかったのは、**安政の大獄**で過酷な処分を受けた水戸藩の武士17人で、藩に迷惑が及ばないよう脱藩したうえでの襲撃だった（ほかに薩摩藩士1人）。井伊家の侍26人は雪除けの雨合羽《あまがっぱ》と刀袋《かたなぶくろ》のためとっさに反撃できず、8人死亡、13人が負傷し、直弼も駕籠の外から複数の刀を突き入れられ、引きずり出されて首を取られた。これが「**桜田門外の変**」である。

桜田門

現在の桜田門。江戸城の内堀にある門で、外側の高麗門《こうらいもん》と内側の渡櫓門《わたりやぐらもん》の二重構造になっている。

安藤信正《あんどうのぶまさ》（1819～1871）

磐城平《いわきたいら》藩主。井伊直弼死後、老中として幕政を指揮する。公武合体を図って、皇女・和宮の降嫁を実現させるが、尊攘派の反発を受け、江戸城坂下門外で水戸浪士に襲われる。負傷したが一命を取り留めた。

井伊直弼像

彦根市に立つ井伊直弼の銅像。井伊は日米通商修好条約を無勅許で調印したことについて、「勅許を待《また》ざる重罪は甘んじて我等《われら》壱人《いちにん》に受《うけ》候《そうろう》決意」と述べ、自分ひとりが責任を負う覚悟をしていた。

桜田門外の変の現場

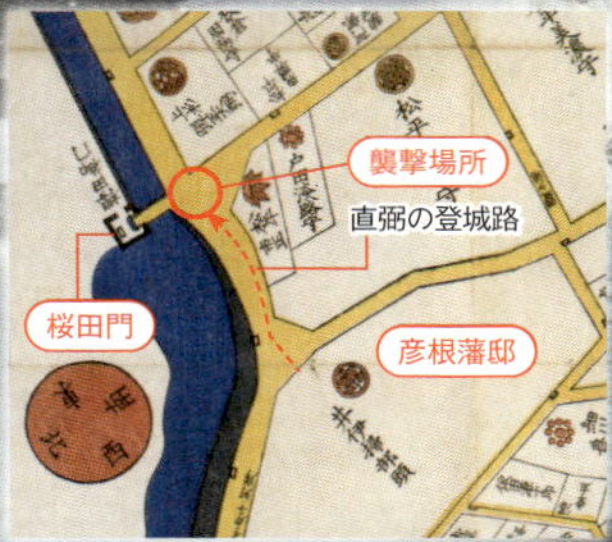

桜田門外の変

1860年3月3日、大雪の中、江戸城桜田門外において、登城する井伊直弼の行列を、尊攘派志士（水戸浪士17人・薩摩藩士１人）が襲撃した。白昼堂々と大老が暗殺されたことで、幕府の権威は大きく失墜した。

公武合体

朝廷

和宮《かずのみや》（1846～1877）

孝明天皇の妹。公武合体のため、17歳で将軍家茂の正室となるが、20歳で家茂が急死。

和宮降嫁を幕府から朝廷へ申し入れる
↓
1862年10月成婚
↓
尊王攘夷運動の激化

幕府

徳川家茂《とくがわいえもち》（1846～1866）

紀州藩主から井伊直弼らの支持で14代将軍に就任。第二次長州征伐で大坂城滞在中に病死。

幕府の危機回避のため画策された公武合体

桜田門外の変は幕府の権威を失墜させた。さらに、国外への**金貨流出**や、**物価高騰《こうとう》**で幕府への不満が高まる。幕府は直弼の弾圧策を放棄し、朝廷と一体化（**公武合体《こうぶがったい》**）して難局を乗り切ろうと考えた。老中・**安藤信正《あんどうのぶまさ》**は**孝明《こうめい》天皇**の妹・**和宮《かずのみや》**を将軍・**家茂《いえもち》**の正室とする「**和宮降嫁《こうか》**」でこれを実現しようとしたが、和宮が江戸に到着する前月の1862年1月、反対派の水戸浪士に江戸城**坂下門外《さかしたもんがい》**で襲撃され、負傷して失脚した。

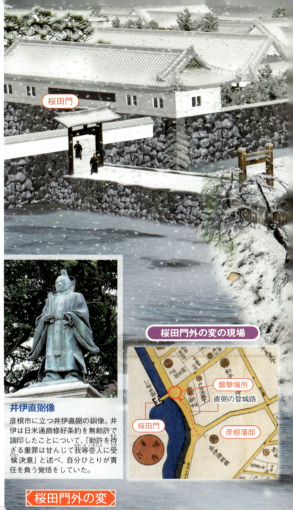

1863年
江戸時代

薩英戦争

薩摩藩が攘夷の不可能を悟ったイギリスとの戦争

イギリス艦隊の旗艦。艦長、副長ともに戦死するなど、被害は甚大であった。

砲台

薩摩藩はイギリスとの戦争に備えて、藩内の各所に砲台を築いて戦闘に備えていた。当時築かれた砲台が、台場公園に復元されている。

薩摩の強さが英国の目を見張らせる

1862年4月、薩摩《さつま》の**島津久光**《しまづひさみつ》（斉彬《なりあきら》の弟）が**公武合体推進**のため入洛した。薩摩の過激派は倒幕の挙兵を果たそうと動くが、久光によって粛清《しゅくせい》される。「**寺田屋**《てらだや》**事件**」である。その後、久光は江戸で**一橋慶喜**《ひとつばしよしのぶ》らの復権と**攘夷**《じょうい》（外国勢力の排斥）を幕府に求めた。

薩摩へ戻る途中の**生麦村**《なまむぎむら》で事件は起こる。久光の行列を**イギリス人**が乱し、薩摩藩士によってひとりが斬殺され、ふたりが負傷したのだ（生麦事件）。日本の習慣を知らなかった外国人の悲劇だが、事はそれで収まらなかった。幕府はイギリスに賠償金10万ポンドを支払ったが、**イギリス艦隊**が鹿児島に来航し、薩摩藩にも謝罪と賠償を求めたのだ。

1863年7月2日、交渉決裂した薩摩はイギリス艦隊に攻撃を開始。イギリス側は**鹿児島城**などに砲撃で損害を与え、薩摩側も敵艦1隻を大破させるなど結果は互角で、イギリスと薩摩藩は互いに相手に対する見方を大きく変えることになった。

幕末の薩摩藩関連年表

1858	7月	**島津斉彬**が死去
1862	4月	**島津久光**が上京、7月より**文久の改革**を開始
	4月	**寺田屋事件**
	8月	**生麦事件**
1863	7月	**薩英戦争**
1864	7月	**禁門の変**
1866	1月	**薩長同盟**の成立
1867	6月	**薩土盟約**の成立
	10月	**大政奉還**
1868	1月	**鳥羽・伏見の戦い**

薩英戦争

1862年の生麦事件がきっかけとなって、翌年、鹿児島において、薩摩藩とイギリス艦隊との間で戦闘が起こった。戦闘は3日間続き、イギリス艦隊の被害は、戦死13人、負傷者50人に及んだ。薩摩藩は戦死5人であったが、城下町の1割が焼失するなど大きな被害が出た。

桜島
レースホース
ハボック
パーシューズ
アーガス
コケット
新波止《しんはと》砲台

鹿児島城下の正面に築かれた砲台。イギリス艦隊に先制攻撃をしかけて、ユーリアラスに砲弾を命中させた。

島津久光《しまつひさみつ》(1817～1887)

島津斉彬の異母弟。斉彬死後、薩摩藩主・忠義《ただよし》の父として実権を握る。寺田屋事件で藩内の尊攘派を弾圧し、公武合体を推進した。生麦事件を起こし、これが原因で薩英戦争が勃発した。

小松帯刀《こまつたてわき》(1835～1870)

薩摩藩士。島津久光の側近として家老職に就任。大久保利通とともに、公武合体運動を進めた。坂本龍馬と親交し、薩長同盟締結に奔走。徳川慶喜に大政奉還を進言した。

大久保利通《おおくぼとしみち》(1830～1878)

薩摩藩士。西郷隆盛とは幼なじみ。島津久光に接近して藩の実権を掌握。西郷とともに倒幕運動を展開。薩長同盟を成立させた。維新後は新政府の中心人物として改革を進めた。

生麦事件の現場

1862年、島津久光は、幕政改革を求めて京都から江戸に向かった。その帰路、生麦村(横浜市)付近で、久光の行列を騎馬で横切ったイギリス人が、薩摩藩士に殺傷される事件が起こった(生麦事件)。写真は、生麦事件が起こった現場を撮影したもの。

池田屋事件

新選組が池田屋で尊攘派志士を急襲

1 2階奥の間
最初は、表口から近藤勇や沖田総司ら4人が踏み込んだ。近藤は階段を駆け上がって、尊攘派志士が集まる2階奥の間に突入した。沖田総司は1人を斬ったが、持病の結核のため戦線を離脱。

2 裏口
安藤早太郎《あんどうはやたろう》や奥沢栄助《おくざわえいすけ》らが守りを固めていたが、座敷から飛び降りた志士に突破される。

池田屋内部 昭和初期に撮影された池田屋の内部で、近藤が駆け上がった急な階段が見える。

祇園祭に向け盛り上がる京の夜が血に染まる

京では、攘夷主義者がますます動きを強めていた。これに対し、幕府は**会津藩主**《あいづはんしゅ》の**松平容保**《まつだいらかたもり》を**京都守護職**《きょうとしゅごしょく》に任じる。1863年8月、容保は公武合体派の公家・**中川宮**《なかがわのみや》と図って攘夷派の公卿・**三条実美**《さんじょうさねとみ》らを排斥（**八月十八日の政変**）。尊攘派志士と7人の公卿らは長州へ落ちていった（**七卿落ち**《しちきょうおち》）。

翌1864年、攘夷派志士によるテロ計画が発覚する。彼らが御所に放火し、混乱に乗じて中川宮を幽閉、容保らを暗殺し、天皇を長州に拉致しようとしているという情報を探知したのは、かつて江戸で募集された浪人たちの団体、**新選組**《しんせんぐみ》だった。局長の**近藤勇**《こんどういさみ》以下、松平容保の配下として京の治安維持に努めていた新選組は、一味の会合場所である**池田屋**《いけだや》に向かうが、応援の会津・桑名《くわな》の藩兵が来ない。やむなく近藤以下**沖田総司**《おきたそうじ》、**藤堂平助**《とうどうへいすけ》、**永倉新八**《ながくらしんぱち》の4人が池田屋に突入、残りは店の外で待機し、激闘の末、長州の**吉田稔麿**《よしだとしまろ》ら9人を殺害し、20数人を捕縛した。

池田屋事件関連地図

新選組組織図（1864年編成時）

局長	近藤勇《こんどういさみ》
総長	山南敬助《やまなみけいすけ》
副長	土方歳三《ひじかたとしぞう》
参謀	伊東甲子太郎《いとうかしたろう》
組長	一番隊：沖田総司《おきたそうじ》 二番隊：永倉新八《ながくらしんぱち》 三番隊：斎藤一《さいとうはじめ》 四番隊：松原忠司《まつばらちゅうじ》 五番隊：武田観柳斎《たけだかんりゅうさい》 六番隊：井上源三郎《いのうえげんざぶろう》 七番隊：谷三十郎《たにさんじゅうろう》 八番隊：藤堂平助《とうどうへいすけ》 九番隊：鈴木三樹三郎《すずきみきさぶろう》 十番隊：原田左之助《はらださのすけ》
諸士調役兼監察方	島田魁《しまだかい》 ほか
勘定方	河合耆三郎《かわいきさぶろう》 ほか
会計方	酒井兵庫《さかいひょうご》 ほか

※赤字は池田屋に最初に突入した近藤勇隊の隊士（諸説あり）。

池田屋事件

1864年６月５日、京都・三条大橋近くの池田屋において、肥後の宮部鼎蔵《みやへていぞう》、長州の吉田稔麿《よしだとしまろ》ら、尊攘派志士約30人を、新選組が襲撃した事件。宮部、吉田ら９人が惨殺され、新選組の武名は一躍高まった。

④ 表口

谷万太郎《たにまんたろう》、浅野藤太郎《あさのとうたろう》、武田《たけだ》観柳斎《かんりゅうさい》らは、土方歳三隊が合流するまで、表口を守った。

③ １階土間

永倉新八《ながくらしんぱち》、藤堂平助《とうどうへいすけ》らが志士たちと斬り合う。藤堂が額を切られたときは、永倉が助太刀をした。

池田屋騒動殉難烈士之墓（霊山護国神社）

宮部鼎蔵をはじめ、池田屋で命を落とした志士たちが葬られている。

土方歳三《ひじかたとしぞう》（1835～1869）

新選組副長。武蔵、多摩の豪農出身。近藤勇と出会い、壬生浪士組（新選組）に参加。副長として、隊員を厳しく律した。戊辰戦争では、敗走しながら北上し、榎本武揚とともに箱館五稜郭を占領したが、総攻撃を受けて戦死。

近藤勇《こんどういさみ》（1834～1868）

新選組局長。武蔵《むさし》、多摩《たま》の農家出身。京都守護職・松平容保《まつだいらかたもり》の配下で、壬生浪士組《みぶろうしぐみ》（後の新選組）を結成。池田屋事件をはじめ、京で尊攘派志士を徹底的に弾圧した。戊辰戦争では旧幕府軍として戦ったが、敗れて斬首された。

1864年
江戸時代

高杉晋作の功山寺《こうざんじ》挙兵
長州藩を倒幕に向かわせた高杉晋作

幕末の長州藩関連年表

1859	10月	**吉田松陰**が刑死
1863	5月	**長州藩外国船砲撃事件**
	6月	**高杉晋作**、**奇兵隊**を組織
	8月	**八月十八日の政変**
1864	6月	**池田屋事件**
	7月	**禁門の変**(**蛤御門の変**)
	8月	**第一次長州征伐**開始
	8月	**四国艦隊下関砲撃事件**(**下関戦争**)
	11月	**長州藩**が幕府に**恭順**
	11月	**高杉晋作**が**功山寺**で挙兵
1866	1月	**薩長同盟**の成立
	6月	**第二次長州征伐**

高杉晋作《たかすぎしんさく》(1839～1867)
長州藩校・明倫館で学び、吉田松陰の松下村塾へ入塾。品川の英国公使館を焼き討ちにするなど、過激な攘夷運動を進めた。1863年に奇兵隊を組織。第一次長州征伐が迫ると、功山寺で挙兵して、藩内の恭順派を追放し、実権を握る。第二次長州征伐では幕府軍を破るが、結核のために病没。

下関の前田砲台を占領するイギリス軍
前年の長州藩による外国船砲撃に対する報復として、1864年、英・仏・米・蘭による四国連合艦隊により下関が砲撃され、砲台が占拠された。高杉は和議の交渉にあたった。

攘夷運動の中心となった長州藩の暴走

吉田松陰《よしだしょういん》死後、門弟の**高杉晋作《たかすぎしんさく》**は上海《シャンハイ》を視察して、欧米列強の重圧に喘《あえ》ぐ清《しん》(中国)の実情を見聞するなど、外国の脅威を肌で感じ攘夷《じょうい》の急先鋒となっていた。

1863年5月、長州藩は**関門《かんもん》海峡《かいきょう》**を封鎖し、アメリカ・フランス・オランダの船舶に予告なしの砲撃を加える。これに対し、翌月アメリカとフランスの軍艦が長州藩軍艦を撃破した。さらに翌1864年8月、アメリカ・イギリス・フランス・オランダの連合艦隊17隻が襲来し、馬関海峡に臨む長州藩の**砲台**に上陸して徹底的な破壊を行う。

こうして「**下関《しものせき》戦争**」は長州藩の一方的大敗に終わり、攘夷の非現実性を悟った長州藩は**西洋式軍備**の充実に方針転換した。その一角を担ったのが高杉晋作であった。

晋作は1863年に下関で**奇兵隊《きへいたい》**を創設する。藩を防衛しようという呼びかけに応えて下級武士や豪農・富商の子ら有志が参加した奇兵隊は、身分を超えた新しい軍隊だった。

松下村塾のおもな塾生

伊藤博文《いとうひろぶみ》(1841～1909)

高杉晋作や桂小五郎らに導かれて倒幕運動に参加。維新後は初代内閣総理大臣となった。

松下村塾《しょうかそんじゅく》 吉田松陰が開いた私塾。塾生だった高杉晋作や久坂玄瑞、伊藤博文などは、明治維新を主導する人物へと育った。

久坂玄瑞《くさかげんずい》(1840～1864)

急進的な尊王攘夷派で、品川の英国公使館の焼き討ち、外国艦船砲撃に参加。禁門の変で自刃。

山田顕義《やまだあきよし》(1844～1892)

松下村塾で学んだ後、倒幕運動に参加。維新後は、岩倉使節団の一員として各国を調査。帰国後は法典の整備に尽力した。日本大学、國學院大學を創設。

山県有朋《やまがたありとも》(1838～1922)

高杉晋作の奇兵隊に参加し、軍監《ぐんかん》として隊の実権を握る。維新後は徴兵制を導入し、西南戦争では総指揮を執った。3代内閣総理大臣となる。

桂小五郎《かつらこごろう》(1833～1877)

松下村塾の塾生ではなかったが、松陰に師事した。禁門の変後、高杉らとともに倒幕派に転向。長州藩の代表として、薩長同盟を締結した。

品川弥二郎《しながわやじろう》(1843～1900)

尊王攘夷運動を進め、禁門の変にも出陣した。薩長同盟成立に尽力し、戊辰戦争でも活躍した。維新後は、政府要職を歴任した。

奇兵隊を指揮する高杉晋作

高下駄をはき、傘を差しているのが高杉である。奇兵隊員のうち7割が武士で、約3割が庶民であった。

周布政之助《すふまさのすけ》(1823～1864)

長州藩士。藩の重役として改革に取り組み、松陰門下の桂小五郎や高杉晋作を重用したが、禁門の変・四国艦隊下関砲撃事件での敗戦や、第一次長州征伐などの責任をとって自害した。

長州藩を立ち直らせた高杉晋作のクーデター

1864年8月20日、長州藩の**久坂玄瑞《くさかげんずい》・来島又兵衛《きじままたべえ》**らは3000人余りの兵で**御所**を攻撃したが、会津《あいづ》・桑名《くわな》・薩摩《さつま》藩兵に敗れ、自害する。この**禁門《きんもん》の変**（**蛤御門《はまぐりごもん》の変**）で朝敵となった長州に対し、幕府は15万の大軍で「**第一次長州征伐**」をしかけた。下関戦争で敗れたばかりの長州藩は抵抗する術《すべ》もなく、3人の家老の切腹などを条件に降伏する。ところが、直後に晋作が**功山寺《こうざんじ》**で挙兵した。彼のクーデターによって藩は再び反幕府へと路線を転換した。

日本史余話

激動の幕末を生き残った「そうせい候」

幕末の長州藩主・毛利敬親《もうりたかちか》は、家臣からの意見に対して、常に「そうせい（そうしておけ）」と答えていたため「そうせい候」と呼ばれていたというが、維新後、「そう言わなければ殺されていた」と述べたという。

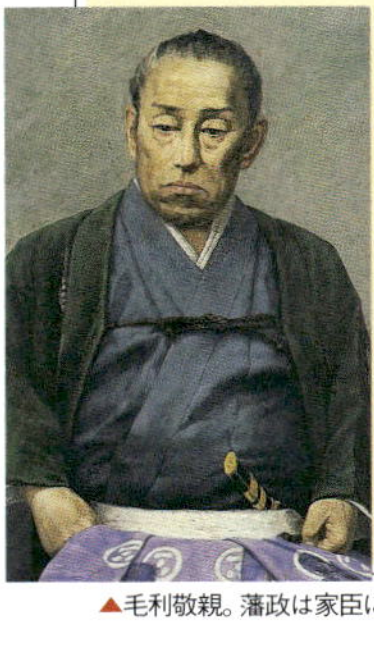

▲毛利敬親。藩政は家臣に任せたが、重要な決断は常に自分で行ったという。

薩長同盟の成立

薩摩と手を結んだ長州が幕府に勝利

小倉口の戦い

第二次長州征伐において、最大の激戦となった小倉口《こくらぐち》（関門海峡）での戦闘。坂本龍馬が乗船するユニオン号の艦砲射撃により、長州藩兵は田《た》ノ浦《のうら》（北九州市）に上陸。砲台や弾薬庫を破壊して、幕府軍を後退させた。

坂本龍馬《さかもとりょうま》（1835～1867）

土佐藩を脱藩後、勝海舟に師事した。貿易商社である亀山社中（後の海援隊）を組織。薩長同盟を締結させ、薩摩藩名義で購入した武器を、長州藩に卸し、運搬も担当した。

大村益次郎《おおむらますじろう》（1824～1869）

長州藩士。西洋の兵制や軍備を取り入れて、強力な軍隊をつくり上げた。第二次長州征伐では、山陰方面の「石州口《せきしゅうぐち》の戦い」を指揮し、幕府軍に勝利した。事実上の日本陸軍創始者。

第二次長州征伐関連地図
石州口の戦い
長州軍 1000人
VS
幕府軍 3万人
小倉口の戦い
長州軍 1000人
VS
幕府軍 2万人
萩
長州藩
小倉
大島口の戦い
長州軍 500人
VS
幕府軍 2000人
芸州口の戦い
長州軍 1000人
VS
幕府軍 5万人

中岡慎太郎《なかおかしんたろう》（1838～1867）

幕末の志士。土佐藩を脱藩し、坂本龍馬とともに、薩長同盟の仲介に尽力した。陸援隊を組織し、倒幕活動を進めたが、京都の近江屋で龍馬とともに暗殺された。

幕府の命運を変えた薩摩と長州の劇的和解

1866年1月22日、京の薩摩藩屋敷に4人の人物が集まっていた。薩摩藩家老・**小松帯刀**《こまつたてわき》と重臣・**西郷隆盛**《さいごうたかもり》、長州藩士の**桂小五郎**《かつらこごろう》、それに土佐脱藩浪士の**坂本龍馬**《さかもとりょうま》である。龍馬はかつて**勝海舟**《かつかいしゅう》の神戸《こうべ》海軍操練所《かいぐんそうれんじょ》の設立に奔走した人物で、海外交易を志して日本初の株式会社といわれる「**亀山社中**《かめやましゃちゅう》」を立ち上げていた。

龍馬はこの亀山社中が長州の米を薩摩に運び、薩摩が輸入した武器を長州に持ち込むという「実利」で犬猿の仲だった薩摩と長州の同盟にこぎつけたのだ。また同じく土佐出身の**中岡慎太郎**《なかおかしんたろう》も、亡命中の**三条実美**《さんじょうさねとみ》らへの根回しで薩長和解に大きく貢献している。

この日、龍馬立ち会いのもとで行われた**薩長同盟**《さっちょうどうめい》の締結は、「倒幕」を基本線とする軍事同盟だった。もし再び幕府が長州を攻めても**雄藩**《ゆうはん》（経済力と軍事力をもつ藩）の薩摩は協力しないことが決定し、長州は安全保障の上で大きな利益を得た。

ユニオン号

坂本龍馬の仲介により、長州藩が資金を出し、薩摩藩名義でイギリスから購入した軍艦。長州藩では乙丑丸《いっちゅうまる》と呼ばれた。操縦は、龍馬の結成した亀山社中《かめやましゃちゅう》（後の海援隊《かいえんたい》）が担当した。全長45m、排水量300トン。

長州藩が近代的軍隊と戦術で幕府軍を退ける

1866年6月7日、幕府軍は4方面から長州に攻め寄せた。「**第二次長州征伐**」である。本来なら萩《はぎ》に上陸する予定だった薩摩藩は薩長同盟により出兵せず、ほかの藩も戦意は低い。対する長州藩は、陸では長州藩の軍制改革を主導した**大村益《おおむらます》次郎《じろう》**が石見《いわみ》方面から進攻してくる幕府軍を巧みな戦術で破り、関門海峡《かんもんかいきょう》では**高杉晋作《たかすぎしんさく》**が幕府軍を撃破した。

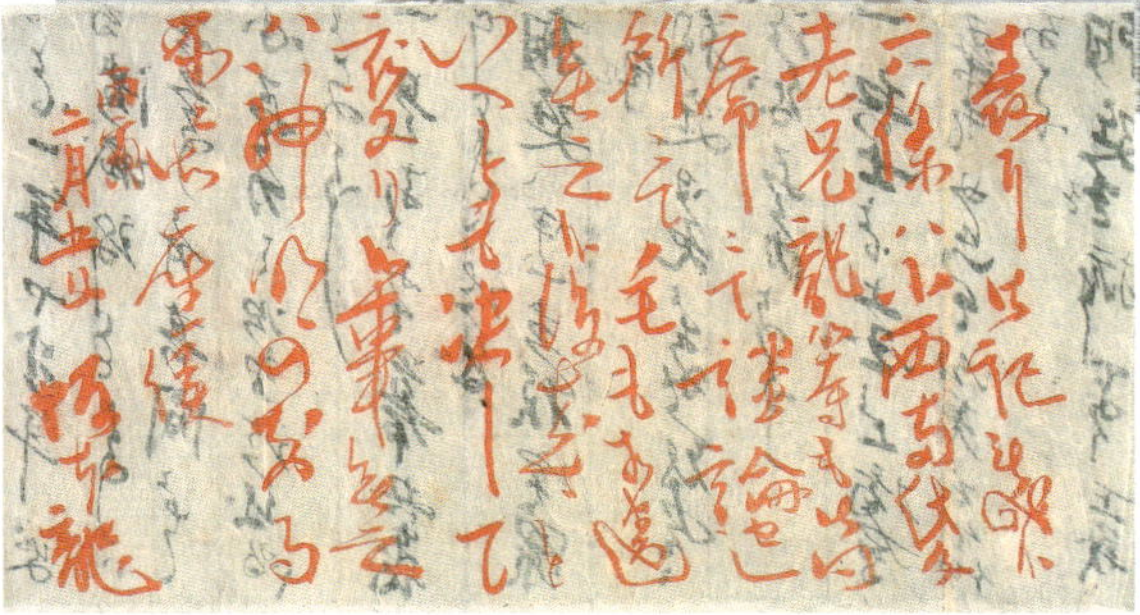

「坂本龍馬書付　薩長同盟裏書」　宮内庁書陵部蔵

長州藩の桂小五郎が、坂本龍馬に宛てた手紙の裏に返書として書かれたもので、薩長同盟における盟約6か条について、龍馬が「表の内容に相違ない」と、朱書で返答している。

政権返上のあとに戊辰戦争が勃発

大政奉還

幕末・維新期の動き

1866	1月	**薩長同盟**成立
	6月	**第二次長州征伐**
	7月	**徳川家茂**死去
	12月	**徳川慶喜**が将軍就任 **孝明天皇**死去
1867	1月	**明治天皇**即位
	6月	「**船中八策**」の提示
	10月	**山内容堂**、**大政奉還**を**慶喜**に建白
	11月	**龍馬・中岡**が暗殺される
	12月	**王政復古の大号令**
1868	1月	**鳥羽・伏見の戦い**
	3月	**五箇条の誓文**
	4月	**江戸城無血開城**
	5月	**奥羽越列藩同盟**
	9月	**会津戦争**が終結

後藤象二郎《ごとうしょうじろう》(1838～1897)

土佐藩士。武市半平太《たけちはんぺいた》の土佐勤王党《ときんのうとう》を弾圧したが、その後尊攘派に転向した。坂本龍馬から大政奉還の提案を受けて、前藩主・山内容堂《やまうちようどう》に奏上。容堂の建白を徳川慶喜が受け入れて大政奉還が実現した。

山内容堂《やまうちようどう》(1827～1872)

土佐藩主で、隠居後に容堂と名乗る。後藤象二郎から大政奉還の提案を受けて、15代将軍・徳川慶喜に建白書を提出した。

坂本龍馬《さかもとりょうま》(1835～1867)

脱藩した土佐藩との関係を修復。後藤象二郎に、土佐藩船夕顔丸《ゆうがおまる》で、大政奉還を含めた「船中八策《せんちゅうはっさく》」を提言した。大政奉還が実現した1か月後、暗殺される。

「新政府綱領八策《しんせいふこうりょうはっさく》」

「船中八策」をもとに龍馬が起草した8か条の新国家構想。議会制度や官制、外交、軍制などについて建言され、「五箇条《ごかじょう》の誓文《せいもん》」や新政府の政策に受け継がれた。

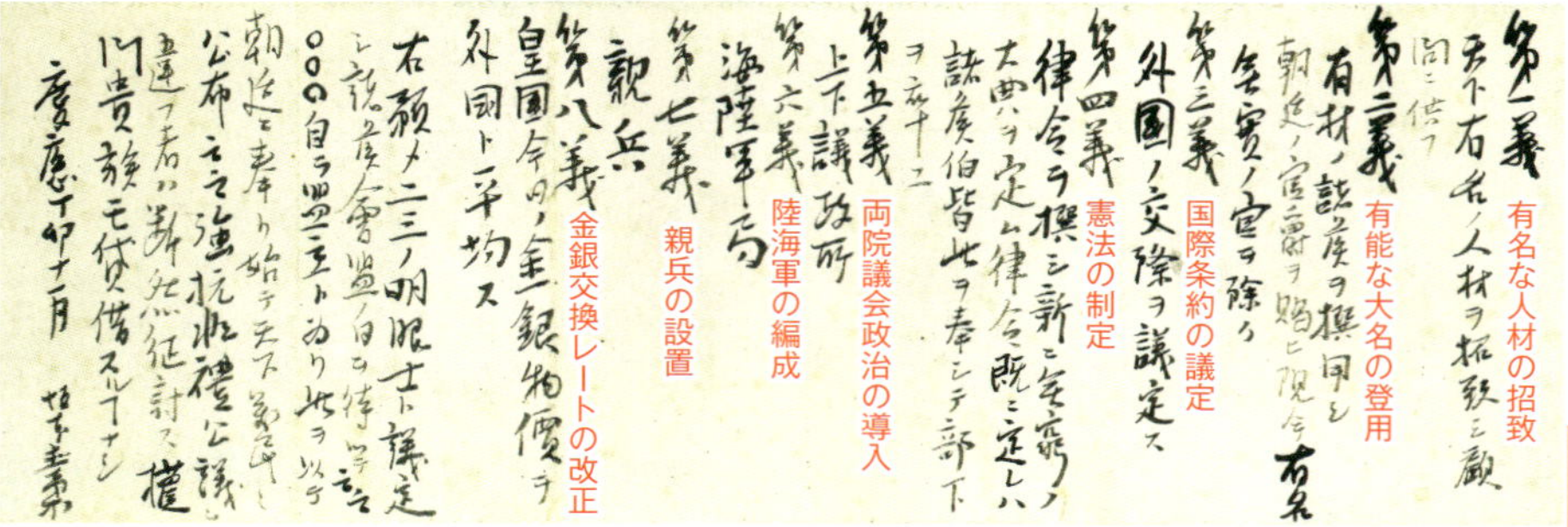
有名な人材の招致
有能な大名の登用
国際条約の議定
憲法の制定
両院議会政治の導入
陸海軍の編成
親兵の設置
金銀交換レートの改正

大政奉還

幕府の崩壊と運命に翻弄された会津藩

長州征伐の失敗後、薩長主導の下で**倒幕**の動きが加速する。これに対し、15代将軍・**徳川慶喜**《とくがわよしのぶ》は、1867年10月13日に「**大政奉還**《たいせいほうかん》」を宣言した。政権を朝廷に返すというのだ。このアイデアは**坂本龍馬**《さかもとりょうま》から土佐藩参政の**後藤象二郎**《ごとうしょうじろう》、土佐藩前藩主の**山内容堂**《やまうちようどう》(豊信《とよしげ》)と経て、慶喜に伝えられたものだった。

これに対し、あくまで**武力倒幕**を目指す薩摩藩は、御所を藩兵で固め、朝廷に**王政復古の大号令**《おうせいふっこのだいごうれい》を出させた。徳川家の官位と領地も返上せよという命令に激怒した旧幕府側は、ついに1868年1月3日、京の南、**鳥羽**《とば》・**伏見**《ふしみ》で薩摩・長州・土佐藩の新政府軍と激突。戦いは最新装備の新政府軍の圧勝に終わり、慶喜は**江戸**へ敗走。翌2月、5万の新政府軍が江戸に向かった。慶喜はこれに恭順《きょうじゅん》し、**勝**《かつ》**海舟**《かいしゅう》と**西郷隆盛**《さいごうたかもり》の直談判の結果、江戸城は**無血開城**《むけつかいじょう》したが、新政府軍は東北に転戦して最後に**会津藩**《あいつ》を攻撃する。**白虎隊**《びゃっこたい》など多くの犠牲を残して、**松平容保**《まつだいらかたもり》は降伏した。

「大政奉還」邨田丹陵　聖徳記念絵画館蔵

大政奉還

1867年10月、徳川慶喜は、京都・二条城に重臣らを集めて、政権を天皇に奉還する決意を伝えた。これにより、約260年続いた江戸幕府は終焉を迎えた。

徳川慶喜《とくがわよしのぶ》(1837～1913)

江戸幕府15代将軍。安政の大獄で謹慎処分を受けたが、井伊直弼暗殺後、14代将軍・家茂の後見役を務め、家茂急死後、将軍に就任。山内容堂からの大政奉還の建白を受け入れた。小御所会議で辞《じ》官納地《かんのうち》が決定したため、鳥羽・伏見の戦いが勃発するが、敗れて江戸へ敗走。江戸城を新政府に明け渡した。

被弾した会津若松城

新政府軍の激しい砲撃を受けて、会津若松城(鶴ケ城)の天守は大きく破損した。

五稜郭

榎本、土方らが占拠した星形の城。

戊辰戦争関連地図

江差
箱館
松前
青森
秋田
盛岡
宮古
仙台
白石
会津若松
白河
高田
長岡
高崎
福井
下諏訪
松江
江戸
京都
名古屋
甲府
兵庫
大坂
駿府
奥羽越列藩同盟
徳川慶喜の退路
榎本武揚の脱走路
新政府軍の進軍路

1869年5月
❽箱館《はこだて》戦争
蝦夷《えぞ》地（北海道）を占領した旧幕臣の榎本武揚らと、新政府軍が交戦。旧幕府軍は五稜郭に籠城するが敗れる。

1868年8～9月
❼会津《あいづ》戦争
京都守護職だった松平容保の会津藩と新政府軍が交戦。1か月の籠城の末、敗れる。

1868年5～7月
❻北越《ほくえつ》戦争
長岡藩執政の河井継之助が中立を主張。新政府軍と対立して交戦するが敗れる。

1868年5月
❹奥羽越列藩同盟《おううえつれっぱんどうめい》
新政府に対抗するため、東北25藩と越後6藩による同盟が成立。

1868年5月
❺上野戦争
徹底抗戦を主張する彰義《しょうぎ》隊が上野に立てこもり、新政府軍が攻撃。

1868年1月
❷鳥羽《とば》・伏見《ふしみ》の戦い
新政府軍と旧幕府軍が激突。敗れた慶喜は江戸へ敗走。

1867年12月
❶小御所《こごしょ》会議
徳川慶喜の官位辞退と領地返上が決定。

1868年4月
❸江戸城無血開城
西郷隆盛と勝海舟が会談し、江戸城無血開城と慶喜の水戸蟄居が決定。

松平容保《まつだいらかたもり》(1835～1893)

会津藩主。京都守護職として京都の治安維持に努め、過激な尊王攘夷派を一掃する。鳥羽・伏見の戦い後、朝敵となり、会津戦争で新政府軍と戦うが敗北した。

河井継之助《かわいつぎのすけ》(1827～1868)

長岡藩家老。藩政改革を成功させ、軍事力を強化させる。戊辰戦争で中立を主張するが敗北。

岩倉具視《いわくらともみ》(1825～1883)

幕末の公家。王政復古の実現を画策し、大政奉還後は、徳川慶喜に官位の辞任と領地返上を求めた。維新後は、岩倉使節団を率いて欧米を視察し、帰国後は明治国家の基礎づくりに尽力した。

幕末・維新のヒロインたち

激動期の女性の肖像

回天の時代を演出した強く美しい女性たち

『歴史は女で作られる』というのは映画のタイトルだが、まさにその通りだろう。「歴史の陰に女あり」という言葉もあるが、幕末は多くの女性たちが、陰ではなく表舞台に立って歴史をつくった時代でもある。

その代表例は、**桂小五郎**《かつらこごろう》の愛人・**幾松**《いくまつ》。情報を提供するなど維新回天をめざす小五郎を支えた賢女だ。**坂本龍馬**ら志士をかくまった京都伏見の船宿「**寺田屋**」の女主人**お登勢**《とせ》や**お龍**《りょう》、**高杉晋作**らを保護した**野村望東尼**《のむらもとに》も欠かせない。

徳川家の存続に奔走し勝海舟から「烈女、貞女」と感嘆された**篤姫**《あつひめ》（13代将軍**家定**《いえさだ》の正室）、朝廷に対し江戸城攻撃中止を求め江戸を戦火から救った皇女**和宮**《かずのみや》（14代将軍**家茂**《いえもち》の正室）、**会津戦争**で新式銃を相棒に奮戦した**新島八重**《にいじまやえ》。彼女たちヒロインによって幕末維新の歴史はつくられた。

床下に潜む桂小五郎のために表をうかがう幾松。

木戸松子《きどまつこ》**（幾松**《いくまつ》**）**
(1843～1886)

小浜藩士《おばまはんし》の娘で、父の死後、京都祇園《ぎおん》の芸妓となった。芸妓名は幾松。禁門の変後、幕府の追手を逃れる桂小五郎（木戸孝允）を助け、維新後に結婚。夫の死後、出家した。

新島八重《にいじまやえ》(1845～1932)

会津藩砲術師範・山本権八《やまもとごんぱち》の娘。会津戦争では男装して、7連発銃を持参して銃激戦に参加した。維新後、京都で教員となり、1876年、同志社大学創立者・新島《にいじま》襄《じょう》（写真右）と結婚。日清・日露戦争では、従軍看護婦として活動した。

楢崎龍《ならざきりょう》(1841～1906)

坂本龍馬の妻で、お龍とも呼ばれる。寺田屋事件の際、入浴中に捕吏《ほり》を察知して、浴衣をまとっただけで龍馬に危機を知らせて命を救った。この事件で負傷した龍馬の療養のため、ふたりで鹿児島の温泉を巡り、これが日本最初の新婚旅行とされている。

篤姫《あつひめ》(1836～1883)

薩摩藩島津家一門に生まれ、島津斉彬《しまづなりあきら》の養女となった後、江戸幕府13代将軍・徳川家定《とくがわいえさだ》の正室になる。家定死後、天璋院《てんしょういん》と称した。戊辰戦争の際、徳川《とくがわ》慶喜《よしのぶ》の助命や徳川家存続に尽力した。

第7章 明治時代～大正時代

1871年 廃藩置県

1877年 西南戦争

1889年 大日本帝国憲法発布

1894年 日清戦争

1904年 日露戦争

1910年 韓国併合

1914年 第一次世界大戦参戦

1918年 シベリア出兵

1923年 関東大震災

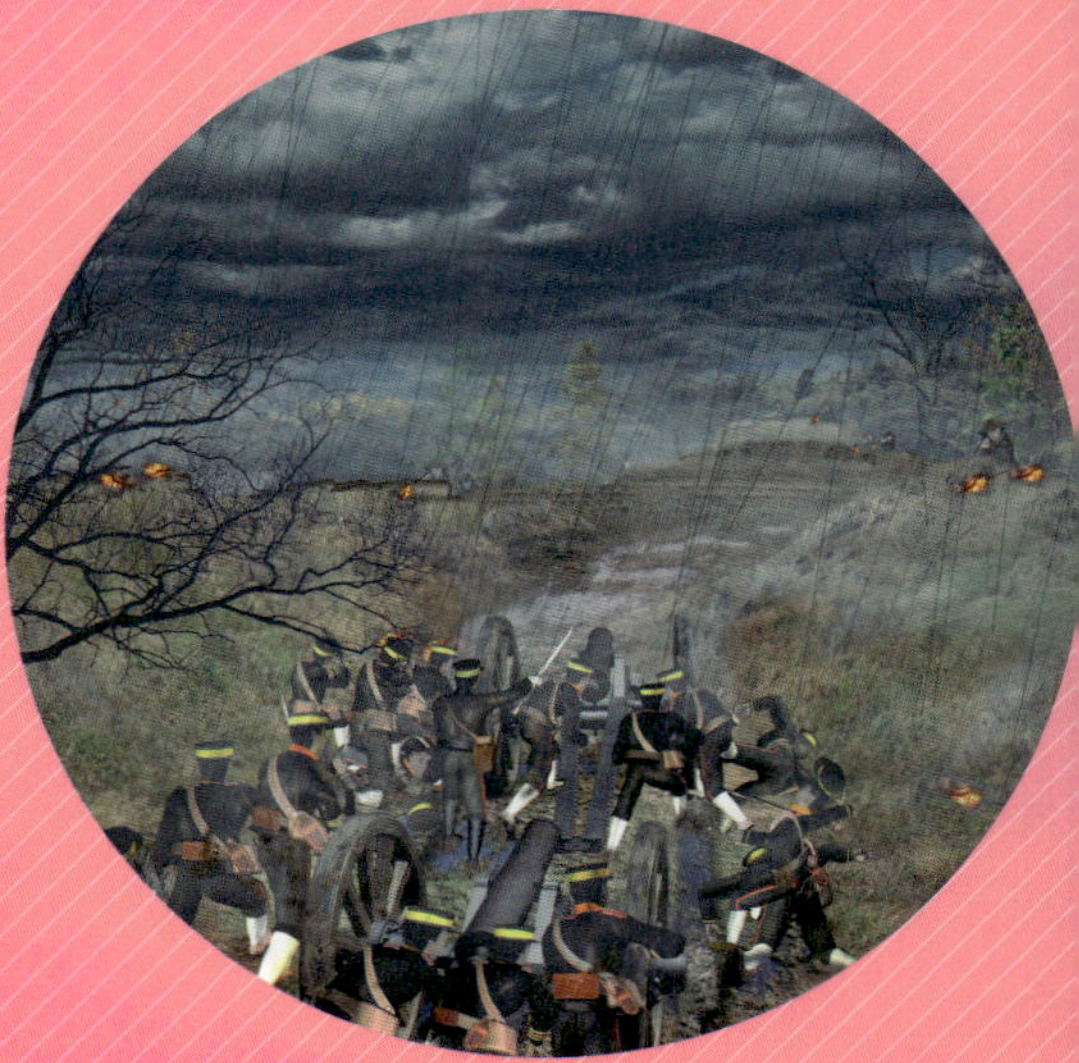

富国強兵を目指して近代国家が成立！

明治新政府は、中央集権体制を確立し、大日本帝国憲法を公布する。さらに日清・日露戦争にも勝利し、日本を近代国家へと成長させていった。

1877年 （▶P152）
西南戦争

田原坂の戦いでの攻防。

1894年 （▶P156）
日清戦争

牙山の戦いを描いた錦絵。

年表

江戸時代	1830	徳川斉昭が藩政改革に着手
	1833	天保の大飢饉
	1837	大塩平八郎の乱
	1841	天保の改革が始まる
	1843	上知令を発布、撤回
	1845	阿部正弘が老中首座に就任
	1851	島津斉彬が薩摩藩主に就任
	1853	ペリーが浦賀に来航
	1854	日米和親条約締結
	1855	安政の大地震
	1858	日米修好通商条約を無勅許で締結
		安政の大獄
	1860	桜田門外の変
	1862	徳川家茂と和宮の婚儀
	1864	池田屋事件
	1866	薩長同盟の成立
	1867	大政奉還
明治時代	1868	鳥羽・伏見の戦い
	1869	版籍奉還
	1871	**廃藩置県**
	1873	徴兵令が公布

天皇

仁孝 ／ 孝明 ／ 明治

人物生没年

1852

45歳のとき初代内閣総理大臣

伊藤博文 1841

1834

西郷隆盛 1827

51歳のとき西南戦争

1847

乃木希典 1849

56歳のとき日露戦争

1868

46歳のとき暴漢に襲われる

板垣退助 1837

1867

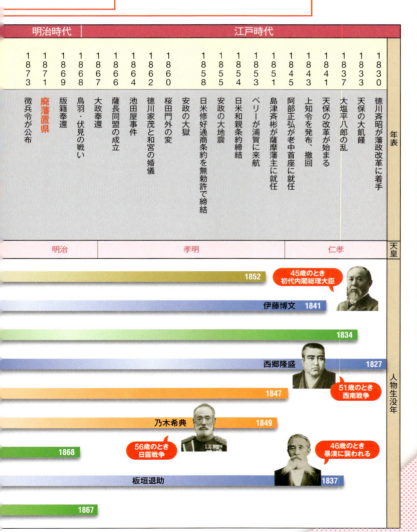

1918年（▶P161）
（▶P161）

シベリア出兵

シベリアに向かう日本兵と見送る市民。

1904年（▶P158）

日露戦争

旅順要塞へ総攻撃をしかける日本軍。

明治時代	1874	台湾出兵
	1877	**西南戦争**
	1878	紀尾井坂の変で大久保利通が暗殺される
	1881	開拓使官有物払下げ事件
	1885	**内閣制度**が創設される
	1889	**大日本帝国憲法**の発布
	1890	第1回衆議院議員総選挙
	1894	**日清戦争**が始まる
	1895	下関条約の調印
	1900	立憲政友会の設立
	1904	**日露戦争**が始まる
	1905	ポーツマス条約の調印
	1909	安重根が伊藤博文を暗殺
	1910	**韓国併合**
大正時代	1914	**第一次世界大戦**に参戦
	1918	**シベリア出兵**
	1920	国際連盟に加盟
	1923	**関東大震災**
	1925	男子普通選挙法が可決
昭和時代	1931	柳条湖事件（満州事変が始まる）
	1932	五・一五事件
	1936	二・二六事件
	1937	盧溝橋事件（日中戦争が始まる）
	1939	ノモンハン事件
	1941	真珠湾攻撃（太平洋戦争が始まる）

昭和　大正　明治

15歳のとき即位

1912　明治天皇

1909

35歳のとき明治維新

1901　福沢諭吉

36歳のとき「雨ニモマケズ」を書く

1933　宮沢賢治　1896

1877

58歳のとき日露戦争

1934　東郷平八郎

1912

91歳で死去

1958　横山大観

1919

40歳のとき『坊っちゃん』を発表

1916　夏目漱石

- 天皇
- 政治家
- 軍人
- 文化人

※年齢は数え年

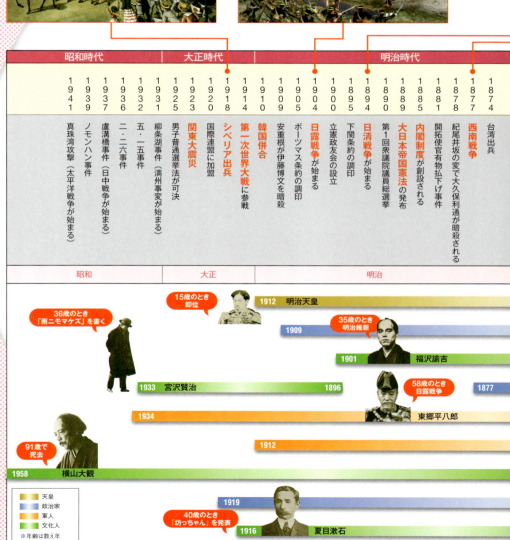

明治新政府が発足し、廃藩置県を断行

廃藩置県

「廃藩置県」小堀鞆音　聖徳記念絵画館蔵

皇居で廃藩置県の詔書を読み上げる三条実美

1871年、明治新政府は中央集権化を図るため、約300あった全国の藩を廃止して、府県に統一した。これにより、3府（東京・大阪・京都）と302県が成立。同年末までに3府72県に統廃合された。

明治新政府のおもな要職（1871年8月）

左院（立法機関）　正庁（最高官庁）　右院（行政機関）

副議長	太政大臣	参議	参議	参議	参議	外務卿	大蔵卿
江藤新平（肥前）	三条実美（公卿）	木戸孝允（長州）	西郷隆盛（薩摩）	板垣退助（土佐）	大隈重信（肥前）	岩倉具視（公卿）	大久保利通（薩摩）

明治とともに消滅した江戸の地方国家「藩」

1868年9月、元号が**明治**に改められると、翌月、**明治天皇**は江戸城に入った。すでに江戸は**東京**と改称されている。北海道では旧幕府勢力が**蝦夷共和国**《えぞきょうわこく》を設立していたが、翌年5月に政府軍の攻撃を受けて降伏し（**五稜郭**《ごりょうかく》**の戦い**）、**戊辰**《ぼしん》**戦争**はここに終結した。

日本を欧米列強に対抗できる国に変えるため、「世界から知識を吸収し、大いに国を発展させよう」というスローガン（「**五箇条**《ごかじょう》**の誓文**《せいもん》」の一条）の下で、新政府は急ピッチの改革を進める。

新政府にとって最大の課題は、中央集権化にあたって邪魔となる地方国家「藩《はん》」の存在である。このため1869年に薩長などの主導で**版籍奉還**《はんせきほうかん》（領地と領民を天皇に返すこと）を行い、さらに1871年に**廃藩置県**《はいはんちけん》を実施して、それまで大名が統治していた藩を「**県**」に改め、新政府が任命した**知事**《ちじ》が送り込まれた。これによって新政府が全国を一元支配する体制が完成したのである。

内閣総理大臣
江戸時代
1870
廃藩置県
明治時代
1880
伊藤
黒田
1890
山県

日本初の機関車

1872年、新橋（東京）・横浜間に日本初の鉄道が開通。所要時間は53分だった。

地租改正

1873年以降に実施された土地・租税制度の改革。税率は地価の3％という高率だったため、各地で地租改正反対一揆が起こった。上の絵は、地価算出のための土地調査の様子。

富岡製糸場

1872年、富岡（群馬県）に開設された官営模範製糸工場。フランスから技術・機械を導入して操業を開始した。工女は士族の子女が多かった。

士族の商法

1876年、秩禄処分《ちつろくしょぶん》が行われ、士族に支払われていた秩禄（家禄《かろく》・賞典禄《しょうてんろく》）が全廃された。慣れない商業に従事した士族は、失敗する者が多く「士族の商法」といわれた。

岩倉使節団

1871年、明治新政府は欧米に、岩倉具視を正使とした使節団を派遣した。不平等条約の改正を目指したが、果たせなかった。

明治時代初期年表

1869（明治2）	3月	**東京行幸**（東京遷都）
	6月	**版籍奉還**
1871（明治4）	4月	**戸籍法**の公布
	7月	**廃藩置県**（3府302県）
	12月	**岩倉使節団**の派遣
1872（明治5）	9月	新橋・横浜間に**鉄道**が開通
	10月	**富岡製糸場**が操業開始
1873（明治6）	1月	**徴兵令**の公布
	7月	**地租改正条例**の公布
1876（明治9）	3月	**廃刀令**の公布
	8月	**秩禄処分**
1877（明治10）	2月	**西南戦争**が始まる

富国強兵の夢と漂い始めた不満の暗雲

続いて、**日米修好通商条約**《にちべいしゅうこうつうしょうじょうやく》など旧幕府時代の不平等条約の改正を目指して、**岩倉具視**《いわくらともみ》を全権大使とする使節団がアメリカに派遣された。交渉は失敗に終わるが、イギリス・フランス・ドイツ、ロシアなどを歴訪した一行はドイツやロシアの帝政に大きな感銘を受け、国づくりに影響を受けている。

1872年、**鉄道**が開通し、**富岡製糸場**《とみおかせいしじょう》も始動するなど、**殖産興業**《しょくさんこうぎょう》・**富国強兵**《ふこくきょうへい》の第一歩が踏み出される。だが、翌年の**地租改正**《ちそかいせい》は零細小作農家に負担が集中し、**秩禄処分**《ちつろくしょぶん》によって**俸禄**《ほうろく》（知行《ちぎょう》）を失った**士族**《しぞく》（旧武士階級）にも不満が募り始めた。

1877年
明治時代

西南戦争
不平士族が西郷隆盛を擁して挙兵した新政府への反乱

田原坂《たばるざか》の戦い

1877年3月4日から始まった西南戦争で最大の激戦。田原坂は、長さ1.5kmのゆるやかな坂で、高瀬から熊本城に大砲を運べる唯一の道だった。西郷軍は田原坂に多数の土塁を築いて、熊本城に向かう政府軍を待ち受けたが、軍備に優る官軍が勝利。3月20日に西郷軍は敗走した。1日32万発の弾丸が行き交い、空中で激突した弾がいくつも発掘されている。

弾痕が残る土蔵
西郷軍が陣地にした土蔵には、無数の弾痕が残った。

西郷軍
主力小銃は前装（先込め）式のエンフィールド銃で、弾丸と火薬は別々だったため、雨が降ると使いにくかった。このため抜刀による白兵攻撃をくり返した。

政府軍
主力小銃は、後装（元込め）式のスナイドル銃で、弾丸は薬莢で覆われていたため、雨にも強く、発射までの時間も短かった。

士族の不満が爆発して反乱が続発する

岩倉使節団《いわくらしせつだん》が外遊しているころ、日本国内では**西郷隆盛**《さいごうたかもり》を使者として**李氏朝鮮**《りしちょうせん》に派遣しようという動きが出ていた。明治政府との修好交渉を拒み続ける朝鮮に対し、土佐藩出身の**板垣退助**《いたがきたいすけ》が武力解決を主張し（**征韓論**《せいかんろん》）、西郷が平和的解決のためと自ら朝鮮へ渡ろうと考えたのだ。実際には交渉が決裂することを見越した軍隊派遣の大義名分づくりだったという説もある。

ちょうど外遊から帰った岩倉らは、これに反対し、**内政優先**を主張した。最終的に岩倉の強行策によって西郷は政争に敗れ、故郷の薩摩に隠棲《いんせい》することになる。

その後、1874年の**佐賀**《さが》**の乱**、1876年の**神風連**《じんぷうれん》**の乱**、**秋月**《あきづき》**の乱**、萩《はぎ》の乱と、各地で不平士族の暴発が連鎖的に発生する。新政府が一部の**藩閥**《はんばつ》によって牛耳られていることや、**秩禄処分**《ちつろくしょぶん》などへの不満が爆発したのだが、すべて政府軍に鎮圧された。だが、最後にもっとも危険な薩摩が残っていたのである。

巨星・西郷、城山の露と消える

西郷隆盛は鹿児島で士風を保つための不満を逸らす目的もあったのだが、1877年1月、ついに私学校生が陸軍施設を襲う。やむなく隆盛は1万2000の士族とともに挙兵した。しかし、**熊本城**攻略に失敗し、**田原坂《たばるざか》の戦い**で敗北。鹿児島の**城山《しろやま》**で最後の決戦に敗れ、部下に首を打たせた。

西南戦争関連地図
政府軍の進路
西郷軍の進・退路
小倉
福岡
久留米
高瀬
田原坂
熊本
長崎
日奈久
人吉
水俣
小林
都城
鹿児島
大分
臼杵
竹田
可愛岳
長井
細島
高鍋
佐土原
宮崎
2/14
❶出撃開始
鹿児島士族1万3000が西郷を擁して蜂起。
2/22~4/15
❷熊本攻囲戦
西郷軍が熊本城を包囲するが、鎮台兵は籠城し、長期戦となる。
3/4~3/20
❸田原坂の戦い
熊本城の鎮台兵の救出に向かう政府軍と、西郷軍が激突。西郷軍は撤退した。
4/27~6/21
❹人吉攻防戦
西郷軍は、熊本城から撤退して人吉を占拠するが、政府軍の攻撃を受けて宮崎へ撤退。
8/15~8/18
❺可愛岳突破
政府軍の包囲を突破した西郷軍の兵3000は鹿児島を目指して退却した。
9/1~9/24
❻城山の戦い
城山に立てこもった約350の西郷軍を、約7万の政府軍が包囲。9月24日の総攻撃で被弾した西郷は自刃した。

戦闘直後の田原坂

田原坂の戦い後、4月1日に撮影された田原坂の様子。

西郷隆盛《さいごうたかもり》(1827~1877)

薩摩藩士。明治新政府の参議、陸軍大将。薩摩藩の指導者として薩長同盟を締結し、倒幕と新政府樹立に多大な貢献を果たした。1873年、征韓論による政変で下野し、鹿児島に帰郷。1877年、不平士族に擁されて西南戦争を起こしたが、敗れて自害した。

桐野利秋《きりのとしあき》(1838~1877)

薩摩藩士。中村半次郎《なかむらはんじろう》とも。西郷隆盛のもとで倒幕運動に活躍した。新政府では陸軍少将を務めるが、西郷下野を知ると、辞任して帰郷。私学校を設立し、西南戦争では四番大隊長として参加したが、城山で戦死した。

西郷が城山で過ごした洞窟

9月1日に鹿児島の城山に戻った西郷は、決戦に備えて、最後の日々を洞窟で過ごした。24日の政府軍総攻撃で被弾した西郷は、別《べっ》府《ぶ》晋介《しんすけ》に「晋どん、もう、ここらでよか」と言い、自刃した。

西郷の軍服

西郷隆盛所用の軍服。陸軍大将の軍服は、西南戦争での敗戦が決定的となった延岡で、自ら焼却したという。

1889年 明治時代

大日本帝国憲法の発布

自由民権運動が激化し、大日本帝国憲法が制定される

おもな自由民権運動

1882年４月

❶板垣退助遭難　岐阜で演説中の自由党総理・板垣退助が、暴漢に襲われて負傷した事件。出血しながら「板垣死すとも自由は死せず」と述べたといわれる。

1882年11～12月

❷福島事件

福島県令・三島通庸《みしまみちつね》が、県会無視の政策をとったため、県会議長・河野《こうの》広中《ひろなか》を中心とする自由党が抗議した事件。三島は河野ら自由党員を多数検挙した。

河野広中　三島通庸

1884年９月

❹加波山《かばさん》事件

栃木県令・三島通庸の暗殺を計画した自由党員が加波山で蜂起したが、鎮圧される。

1884年５月

❸群馬事件

自由党員が政府高官襲撃を計画するが、失敗に終わる。

1884年12月

❻名古屋事件

旧自由党員が起こした政府転覆事件。未遂に終わった。

1884年10～11月

❺秩父《ちちぶ》事件

秩父地方の困窮する農民が困民党《こんみんとう》を組織し、約１万人の農民が自由党員とともに蜂起した事件。軍隊の出動によって鎮圧された。

1885年11月

❼大阪事件

旧自由党の大井憲《おおいけん》太郎《たろう》らが、朝鮮にクーデターを起こして独立党《どくりつとう》政権の樹立を企てた事件。朝鮮渡航寸前に発覚して逮捕された。検挙者の中に景山《かげやま》（福田《ふくだ》）英子《ひでこ》もいた。

大井憲太郎　景山英子

秩父事件百年の碑。

自由民権運動が政党の設立につながる

征韓論《せいかんろん》論争の敗北で下野《げや》したのは西郷隆盛《さいごうたかもり》だけではない。板垣退《いたがきたい》助《すけ》や後藤象二郎《ごとうしょうじろう》も政府から身を引くとともに1874年に愛国公党《あいこくこうとう》を結成し、民撰議院《みんせんぎいん》設立の建白書を立法府の左院に提出していた。藩閥《はんばつ》政治を批判し国民が政治に参加できるよう、民間人（ただし士族や有力商人など）から選ばれた議員による議院をつくるべきだという主張は、**自由民権運動**のさきがけとなる。

これに対し、政府はまだ国民レベルがそこまで到達していないとして民権運動家の活動を弾圧したが、政府と**政商**《せいしょう》（政治家に癒着して商売を行う商人）の不正疑惑が露見すると政府への反発を抑えるため、1881年「明治二十三年に国会を開設する」という天皇の宣言を発表した。これを受けて板垣退助の**自由党**《じゆうとう》、**大隈重信**《おおくましげのぶ》の**立憲改進党**《りっけんかいしんとう》などが設立され、議会開設に備えて準備活動に入る。だが、政府の考える国会は自由民権ではなく、政府が支配操縦できるものだった。

内閣総理大臣

1880　明治時代　伊藤　黒田　大日本帝国憲法発布　山県　1890　松方　伊藤　松方　伊藤「大隈　山県　1900　伊藤　桂

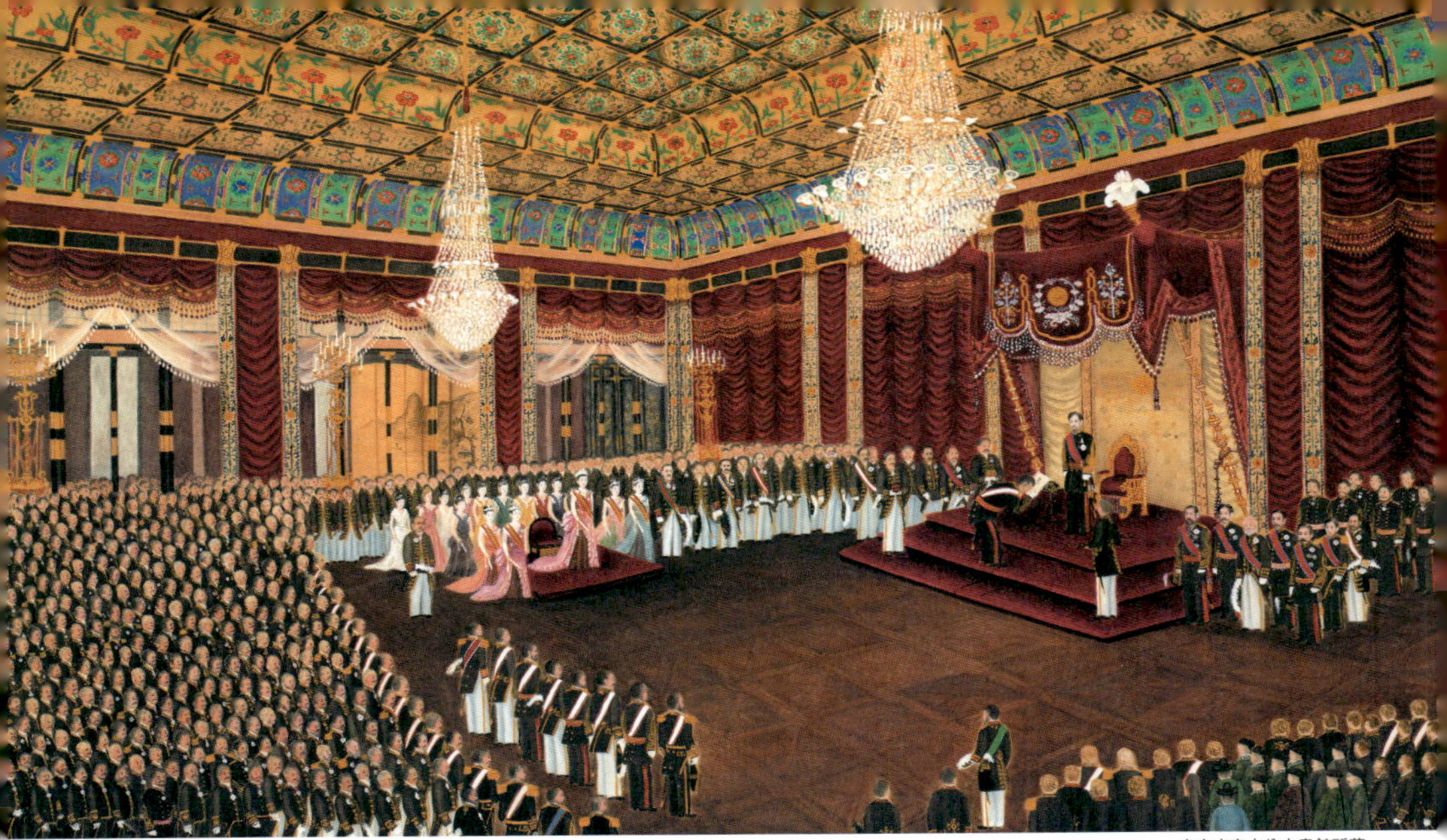

宮内庁宮内公文書館所蔵

『憲法発布式之図』(床次正精筆)

1889年2月11日に行われた、大日本帝国憲法発布式の様子。明治天皇が、2代総理大臣黒田清隆に憲法を授けている。

明治天皇《めいじてんのう》(1852～1912)

122代天皇。孝明天皇の第2皇子。王政復古の大号令を発し、「五箇条の誓文」を発布し、東京に遷都した。軍人勅諭、大日本帝国憲法、教育勅語を発布するなど、明治国家の建設に尽力し、天皇制国家の基礎を確立した。

第2回仮議事堂　1891年から1925年まで国会が開かれたときの仮議事堂。現在の国会議事堂が建設されたのは1936年のことで、それまでは木造の仮議事堂が3回にわたって建築された。

衆議院

大日本帝国憲法における帝国議会は、衆議院と貴族院の二院制から成っていた。第1回衆議院議員総選挙は1890年7月に実施され、投票率は93.9%であった。写真は1912年の衆議院の議場。

自由民権運動の激化と天皇主権の憲法制定

このため、自由民権運動への政府の圧力は厳しくなる一方だった。1882年4月には板垣が遊説中の岐阜で暴漢に傷を負わされ、11月に**福島《ふくしま》事件**、翌年に**高田《たかだ》事件**、さらに次の年には**群馬《ぐんま》事件**、**加波山《かばさん》事件**、**秩父《ちちぶ》事件**と大きな騒動が頻発する動きとなり、事態をコントロールできなくなった自由党・立憲改進党は活動終了に追い込まれる。その後も**飯田《いいだ》事件**や**静岡《しずおか》事件**と自由民権派残党の政府転覆や政府高官暗殺の計画の摘発は続くが、テロ活動は政府を硬化させるだけだった。

そんななか、1889年2月11日に「**大日本帝国憲法《だいにほんていこくけんぽう》**」が発布される。政府の形態を維新以来の**太政官《だじょうかん》制**から**内閣制**に改めて、その**総理大臣**となっていた**伊藤博文《いとうひろぶみ》**が、**プロイセン(ドイツ)憲法**を模範として策定したこの憲法は、国家の主権者を**天皇**とし、議会も天皇の立法を追認するものでしかなかった。国民の権利も法律の範囲内に制限されており、自由民権からはほど遠かったが、当日の東京は祝日気分で無数の日の丸の旗で埋まったという。

日清戦争
日清戦争の勝利により列強の中国分割が加速

❶豊島沖の海戦
日清戦争の発端となった海戦。日本艦隊は圧勝。続いて陸軍も成歓の戦いに勝利した。

日清戦争関連地図
山県第1軍
大山第2軍
日本海隊
奉天
清
牛荘
営口
遼東半島
九連城
李氏朝鮮
大連
旅順
平壌
元山
黄海
威海衛
山東半島
漢城
仁川
牙山
成歓
群山
釜山
佐世保
日本

1894年11月
❺旅順《りょじゅん》占領
旅順を占領した日本軍が住民を虐殺し、そのことが海外に報道されて国際問題となる。

1894年11月
❹大連《だいれん》占領
大山巌《おおやまいわお》が指揮する第2軍は、遼東半島に上陸して大連を占領した。

1894年9月
❷平壌《へいじょう》の戦い
日清戦争における最初の本格的な陸戦。平壌に集結した清軍を日本軍が攻めて、平壌を占領した。

1894年7月
❶豊島沖《ほうとうおき》の海戦
日本艦隊が清国艦隊を宣戦布告前に急襲。軍艦2隻を沈めた。

1894年9月
❸黄海《こうかい》海戦
日本艦隊が清国艦隊を攻撃。清国は軍艦5隻を失い、日本は黄海の制海権を掌握。

1895年2月
❻威海衛《いかいえい》占領
威海衛に残存していた清国艦隊を日本艦隊が攻撃し、ほぼ全滅させる。丁汝昌《ていじょしょう》提督は自決した。

❷平壌の戦い
平壌の清軍を攻撃する日本軍。平壌の戦いと、約1か月後の黄海海戦に勝利した日本軍は朝鮮半島の攻略に成功した。

威海衛占領後、移送される清国兵捕虜。

日清戦争における損害

戦死・戦病死者数	1594人
病死者数	1万1894人
軍艦数	28隻
戦費	2億48万円

ロシアに対抗するため朝鮮半島へ出兵

日本にとってヨーロッパから極東まで広大な領地をもつ**ロシア**は、一貫して北方の脅威として警戒すべき対象だった。ロシアが南下して**朝鮮半島**を植民地とするようなことがあれば、日本は直接ロシアと至近距離で対峙《たいじ》しなければならない。それを避けるため、日本はなんとか朝鮮半島を支配下に置こうと努力していた。

だが、1894年2月に**李氏朝鮮《りしちょうせん》**で**東学党《とうがくとう》の乱**と呼ばれる農民の反乱が発生すると、朝鮮政府は**清《しん》**(中国)にのみ援軍を要請した。「朝鮮半島に清の軍隊が駐留すれば日本の発言力は低下する」。そう判断した日本政府は朝鮮半島への派兵を決定した。

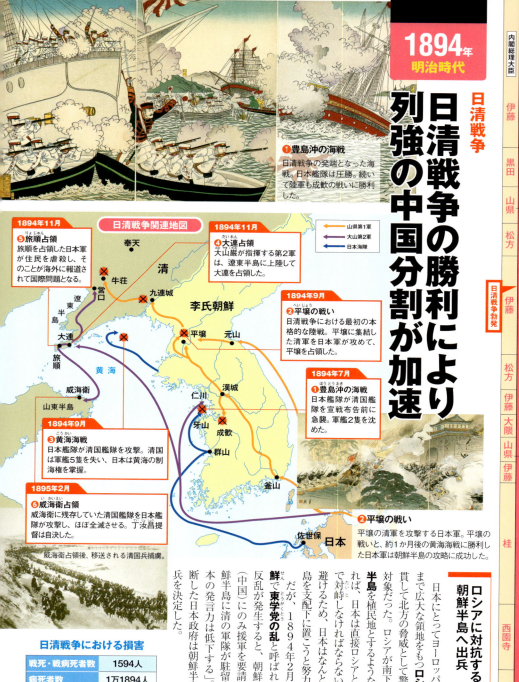

列強による中国分割
鉄道利権　勢力範囲
イギリス
ロシア
フランス
ドイツ
日本
中国の自設鉄道
ロシア
満州
黒竜江
東清鉄道
ハルビン
南満州鉄道
長春
ウラジヴォストーク
奉天
山海関
張家口
蒙古
北京
旅順・大連
韓国
漢城
天津
威海衛
太原
清
済南
青島
釜山
洛陽
開封
日本
南京
蘇州
上海
寧波
杭州
漢口
武昌
沙市
重慶
長沙
福州
福建
厦門
台湾
雲南
広東（広州）
九竜
竜州
マカオ
香港
広州湾
ハノイ
仏領インドシナ

伊藤博文
陸奥宗光
李鴻章

下関条約

1895年4月、下関の春帆楼で、日清戦争の講和条約である「下関条約」が調印された。日本全権は伊藤博文と陸奥宗光《むつむねみつ》、清国全権は李鴻章。

李鴻章《りこうしょう》（1823～1901）

清末の政治家。太平天国の乱を鎮圧し、直隷総督、北洋大臣などを歴任。日清戦争の講和交渉や義和団の乱の事後処理などを担当した。

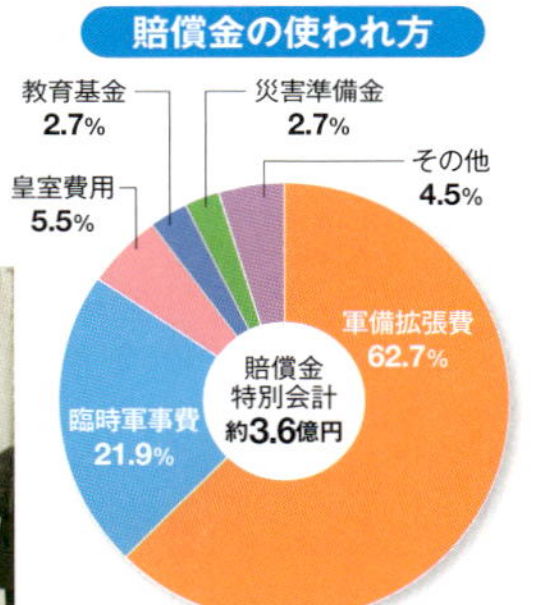
賠償金の使われ方
教育基金 2.7%
災害準備金 2.7%
その他 4.5%
皇室費用 5.5%
軍備拡張費 62.7%
臨時軍事費 21.9%
賠償金特別会計 約3.6億円

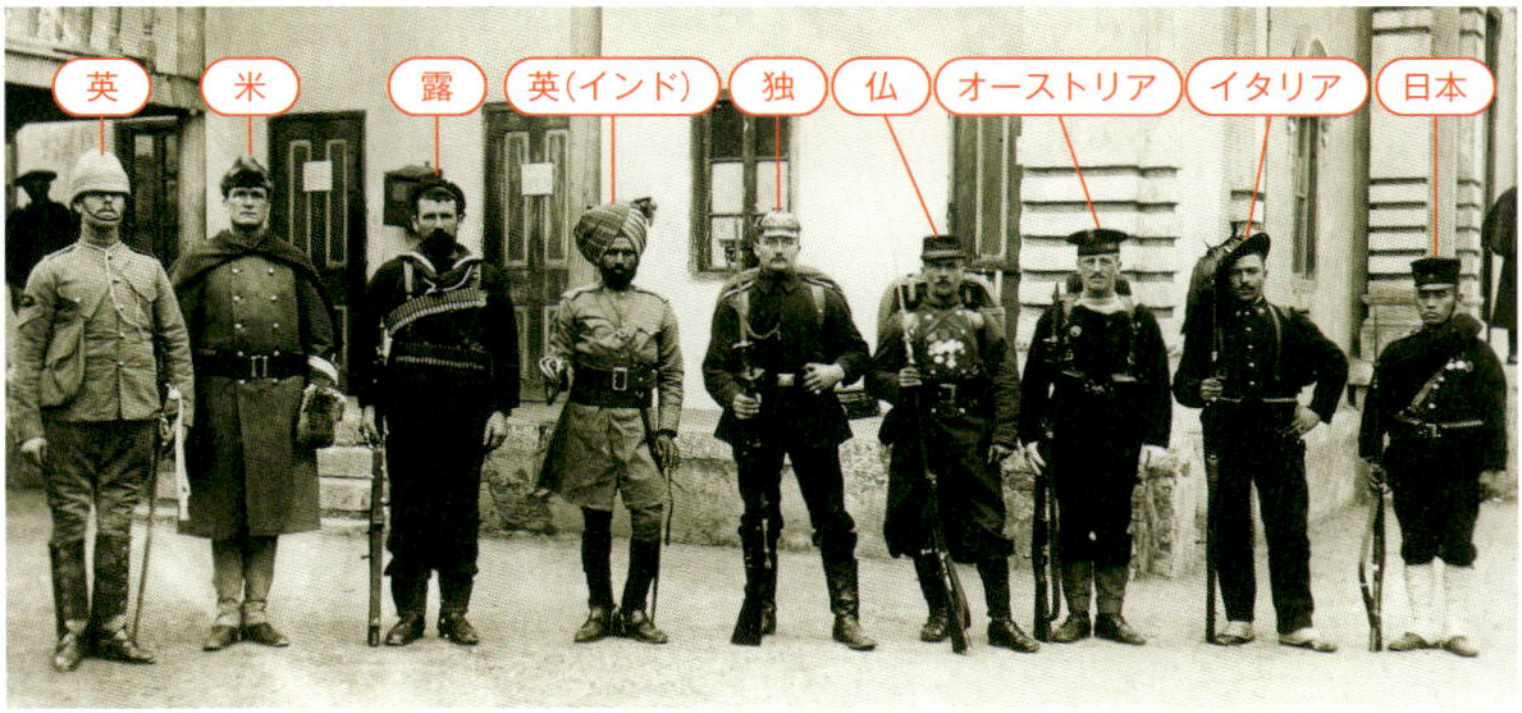
英
米
露
英（インド）
独
仏
オーストリア
イタリア
日本

義和団事件に出兵した連合軍

1900年、義和団が外国人居留地を攻撃し、さらに北京の列国大使館を包囲したため、8か国の連合軍が出動して鎮圧した。日本は8か国中最大の2万以上を出兵させた。北清事変とも呼ばれる。

朝鮮半島を支配して清軍を撃破した日本軍

日本軍4000は、6月12日に**仁川**《じんせん》に上陸。清軍が2800だったことを考えると、日本の危機感の強さが窺《うかが》える。日本は清に対して共同で東学党を鎮圧し李氏朝鮮の内政を改革しようと申し入れたが、清はこれを拒否。7月23日、日本軍は**漢城**《かんじょう》の**王宮**を占領し、その2日後、**豊島沖**《ほうとうおき》で清国艦隊と砲火を交えて軍事衝突した。**日清戦争**《にっしん》の勃発である。

平壌《へいじょう》で1万5000の清軍を1万の日本軍が破り、続く**黄海海戦**《こうかい》で清国海軍の**北洋艦隊**《ほくよう》を日本の**連合艦隊**が撃破した。その後も日本軍は**旅順**《りょじゅん》や**威海衛**《いかいえい》で勝利をあげ、1895年4月17日、**李鴻章**《りこうしょう》以下の清代表との間に**下関条約**《しものせき》を結んで講和した。これにより日本は**台湾**《たいわん》や**遼東半島**《りょうとう》など、それに賠償金**2億両**《テール》を得たが、ロシア、ドイツ、フランスが遼東半島の返還を要求。日本はこれを受諾するしかなかった（**三国干渉**《さんごくかんしょう》）。

日清《にっしん》戦争後、清では次々と領土の一部が外国の**租借地**《そしゃくち》にされていった。これに対し外国勢力排斥を唱える「**義和団**《ぎわだん》」が蜂起したが、日本軍を含む8か国の連合軍に鎮圧された。

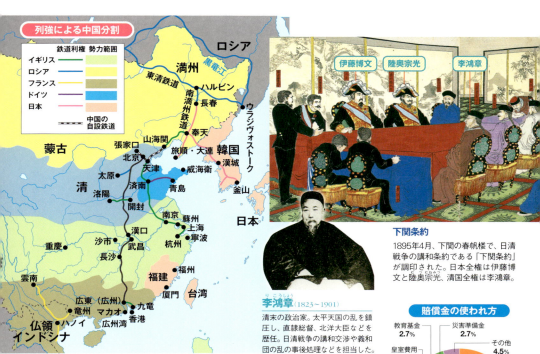

1904年 明治時代

日露戦争

南下するロシアに対して日本が総力を挙げて立ち向かう

203高地から望んだ旅順港

旅順にある海抜203mの丘陵で、旅順攻防戦での激戦地となった。203高地からは、旅順港内を見渡すことができた。

窖室《こうしつ》

侵入してきた敵を背後から攻撃するための施設。堀に侵入した日本兵はロシア兵に前後を挟まれて狙撃された。

コンクリートで塗り固められた東鶏冠山北堡塁の内部。

東鶏冠山北堡塁《ひがしけいかんざんきたほるい》

旅順要塞のうち最も守りが堅いといわれた堡塁（土砂やコンクリートで構築された陣地）。日本軍に甚大な被害を与えた。

旅順総攻撃

ロシア太平洋艦隊の基地である旅順を攻撃するため、1904年8月から、乃木希典司令官率いる第３軍が、旅順要塞に対して３度の肉弾攻撃をしかけたが、多数の犠牲者を出して失敗に終わった。12月に作戦目標を203高地に変更し、その攻略に成功したことで、1905年１月に守備軍司令官ステッセルは降伏した。

日露の野望の火花が満州で飛び散る

義和団事件は収まったが、反乱鎮圧のために出動した**ロシア**は、各国軍が撤兵したあとも、兵を満《まん》州《しゅう》（中国東北部）に駐留させたまま南下の動きを示していた。これに対し、日本は１９０４年２月10日にロシアに宣戦を布告した。

日本陸軍は**乃木希典**《のぎまれすけ》率いる第３軍が**ステッセル**将軍の守る**旅順**《りょじゅん》**要塞**への総攻撃で約１万６０００人の犠牲者を出すなど激しい損耗を続けながらも攻略を成し遂げ、旅順港内の**ロシア太平洋艦隊**を全滅させる。その後、**奉天**《ほうてん》**会戦**において、日本陸軍は総力を挙げてロシア陸軍に立ち向かい、北方へ追い上げていった。

一方、**東郷平八郎**《とうごうへいはちろう》率いる**日本連合艦隊**は、優秀な砲術と爆薬、戦術によって、ヨーロッパのバルト海から回航してきたロシア最大の**バルチック艦隊**を対馬沖《つしまおき》で迎え撃ち、これを撃滅した（**日本海海戦**）。

戦意を失ったロシアと国力の尽きた日本は、アメリカの仲立ちで**ポーツマス条約**を締結し、講和に至る。

日露戦争関連地図

1904.8.28~9.4
❷遼陽《りょうよう》会戦
日本軍が遼陽を占領。ロシア軍追撃の余力なく、両軍は沙河《さが》で対陣。
1905.3.1~3.10
❹奉天《ほうてん》会戦
日露両軍の主力が激突。ロシア軍が後退するが、日本の戦力は尽きた。
1905.5.27~5.28
❺日本海海戦
日本の連合艦隊が、ロシアのバルチック艦隊を壊滅させる。
1904.4.5~05.1.1
❶旅順港閉塞作戦
ロシア太平洋艦隊の海上封鎖作戦。旅順占領で終了。
1905.1.1
❸旅順占領
203高地占領によって、日本軍が旅順を占領。
ウラジヴォストーク
清
奉天
沙河
遼陽
安東
鴨緑江軍
大孤山
大連
旅順
第4軍
第2軍
第3軍
第1軍
会寧
鏡城
日本海
咸興
元山
平壌
鎮南浦
漢城
鬱陵島
韓国
日本艦隊
釜山
下関
黄海
日本
バルチック艦隊進路
第1軍進路
第2軍進路
第3軍進路
第4軍進路

逆茂木
逆茂木《さかもぎ》は先端を鋭く尖らせた木の枝を組み合わせた柵。旅順要塞の堀に設置されていた。

ステッセル

乃木とステッセルの会談

旅順陥落後、出師営《すいしえい》において、乃木と守備軍司令官ステッセルの会談が行われた。乃木はステッセルに帯剣を許して酒を酌み交わしたため、乃木の武士的な振る舞いは世界的に報道された。

乃木希典《のぎまれすけ》(1849~1912)

長州藩出身の陸軍軍人。日露戦争では、第3軍司令官として旅順要塞を攻略した。明治天皇の大葬の日に、妻とともに殉死した。

連合艦隊の旗艦「三笠《みかさ》」

三笠率いる日本の連合艦隊は、ヨーロッパから回航してきたバルチック艦隊を、対馬海峡で壊滅させた。

秋山真之《あきやまさねゆき》(1868~1918)

愛媛出身の海軍軍人。日露戦争では東郷平八郎の参謀となり、旅順港閉塞作戦や、日本海海戦の作戦を立案した。

東郷平八郎《とうごうへいはちろう》(1847~1934)

薩摩藩出身の海軍軍人。薩英戦争や戊辰戦争に参加し、日清戦争でも活躍。日露戦争では、日本海海戦に勝利した。

出撃する連合艦隊

1905年5月27日早朝、バルチック艦隊を迎え撃つために出撃する連合艦隊(戦艦「朝日」の艦上より)。

韓国併合
日本は韓国を併合し、第一次世界大戦に参戦

日朝関係年表

1875	江華島事件
1882	壬午軍乱
1894	甲午農民戦争
1895	閔妃殺害事件
1897	李氏朝鮮が国号を**大韓帝国**と改称
1905	**漢城**に**統監府**を設置
1907	ハーグ密使事件
1909	伊藤博文暗殺事件
1910	韓国併合
1919	三・一独立運動

統監府《とうかんふ》

第二次日韓協約に基づき、日本が韓国の首府漢城《かんじょう》に設置した日本政府の機関。外交権を保持し、内政にも関与した。1910年、韓国併合によって朝鮮総督府に引き継がれた。

伊藤博文《いとうひろぶみ》（1841〜1909）

初代内閣総理大臣。日露戦争後、初代韓国統監《とうかん》（統監府長官）に就任。1909年、ハルビン駅で、韓国の独立運動家・安重根《あんじゅうこん》に暗殺された。

拡大した日本の領土（1910年以降）

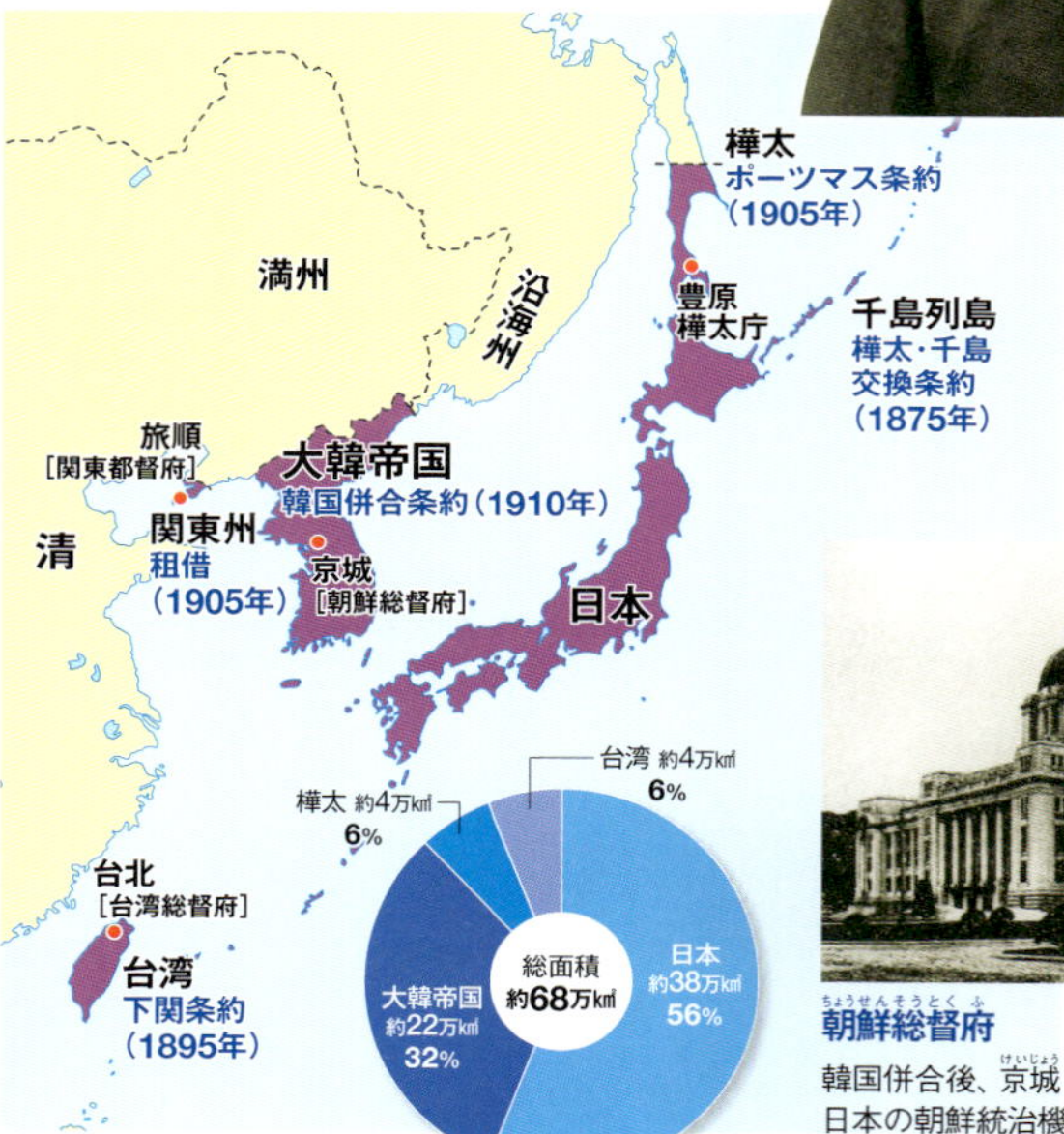
樺太
ポーツマス条約
（1905年）
満州
沿海州
豊原
樺太庁
千島列島
樺太・千島
交換条約
（1875年）
旅順
［関東都督府］
大韓帝国
韓国併合条約（1910年）
関東州
租借
（1905年）
清
京城
［朝鮮総督府］
日本
台北
［台湾総督府］
台湾
下関条約
（1895年）
台湾 約4万㎢
6%
樺太 約4万㎢
6%
大韓帝国
約22万㎢
32%
総面積
約68万㎢
日本
約38万㎢
56%

朝鮮総督府《ちょうせんそうとくふ》

韓国併合後、京城《けいじょう》（漢城を改称）の景福宮《けいふくきゅう》敷地内に設置された日本の朝鮮統治機関。軍事、行政のすべてを掌握した。初代総督は寺内正毅。

日本に手足を縛られ飲み込まれる韓国の悲劇

日露戦争《にちろせんそう》はかろうじて日本の勝利に終わったが、得たものは**南樺太《みなみからふと》**（サハリンの南半分）、**旅順《りょじゅん》・大連《だいれん》**の**租借権《そしゃくけん》**、**大韓帝国《だいかんていこく》**（**韓国**）の支配権などにとどまり、賠償金はまったく獲得できなかった。だが、日本はその果実から少しでも多くの利益を搾《しぼ》り取ろうと活動を続けた。

まず韓国に対しては財政と外交を支配下に収め、1905年には漢城《かんじょう》に**伊藤博文《いとうひろぶみ》**を初代統監《とうかん》とする**統監府《とうかんふ》**を置いた。続いて韓国皇帝を退位させて皇太子を帝位に就け、内政権を奪って韓国軍も解散させる。こうして韓国は完全に主権を日本に奪われた。1909年、伊藤がハルビンで韓国人・**安重根《あんじゅうこん》**に暗殺されるという事件が起こると、翌年に日本は**韓国併合《かんこくへいごう》**を断行する。**京城《けいじょう》**（漢城から改名）には、植民地支配の本拠として**朝鮮総督府《ちょうせんそうとくふ》**が置かれた。

南満州では1906年に**関東都督府《かんとうととくふ》**が置かれ、**南満州鉄道《みなみまんしゅうてつどう》**（通称「満鉄《まんてつ》」）も設立されて、日本の権益を増大させていく基幹となった。

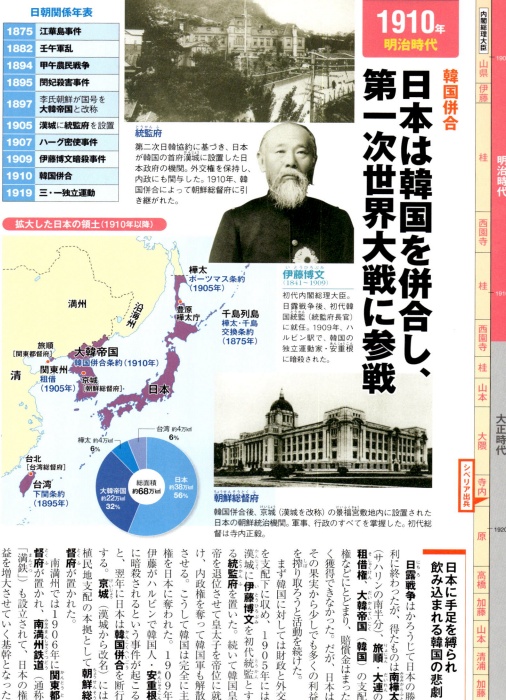

第一次世界大戦で青島《チンタオ》を攻撃する日本軍

青島は山東半島南西部にある都市で、ドイツ東洋艦隊の拠点であった。第一次世界大戦に参戦した日本は、青島を攻撃して占領し、戦後は山東省の旧ドイツ権益を継承した。

二十一カ条の要求のおもな内容

- 山東省旧ドイツ権益の割譲
- 南満州の租借地鉄道経営権の99カ年延長
- 漢《かん》冶《や》萍《ひょう》公司《コンス》（製鉄会社）の日中共同経営
- 中国沿岸の外国への不割譲
- 福建省の外国への不割譲

袁世凱《えんせいがい》(1859～1916)

辛亥革命後に成立した中華民国の初代大統領に就任。日本からの「二十一カ条の要求」を受諾したため、反袁・反日活動が中国各地で起こった。

第一次世界大戦の国際関係

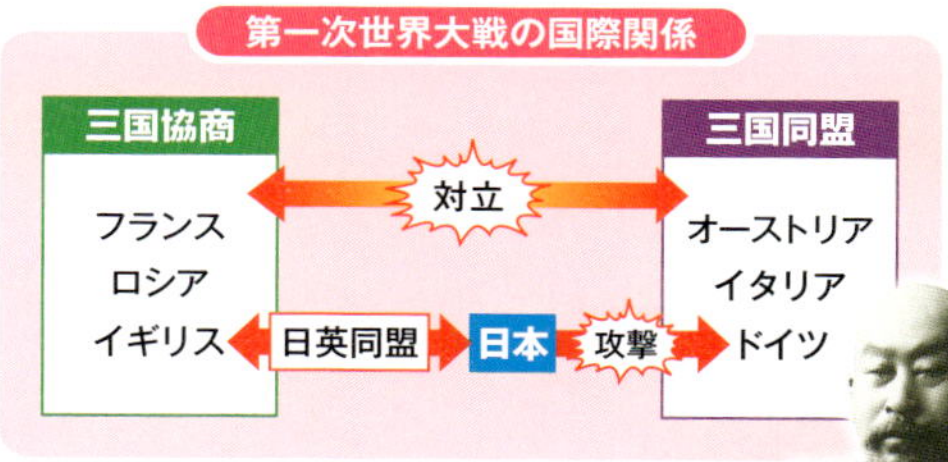

第一次世界大戦年表

1914（大正3）	7月	**第一次世界大戦**が始まる
	11月	日本軍が**青島**を占領
1915（大正4）	1月	日本政府が**中華民国**に**二十一カ条の要求**
1917（大正6）	2月	**日本艦隊**が**地中海**へ出動
	11月	ロシアで**十一月革命**が勃発
1918（大正7）	8月	日本が**シベリア出兵**を宣言
	11月	**第一次世界大戦**の終結

寺内正毅《てらうちまさたけ》(1852～1919)

第一次世界大戦中の1916年、18代内閣総理大臣に就任。シベリア出兵を宣言したが、その直後に起こった米騒動の責任をとって総辞職した。

シベリア出兵　1918年、ロシア革命政府を打倒するため、アメリカ、イギリス、フランス、日本が、シベリアに出兵。革命軍の反撃により、日本を除く3国は1920年までに撤退。日本は1922年まで出兵し、戦死者3000人を出した。

空白の東アジアに日本が野心を広げる

この頃、ヨーロッパでは**ドイツ**が勢力を伸ばし、**イギリス**との関係が悪化していた。ドイツは**イタリア・オーストリア**と**三国同盟《さんごくどうめい》**を結び、イギリスはそれに対抗して**ロシア・フランス**と組んだ**三国協商《さんごくきょうしょう》**でドイツを3方向から牽制する。

この緊張状態は、1914年にオーストリア皇太子が**ボスニア**の首都・**サラエボ**でセルビア人青年によって暗殺されると一気に爆発する。オーストリアが**セルビア**に宣戦布告し、続いてドイツも参戦、これに対しロシア・イギリス・フランスはセルビア側として参戦。**第一次世界大戦**が始まった。日本はヨーロッパ列強が東アジアに対する余力をもたない今こそが勢力拡大の好機だと見て、ドイツに宣戦を布告し、東アジアのドイツ租借地・**青島《チンタオ》**などを占領。さらに、**中華民国《ちゅうかみんこく》**政府に対して、「**二十一カ条の要求**」を突き付け、日本の権益を認めさせた。

また、この大戦中に**ロシア**に**革命**が起こると、イギリスなどとともに**シベリア**に軍を派遣したが、これは反発を招いただけで失敗に終わった。

特集

新しい絵画表現に挑戦した明治時代の画家たち

『収穫《しゅうかく》』

浅井忠が描いた、秋の農村での収穫風景。油絵で描かれた日本の風景の傑作となった。

東京藝術大学所蔵

浅井忠《あさいちゅう》（1856～1907）

洋画家。日本の洋画の先駆者で、日本最初の洋画団体「明治美術会」を組織。安井曾太郎《やすいそうたろう》、梅原龍三郎《うめはらりゅうざぶろう》などを育成した。

『富士《ふじ》』

横山大観が描いた富士山。俯瞰的に描かれた富士山にかかる雲は、朦朧体の技法によって写実的に表現されている。

東京藝術大学所蔵

横山大観《よこやまたいかん》（1868～1958）

日本画家。「朦朧体《もうろうたい》」と呼ばれる、輪郭線をぼかして描く技法を確立。近代日本絵画に多大な影響を与えた。

新しい時代が芸術を革新していく

明治維新後、新たな知識を吸収し大きく発展したのは**工業**ばかりではない。外国の美術に触れた新進気鋭の画家たちが台頭し、意欲的な作品を世に送り出していく。

洋画ではフランスで学んだ**黒田清《くろだせい》輝《き》**が、『**湖畔《こはん》**』などの作品で見られるように、柔らかい空気感を表現した明るい作風で一世を風靡《ふうび》した。

イタリアの画家・**フォンタネージ**に師事した**浅井忠《あさいちゅう》**も写実的で落ち着いた色彩によって農村の風景を描いた『**収穫《しゅうかく》**』など、重厚な傑作を発表した。浅井はのちに**梅《うめ》原龍三郎《はらりゅうざぶろう》**らを育てている。

一方で、いったんは衰えた日本画もアメリカ人の東洋美術史家・**フェノロサ**によって再評価され、勢いを取り戻す。**狩野芳崖《かのうほうがい》**は洋画の手法も採り入れた『**悲母観音《ひぼかんのん》**』で日本画の可能性を提案し、**横山《よこやま》大観《たいかん》**は**朦朧体《もうろうたい》**の技法を確立し、優美で幻想的な作品世界を表現する。**下村観山《しもむらかんざん》**は卓越した技術と徹底した古典研究によって、物語性の高い静謐《せいひつ》な空間を生み出した。

黒田清輝《くろだせいき》(1866～1924)

洋画家。フランスで洋画を学び、帰国後は洋画団体「白馬会《はくばかい》」を結成。自然の光の再現を目指した明るい色調は「外光派《がいこうは》」と呼ばれた。

『湖畔《こはん》』

箱根の芦ノ湖畔にたたずむ女性を描いた洋画。黒田清輝の代表作。モデルは黒田夫人である。湿潤な日本の夏が明るい色調で表されている。

東京藝術大学所蔵

『悲母観音《ひぼかんのん》』

狩野芳崖が描いた仏画。洋画の手法が取り入れられており、聖母マリア像に影響を受けて、人間の母性愛が表現されているという。芳崖の遺作であり、最高傑作である。

狩野芳崖《かのうほうがい》(1828～1888)

狩野派の絵師。フェノロサと岡倉天心《おかくらてんしん》に見出され、日本絵画の革新に努め、東京美術学校の創設に尽力したが、開校前に没した。

東京藝術大学所蔵

下村観山《しもむらかんざん》(1873～1930)

日本画家。狩野芳崖、橋本雅邦《はしもとがほう》に師事し、東京美術学校の第一期生として卒業した。日本美術院の創立に参加した。

『嗣信最期《つぎのぶさいご》』

屋島の合戦で、佐藤嗣信が、源義経をかばって矢を受けて絶命する場面。下村観山は、卓越した技法で、日本画を近代的に表現した。

ニッポン
ヒストリーラボ

江戸と東京を襲った巨大地震

安政江戸地震と関東大震災

維新を呼んだ安政地震と江戸を葬った関東大震災

地震大国・日本。最近でも1995年の**阪神・淡路大震災**、2004年の**中越地震**、2011年の**東日本大震災**と、大地震の記憶が生々しく残るが、江戸時代の関東も何度か大地震に見舞われた。1855年10月2日夜の**安政江戸**《あんせいえど》**地震**の激しい揺れは**江戸城**の石垣や櫓《やぐら》も崩し、地震と火災による死者は1万人に及んだと推定されている。この地震は当時の混乱した政情のなか人々を不安に陥れ、維新の動きが加速した。

それから68年後の1923年9月1日正午前には**関東大震災**（大正関東地震）が発生した。昼食時だったために各所で七輪《しちりん》などから出た火がたちまち炎の渦となり、逃げ惑う人々を飲み込んでいった。犠牲者の数は東京だけで7万人以上という。この震災で江戸以来続いてきた**下町**は、ほぼ消え去ってしまった。

江戸・東京を襲った地震

発生年	地震名	規模	死者
1615	慶長江戸地震	M6.5	多数
1649	慶安江戸地震	M7.0	多数
1703	元禄地震	M8.2	多数
1855	安政江戸地震	M6.9	約1万人
1894	明治東京地震	M7.0	24人
1923	大正関東地震（関東大震災）	M7.9	約7万人
2011	東北地方太平洋沖地震（東日本大震災）	M9.0	7人

※死者数は江戸・東京のみの数

安政江戸地震を描いた錦絵

幕末の江戸を襲った巨大地震で、「安政の大地震」とも呼ばれる。庶民が暮らす隅田川東側地域の被害が大きかった。

震災イチョウ

関東大震災で焼け野原となった都心で奇跡的に生き残ったイチョウの木。

関東大震災

1923年９月１日、相模湾を震源とする巨大地震が関東一円を襲った。死者・行方不明者は10万人以上に及び、混乱の中、多数の在日朝鮮人が虐殺された。写真は有楽町方面で発生した火事の様子。被災した女性たちは焼け野原で行水した（写真右下）。

第8章 昭和時代

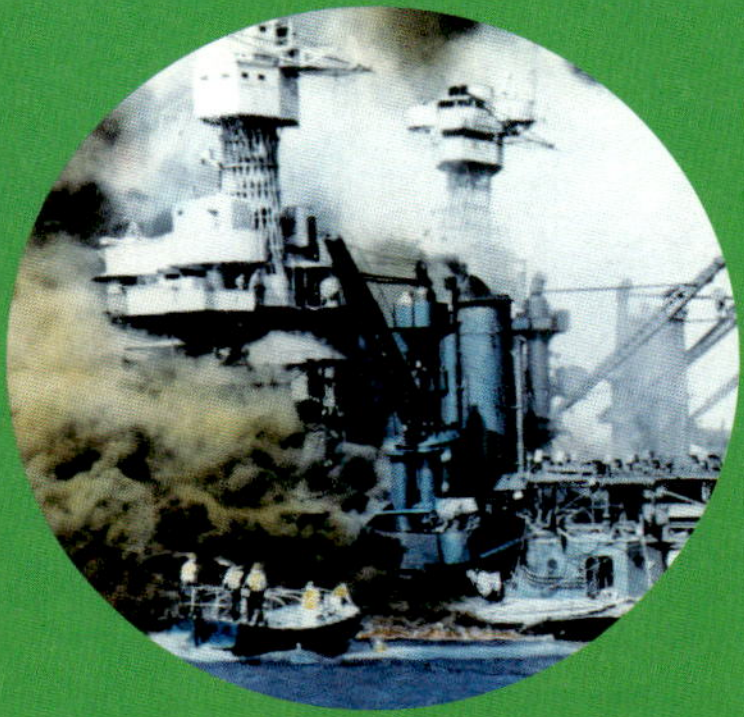

- 1931年　満州事変
- 1932年　五・一五事件
- 1936年　二・二六事件
- 1937年　盧溝橋事件
- 1939年　ノモンハン事件
- 1941年　真珠湾攻撃
- 1942年　ミッドウェー海戦
- 1945年　ポツダム宣言受諾
- 1951年　サンフランシスコ平和条約調印

泥沼の戦争が終結して民主国家が誕生!

満州事変以後、軍部の暴走により日本軍は中国に進出し、太平洋戦争へと突入した。敗戦後、日本は民主主義国家に生まれ変わり、主権を回復した。

1931年 (▶P169)

柳条湖事件

中国兵営を占拠する関東軍兵士たち。

1941年 (▶P170)

真珠湾攻撃

日本軍の攻撃により炎上する戦艦ウェスト・ヴァージニア。

大正時代 / 昭和時代

年	年表
1926	日本放送協会の設立
1927	金融恐慌
1928	張作霖爆殺事件
1929	小林多喜二が『蟹工船』を発表
1930	ロンドン海軍軍縮条約に調印
	浜口首相狙撃事件
1931	柳条湖事件(**満州事変**が始まる)
1932	**五・一五事件**
	滝川事件
1933	満州事変終結
1934	満州国で溥儀が即位
1935	天皇機関説が問題化する
1936	**二・二六事件**
	日独防共協定調印
1937	盧溝橋事件(**日中戦争**が始まる)
	南京事件
1938	張鼓峰事件
1939	ノモンハン事件

内閣総理大臣: 若槻❶ | 田中 | 浜口 | 若槻❷ | 犬養 | 斎藤 | 岡田 | 広田 | 林 | 近衛❶

歴代内閣総理大臣

第1次若槻礼次郎内閣
1926.1▶1927.4

25代

田中義一《たなかぎいち》内閣
1927.4▶1929.7

26代

浜口雄幸《はまぐちおさち》内閣
1929.7▶1931.4

27代

第2次若槻礼次郎内閣
1931.4▶1931.12

28代

犬養毅《いぬかいつよし》内閣
1931.12▶1932.5

29代

斎藤実《さいとうまこと》内閣
1932.5▶1934.7

30代

岡田啓介《おかだけいすけ》内閣
1934.7▶1936.3

31代

広田弘毅《ひろたこうき》内閣
1936.3▶1937.2

32代

林銑十郎《はやしせんじゅうろう》内閣
1937.2▶1937.6

33代

第1次近衛文麿《このえふみまろ》内閣
1937.6▶1939.1

34代

1951年（▶P172）

サンフランシスコ平和条約締結

条約にサインする吉田茂首相。

1945年（▶P171）

原爆投下

原爆が投下された直後の広島市内。

昭和時代

1940	日独伊三国同盟に調印 大政翼賛会が発足
1941	日ソ中立条約締結 **真珠湾攻撃**（太平洋戦争が始まる）
1942	**ミッドウェー海戦**
1943	山本五十六が戦死 学徒出陣
1944	インパール作戦が始まる レイテ島沖海戦
1945	東京大空襲 **沖縄戦**開始 広島・長崎に**原爆投下** 降伏文書に調印
1946	天皇の人間宣言 **極東国際軍事裁判**が開廷
1947	**日本国憲法**の施行 教育基本法の公布
1948	昭和電工疑獄事件
1949	湯川秀樹がノーベル物理学賞受賞
1950	警察予備隊の創設
1951	**サンフランシスコ平和条約**の調印 日米安全保障条約の調印

内閣：平沼　阿部　米内　近衛❷❸　東条　小磯　鈴木　東久邇宮　幣原　吉田❶　片山　芦田　吉田❷　吉田❸

芦田均《あしだひとし》内閣
1948.3▶1948.10

47代

第1次吉田茂《よしだしげる》内閣
1946.5▶1947.5

45代

東久邇宮稔彦《ひがしくにのみやなるひこ》内閣
1945.8▶1945.10

43代

小磯国昭《こいそくにあき》内閣
1944.7▶1945.4

41代

第3次近衛文麿内閣
1941.7▶1941.10

39代

米内光政《よないみつまさ》内閣
1940.1▶1940.7

37代

平沼騏一郎《ひらぬまきいちろう》内閣
1939.1▶1939.8

35代

第2～5次吉田茂内閣
1948.10▶1954.12

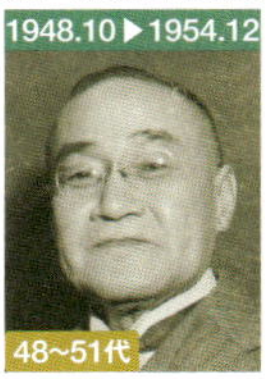
48～51代

片山哲《かたやまてつ》内閣
1947.5→1948.3

46代

幣原喜重郎《しではらきじゅうろう》内閣
1945.10▶1946.5

44代

鈴木貫太郎《すずきかんたろう》内閣
1945.4▶1945.8

42代

東条英機《とうじょうひでき》内閣
1941.10▶1944.7

40代

第2次近衛文麿内閣
1940.7▶1941.7

38代

阿部信行《あべのぶゆき》内閣
1939.8▶1940.1

36代

1936年 昭和時代

二・二六事件から日中戦争
テロ事件が続発し、14年に及ぶ戦争が始まる

昭和初期のテロ事件

1930（昭和5）	**浜口首相狙撃事件**
1932（昭和7）	**血盟団事件**で**井上準之助**前蔵相が暗殺される
	五・一五事件で**犬養毅**首相が殺害される
1936（昭和11）	**二・二六事件**で**高橋是清**蔵相や、**斎藤実**内大臣などが殺害される

井上準之助《いのうえじゅんのすけ》（1869～1932）

日本銀行の総裁後、浜口首相のもとで大蔵大臣を務めた。輸出拡大を図るために金解禁を断行し、緊縮財政をとったが、日本経済は破綻。選挙活動中に血盟団《けつめいだん》員に暗殺された。

浜口雄幸《はまぐちおさち》（1870～1931）

1929年に27代内閣総理大臣に就任。井上準之助を蔵相に起用し、緊縮財政・金解禁を断行したが、世界大恐慌のため政策は失敗。東京駅で狙撃され、翌年死亡した。

犬養毅《いぬかいつよし》（1855～1932）

立憲国民党《りっけんこくみんとう》を結成して、護憲運動を起こす。1929年に立憲政友会《りっけんせいゆうかい》の総裁となり、首相に就任したが、五・一五事件で過激派青年将校に銃殺された。

高橋是清《たかはしこれきよ》（1854～1936）

日本銀行総裁、蔵相などを務め、首相に就任。金融恐慌のとき蔵相を務めて日本経済を再建。その後、蔵相再任時に軍事予算を削減したため、二・二六事件で青年将校に射殺された。

皇道派《こうどうは》

- 指導者は荒木貞夫、真崎甚三郎《まさきじんざぶろう》ら
- 中心は陸軍の青年将校
- 実力行使による天皇親政の実現を目指す
- 政財界を敵視

荒木貞夫《あらきさだお》（1877～1966）

対立

統制派《とうせいは》

- 指導者は永田鉄山、東条英機ら
- 中心は陸軍省、参謀本部の幕僚
- 軍部の統制により国家権力の掌握を目指す
- 官僚や政財界などと提携する

東条英機《とうじょうひでき》（1884～1948）

青年将校が決起

二・二六事件

青年将校が拠点にした山王ホテル。

反乱軍として鎮圧

日本を世界から孤立させた満州強奪

第一次世界大戦はヨーロッパの生産力を低下させ、日本に好景気をもたらした。だが、戦後はその反動で大不況におちいり、さらに1929年10月、アメリカで起こった株価の大暴落が「**世界恐慌**《せかいきょうこう》」を巻き起こして日本を奈落の底に突き落とした。中国における権益を強化することでこの難局を打開しようと考えた日本は**山東半島**《さんとう》に出兵し、1928年6月には満州支配の邪魔になる**満州軍閥**《ぐんばつ》（地方で勢力をもつ私兵組織）の総帥**張作霖**《ちょうさくりん》を**奉天**《ほうてん》近くで乗っている列車ごと爆破し、中国側の犯行と主張したが、国内外の疑惑を呼んだ。

だが、日本の目論見《もくろみ》は外れる。張作霖の子・**張学良**《ちょうがくりょう》は**中国国民政府**に合流し、満州は国民政府支配下となったのだ。焦る日本は**関東軍**《かんとうぐん》（日本の旅順《りょじゅん》防衛軍）が1931年9月18日夜、**柳条湖**《りゅうじょうこ》で満鉄の線路を爆破し、犯人は中国兵だと発表して中国軍への攻撃を開始する。この「**満州事変**《まんしゅうじへん》」によって、14年にわたる泥沼の戦争が始まった。

内閣総理大臣

- 大正時代：清浦、加藤、若槻
- 昭和時代：田中、浜口（1930）、若槻、犬養、斎藤、岡田、広田（二・二六事件）、林、近衛（日中戦争勃発）、平沼、阿部（1940）、米内、近衛、東条、小磯、鈴木、東久邇宮、幣原、吉田、片山

満州事変・日中戦争関連地図

1939年5～9月
❾ノモンハン事件
ノモンハン
1931年9月
❶柳条湖事件
チャハル省
満州国
張鼓峰
1937年7月
❺盧溝橋事件
綏遠省
奉天
1938年7月
❽張鼓峰事件
北京
天津
盧溝橋
大連
旅順
太原
呉起鎮
黄海
朝鮮
済南
山東省
延安
山西省
河北省
青島
1937年12月
❼南京事件
西安
1940年3月
❿南京政府樹立
徐州
中華民国
1936年12月
❹西安事件
上海
東シナ海
漢口
南京
武昌
1932年1月
❷第1次上海事変
重慶
漢陽
杭州
岳陽
1937年8月
❻第2次上海事変
南昌
福州
1934年10月
❸中国共産党大西遷開始
瑞金
厦門
台湾
広州
香港
戦闘地域
日本軍の侵攻
中国共産党の大西遷（長征）

❶ 柳条湖《りゅうじょうこ》事件（満州事変勃発）

満州の分離独立を目指す日本の関東軍は、柳条湖で南満州鉄道の線路を爆破した（柳条湖事件）。これを中国軍の行為として、関東軍は奉天を占領した。写真は中国兵営を占領する関東軍兵士。

国共合作に合意
監禁
張学良
蔣介石

❹ 西安《せいあん》事件

張学良《ちょうがくりょう》が、国民党の蔣介石《しょうかいせき》を監禁した事件。これにより、国民党と共産党の内戦が停止し、抗日統一戦線が結成された。

❺ 盧溝橋《ろこうきょう》事件

中国北京郊外の盧溝橋付近で、夜間演習中の日本軍と中国軍が衝突。この事件により日中戦争が始まった。写真は現在の盧溝橋。

❻ 第2次上海《シャンハイ》事変

海軍兵士が射殺されたことを口実に、日本海軍が上海の中国軍を攻撃。日本陸軍も参戦して全面戦争となった。

❼ 南京《ナンキン》事件

日本軍が中国の首都南京を占領した後、多数の市民を殺害した事件。写真は南京城に入城する日本軍。

❿ ノモンハン事件　満州国とモンゴル人民共和国の国境で起こった武力紛争。満州国を支配する日本軍と、モンゴル軍とソ連軍部隊が交戦し、日本軍は壊滅的な打撃を受けた。

テロで政府を萎縮させ、軍部が権力を握る

1932年3月1日、「**ラストエンペラー**」こと**溥儀**《ふぎ》を皇帝とする**満州国**《まんしゅうこく》が成立した。むろん、日本の傀儡《かいらい》である。

一方、日本国内では、5月15日、海軍青年将校団が**立憲政友会**《りっけんせいゆうかい》総裁の**犬養毅**《いぬかいつよし》首相の自宅を襲って射殺した「**五・一五事件**」が起こり、軍部の政治的影響力が強くなっていく。ただ、その内部は天皇を戴《いただ》いて政財界を浄化しようという「**皇道派**《こうどうは》」と、陸軍の団結を強めようという「**統制**《とうせい》**派**《は》」に分かれて対立していた。

1936年2月26日、皇道派の陸軍若手将校団はクーデターを起こし、大蔵大臣**高橋是清**《たかはしこれきよ》、内大臣**斎藤実**《さいとうまこと》らを襲殺して「**昭和維新**《しょうわいしん》」を唱えた（**二・二六事件**）。反乱軍はやがて降伏し、不穏分子《ふおんぶんし》を一掃して結束を固めた軍部は政治介入を強めていく。

1937年7月7日の夜、北京《ペキン》の近く**盧溝橋**《ろこうきょう》あたりで日本軍と中国軍が衝突、軍部は政府の**不拡大方針**を無視して華北《かほく》、上海《シャンハイ》、南京《ナンキン》と、戦火を中国全土に拡げていった。国内では「**国家総動員法**《こっかそうどういんほう》」が公布され、国民は自由を奪われることになる。

1941年 昭和時代

真珠湾攻撃
太平洋戦争が開戦するも戦況は次第に悪化する

❶ 真珠湾攻撃

ハワイ・オアフ島の真珠湾（パールハーバー）にあるアメリカ海軍の太平洋艦隊基地を、日本海軍航空隊が奇襲攻撃した。写真は炎上する戦艦ウェスト・ヴァージニア。

❽ サイパン島全滅

アメリカ軍が、日本軍が防衛するサイパン島を攻略。追い詰められた日本兵や民間人は、最北端の岬の断崖から海に身を投げて自決した。多くの自決者が「天皇陛下万歳」と叫びながら投身した岬には慰霊碑が立つ。

山本五十六《やまもといそろく》
（1884～1943）

海軍軍人。連合艦隊司令長官として、真珠湾攻撃やミッドウェー海戦などを指揮した。1943年、ソロモン諸島上空で撃墜され戦死。

ドイツ・イタリアと結びアメリカに戦いを挑む

1939年9月1日、**ヒトラー**率いる**ドイツ軍**がポーランドに侵攻し、2日後にイギリスとフランスがドイツに宣戦布告した。**第二次世界大戦**の始まりである。破竹の勢いのドイツ軍はヨーロッパ全体を蹂躙《じゅうりん》し、翌年6月には**フランス**を降伏させる。

イギリス・アメリカによる中国への軍事援助をやめさせたい日本は、**ドイツ・イタリア**と同盟を結び、**日ソ中立条約**も締結して対立姿勢を強めた。そして1941年12月8日、**山本五十六**《やまもといそろく》長官率いる**連合艦隊**がハワイの**真珠湾**を奇襲して日米は開戦、**太平洋戦争**《たいへいようせんそう》に突入した。

アメリカの国力の前に日本の野望が潰える

日本軍は南太平洋諸島からインド、ビルマまで占領するなど、緒戦は有利に展開させていった。しかし、**ミッドウェー海戦**で大敗し、貴重な**空母**群を失った日本軍は、以後アメリカの国力に圧倒されていく。

内閣総理大臣

大正時代：清浦、加藤、若槻

昭和時代：田中、浜口、1930、若槻、犬養、斎藤、岡田、広田、林、近衛、平沼、阿部、1940、米内、近衛、真珠湾攻撃、東条、小磯、鈴木、東久邇宮、幣原、吉田、片山

太平洋戦争の戦線

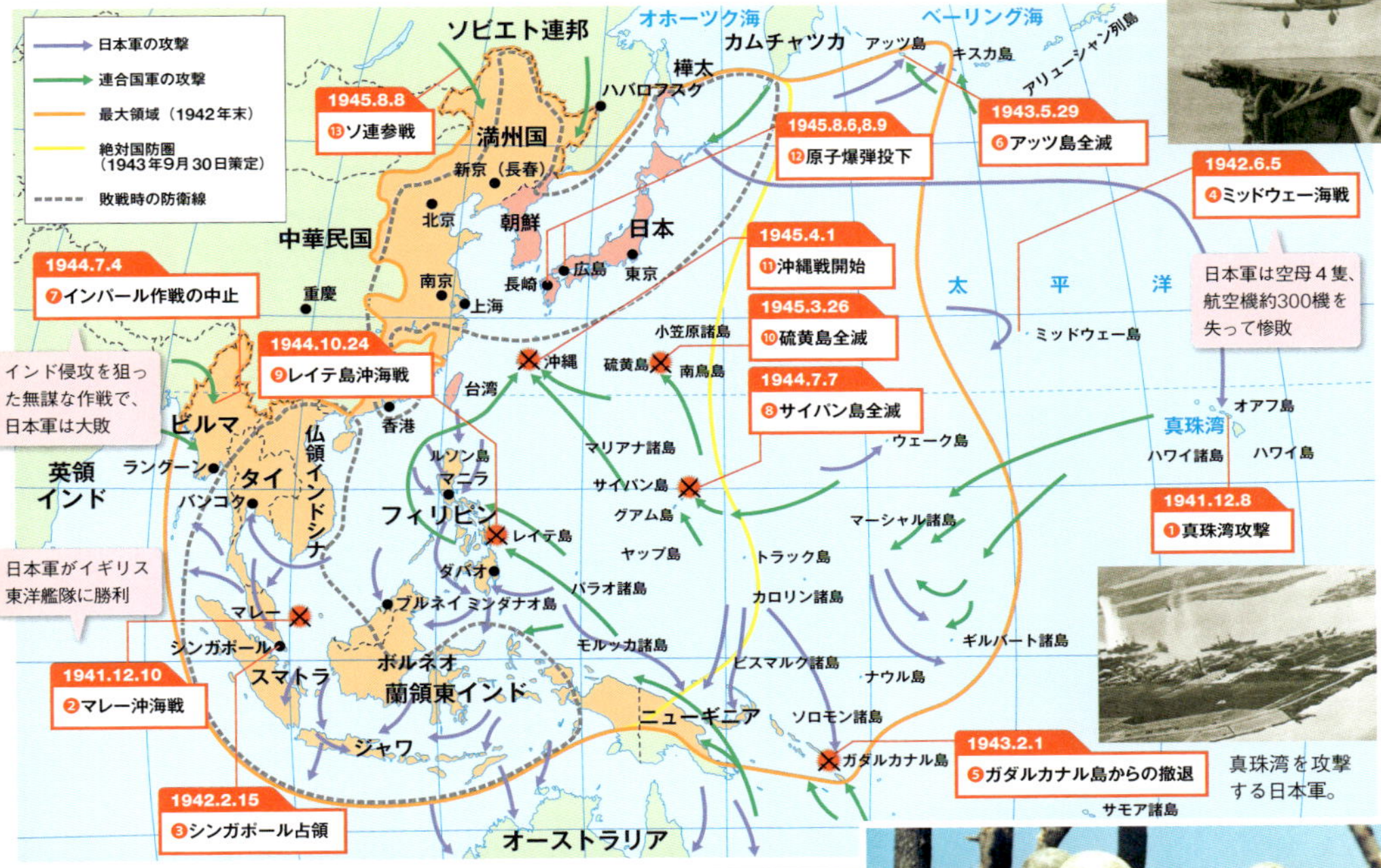

日本軍の攻撃
連合国軍の攻撃
最大領域（1942年末）
絶対国防圏（1943年9月30日策定）
敗戦時の防衛線
ソビエト連邦
オホーツク海
ベーリング海
カムチャツカ
アッツ島
キスカ島
アリューシャン列島
樺太
ハバロフスク
満州国
新京（長春）
北京
朝鮮
日本
中華民国
広島
東京
長崎
南京
上海
重慶
小笠原諸島
沖縄
硫黄島
南鳥島
台湾
香港
ビルマ
英領インド
ラングーン
タイ
バンコク
仏領インドシナ
フィリピン
ルソン島
マニラ
レイテ島
ダバオ
ミンダナオ島
ブルネイ
マレー
シンガポール
スマトラ
ボルネオ
蘭領東インド
ジャワ
マリアナ諸島
サイパン島
グアム島
ヤップ島
パラオ諸島
モルッカ諸島
ニューギニア
オーストラリア
トラック島
カロリン諸島
ビスマルク諸島
ソロモン諸島
ガダルカナル島
ナウル島
ギルバート諸島
マーシャル諸島
ウェーク島
太平洋
ミッドウェー島
オアフ島
真珠湾
ハワイ諸島
ハワイ島
サモア諸島
1941.12.8 ①真珠湾攻撃
1941.12.10 ②マレー沖海戦
1942.2.15 ③シンガポール占領
1942.6.5 ④ミッドウェー海戦
1943.2.1 ⑤ガダルカナル島からの撤退
1943.5.29 ⑥アッツ島全滅
1944.7.4 ⑦インパール作戦の中止
1944.7.7 ⑧サイパン島全滅
1944.10.24 ⑨レイテ島沖海戦
1945.3.26 ⑩硫黄島全滅
1945.4.1 ⑪沖縄戦開始
1945.8.6,8.9 ⑫原子爆弾投下
1945.8.8 ⑬ソ連参戦
日本軍は空母4隻、航空機約300機を失って惨敗
インド侵攻を狙った無謀な作戦で、日本軍は大敗
日本軍がイギリス東洋艦隊に勝利

ミッドウェーに出撃する日本の攻撃機。

真珠湾を攻撃する日本軍。

⑪ 沖縄戦開始　戦闘に巻き込まれた約10万人の民間人が犠牲となった。写真は戦闘地域から連れ出される老女。

ガダルカナル島の戦い、マリアナ沖海戦、サイパン島の戦いと惨敗を続けた日本は、国内も**無差別爆撃**によって焼け野原とされ、**沖縄**も**ひめゆり部隊**の悲劇などを残して落ちる。すでにイタリア・ドイツは連合国に降伏し、日本に抵抗の術《すべ》はない。**広島**への**原爆投下**のあと、**ソ連**は中立条約を破って満州に侵攻し、さらに**長崎**にも**原爆**が投下された。

⑫ 原子爆弾投下

原爆は、史上初めて広島に投下され、次いで長崎に投下された。甚大な被害を受け、1945年末までに広島では約14万人、長崎では約7万人が死亡したと推計されている。写真は被爆直後の広島市内。

降伏文書の調印

戦争終結後の占領下で民主主義国家を建設

重光葵
梅津美治郎

降伏文書の調印

ポツダム宣言の受諾後、1945年9月2日、東京湾上のアメリカ戦艦ミズーリ号で、降伏文書の調印が行われ、太平洋戦争が終結した。日本政府代表は重光葵《しげみつまもる》外相、軍部代表は梅津《うめづ》美治郎《よしじろう》。

サンフランシスコ平和条約

1951年９月８日、サンフランシスコ平和条約に調印する吉田茂。これにより、日本と連合国との戦争状態が終結し、日本は主権を回復した。

吉田茂《よしだしげる》
(1878～1967)

戦前に奉天総領事、駐英大使などを歴任。戦後、自由党総裁となり、５期、計７年にわたって首相を務めた。サンフランシスコ平和条約、日米安保条約を締結した。

マッカーサーのもと民主化と復興が始まる

１９４５年８月14日、**昭和天皇**は御前《ごぜん》会議で、連合国が日本に無条件降伏を勧告した「**ポツダム宣言**」の受諾《じゅだく》を決め、翌日、天皇自らが読み上げた「**戦争終結**」の詔書《しょうしょ》がラジオ放送で発表された。９月２日には、**降伏文書**の調印が戦艦ミズーリ号上で行われ、太平洋戦争が終結した。

日本を占領した連合国軍の最高司令官・**マッカーサー**元帥は、**民主化**策を次々と打ち出す。思想・言論は自由化され、女性も投票する**普通選挙**が実施された。軍部と密着した財閥《ざいばつ》は解散させられ、軍国主義的教育も禁じられた。

１９４６年１月１日、昭和天皇は「私は神ではない」と、「**人間宣言**」を出す。11月３日、マッカーサー主導で策定された「**日本国憲法**《にほんこくけんぽう》」が公布され、「**象徴天皇・国民主権・戦争放棄**」などを基本方針とした民主国家・日本が誕生した。

こうして１９５１年、日本は**サンフランシスコ平和条約**に調印し、国際社会に復帰したのである。

内閣総理大臣
昭和時代
斎藤
岡田
広田
林
近衛
平沼
阿部
1940
米内
近衛
東条
東久邇宮
小磯
鈴木
降伏文書の調印
幣原
吉田
片山
芦田
吉田
1950
吉田
吉田
吉田
鳩山
鳩山
鳩山
石橋

写真資料所蔵・提供一覧

5 稲作復元模型（大阪府立弥生文化博物館蔵）／多武峯縁起絵巻（談山神社蔵）

6 聖徳太子・天武天皇（国立国会図書館蔵）／多武峯縁起絵巻（談山神社蔵）／中臣鎌足（山口県立萩美術館・浦上記念館蔵）／天智天皇・持統天皇（跡見学園女子大学図書館所蔵）

7 藤原不比等・聖武天皇・吉備真備・和気清麻呂・鑑真（国立国会図書館蔵）

9 弥生土器・平成の銅鐸・稲作の復元模型（大阪府立弥生文化博物館蔵）

10 卑弥呼の館・卑弥呼復元像（大阪府立弥生文化博物館蔵）／魏志倭人伝（国立国会図書館蔵）

11 光武帝（国立国会図書館蔵）

12 出雲大社本殿・宇豆柱（出雲大社提供）

14 蘇我馬子・聖徳太子図（国立国会図書館蔵）

15 遣隋使答礼使（国立国会図書館蔵）

16 多武峯縁起絵巻（談山神社蔵）／中大兄皇子（跡見学園女子大学図書館所蔵）／中臣鎌足（山口県立萩美術館・浦上記念館蔵）

17 大野城・水城（大野城市教育委員会所蔵）／多武峯曼荼羅（談山神社蔵）

18 吉野宮滝（吉野町文化観光交流課提供）

19 舎人親王画像（東京大学史料編纂所所蔵[模写]）／天智天皇・持統天皇（跡見学園女子大学図書館所蔵）／天武天皇・万葉集（国立国会図書館蔵）

21 平城宮跡上空・平城京跡朱雀門（奈良市観光協会提供）

22 聖武天皇・東大寺大仏（国立国会図書館蔵）

23 東大寺大仏殿（奈良市観光協会提供　写真・矢野建彦）／重源上人坐像（東大寺別院阿弥陀寺蔵）

24 住吉神宮寺（国立国会図書館蔵）／雨宝童子（金剛證寺蔵）

25 平将門（神田明神蔵）／前九年合戦絵詞（国立歴史民俗博物館所蔵）

26 桓武天皇画像・伝教大師画像・弘法大師画像（東京大学史料編纂所所蔵[模写]）／藤原良房・藤原基経・菅原道真・安倍晴明（国立国会図書館蔵）／平将門（神田明神蔵）／木造空也上人立像（荘厳寺蔵：滋賀県教育委員会提供）

27 藤原道長・紫式部・清少納言・源信・源義家・白河天皇（国立国会図書館蔵）／藤原清衡（毛越寺蔵）

28 桓武天皇画像（東京大学史料編纂所所蔵[模写]）

29 平安京復元模型（京都市歴史資料館蔵）／志波城古代公園（盛岡市教育委員会写真提供）／坂上田村麻呂（国立国会図書館蔵）

30 伝教大師画像・弘法大師画像（東京大学史料編纂所所蔵[模写]）

31 延暦寺（国立国会図書館蔵）

32 藤原良房・藤原基経・菅原道真・天神記（国立国会図書館蔵）

33 伴大納言絵詞・伴善男・藤原不比等（国立国会図書館蔵）／藤原鎌足（山口県立萩美術館・浦上記念館蔵）

34 平将門（神田明神蔵）／藤原純友・藤原秀郷（国立国会図書館蔵）

35 藤原道長・石山寺縁起絵巻・安倍晴明（国立国会図書館蔵）

36 源氏物語絵巻・紫式部（国立国会図書館蔵）／小野小町（跡見学園女子大学図書館所蔵）

37 清少納言（国立国会図書館蔵）／藤原道綱母・和泉式部・伊勢（跡見学園女子大学図書館所蔵）

38 前九年合戦絵詞（国立歴史民俗博物館所蔵）／源義家・清原武則（国立国会図書館蔵）

39 前九年合戦絵詞（国立歴史民俗博物館所蔵）／勿来の関・清和天皇（国立国会図書館蔵）／藤原三代（毛越寺蔵）

41 白河天皇・春日権現験記（国立国会図書館蔵）／熊野本宮本社（熊野本宮大社提供）

42 源信（国立国会図書館蔵）／絹本著色浄土曼荼羅図（九州国立博物館蔵）／木造空也上人立像（荘厳寺蔵：滋賀県教育委員会提供）

43 平治物語絵巻（国立国会図書館蔵）／源頼朝肖像画（神護寺蔵）

44 源頼朝画像・源空[法然房・円光大師]画像・遊行上人画像（東京大学史料編纂所所蔵[模写]）／平清盛・源義経・北条政子・北条時頼（国立国会図書館蔵）／北条時宗（元寇資料館蔵）／日蓮上人（久遠寺蔵）

45 後醍醐天皇宸影・足利義満画像（法体）・足利義政画像（東京大学史料編纂所所蔵[模写]）／足利尊氏（山口県立萩美術館・浦上記念館蔵）／新田義貞・楠木正成・細川勝元・（国立国会図書館蔵）／一休宗純（酬恩庵一休寺蔵）／雪舟像模本（岡山県立博物館蔵）／蓮如（和歌山県立博物館蔵）

46 平安京復元模型（京都市歴史資料館蔵）

47 平治物語絵巻・源義朝（国立国会図書館蔵）

49 平清盛・平氏一門・白河法皇（国立国会図書館蔵）

50 源義仲（徳音寺蔵）／源頼政（国立国会図書館蔵）／一ノ谷源平合戦之図（山口県立萩美術館・浦上記念館蔵）

52 源頼朝肖像画（神護寺蔵）／源頼朝公上洛之図（国立国会図書館蔵）

53 鎌倉周辺の地形模型（国立歴史民俗博物館所蔵）／鶴岡八幡宮（鶴岡八幡宮提供）／巨福呂坂・源義経（国立国会図書館蔵）

55 源頼朝画像・源頼家画像・後鳥羽天皇画像（東京大学史料編纂所所蔵[模写]）／北条時政・北条政子・源実朝・藤原頼経・演説する北条政子（国立国会図書館蔵）

56 北条泰時（山口県立萩美術館・浦上記念館蔵）／御成敗式目（国立国会図書館蔵）／北条時頼画像（法体）（東京大学史料編纂所所蔵[模写]）

57 北条実時・北条貞時・安達泰盛・佐野源左衛門・「北条氏系図」肖像画（国立国会図書館蔵）

58 法然上人伝法絵（岡山県立博物館蔵）／源空[法然房・円光大師]画像（東京大学史料編纂所所蔵[模写]）

59 遊行上人画像（東京大学史料編纂所所蔵[模写]）／一遍上人絵伝（国立国会図書館蔵）／日蓮上人・日蓮上人御本尊（久遠寺蔵）／栄西（建仁寺蔵）／道元禅師　観月の像（宝慶寺蔵）

60 北条時宗（元寇史料館蔵）

62 楠木正成・新田義貞（国立国会図書館蔵）

63 足利尊氏（山口県立萩美術館・浦上記念館蔵）

64 足利尊氏（神奈川県立歴史博物館所蔵）／太平記絵詞（上）（国立歴史民俗博物館所蔵）

65 後醍醐天皇宸影（東京大学史料編纂所所蔵[模写]）／建武式目（国立国会図書館蔵）／世界遺産天龍寺曹源池庭園（天龍寺提供）

66 足利義満（山口県立萩美術館・浦上記念館蔵）／ 洛中洛外図屏風（国立歴史民俗博物館所蔵）

67 足利義満画像（法体）・足利義政画像・足利義昭画像（東京大学史料編纂所所蔵[模写]）／倭寇図巻（東京大学史料編纂所所蔵）／「足利将軍家系図」肖像画（国立国会図書館蔵）

68 足利義政（山口県立萩美術館・浦上記念館蔵）／細川勝元・山名宗全（国立国会図書館蔵）

69 上杉本洛中洛外図屏風（米沢市上杉博物館蔵）

70 洛中洛外図屏風（国立歴史民俗博物館所蔵）／一休宗純（酬恩庵一休寺蔵）／蓮如（和歌山県立博物館蔵）

71 天橋立図（京都国立博物館蔵）／雪舟像模本（岡山県立博物館蔵）／紙本墨画淡彩周茂叔愛蓮図（九州国立博物館所蔵／藤森武氏撮影）／慕帰絵々詞（国立国会図書館蔵）／宗祇坐像（山口県立山口博物館蔵）

72 上杉本洛中洛外図屏風（米沢市上杉博物館蔵）

73 川中島合戦図屏風（米沢市上杉博物館蔵）／関ケ原合戦図屏風（関ケ原町歴史民俗資料館蔵）

74 長篠合戦図（犬山城白帝文庫蔵）／北条早雲（小田原城天守閣）／斎藤道三[利政]画像・武田信玄[晴信]画像・毛利元就画像（東京大学史料編纂所所蔵[模写]）／上杉謙信（米沢市上杉博物館蔵）

75 関ケ原合戦図屏風（関ケ原町歴史民俗資料館蔵）／上杉景勝（米沢市上杉博物館蔵）／小早川秀秋画像（東京大学史料編纂所所蔵[模写]）／織田信長・豊臣秀吉（国立国会図書館蔵）

77 尼子晴久（山口県立山口博物館蔵）／斎藤道三[利政]画像・斎藤義龍画像・毛利元就画像（東京大学史料編纂所所蔵[模写]）

78 武田信玄[晴信]画像（東京大学史料編纂所所蔵[模写]）／川中島合戦図屏風（米沢市上杉博物館蔵）

79 上杉謙信（米沢市上杉博物館蔵）／武田信玄（国立国会図書館蔵）

80 今川義元（大聖寺蔵：豊川市桜ケ丘ミュージアム提供）

81 桶峡合戦之図（豊明市教育委員会所蔵）

82 斎藤道三[利政]画像・斎藤義龍画像（東京大学史料編纂所所蔵[模写]）／織田信長・斎藤龍興・織田信長朱印状（国立国会図書館蔵）

83 姉川合戦図屏風（福井県立歴史博物館蔵）／足利義昭画像・浅井長政画像（東京大学史料編纂所所蔵[模写]）／朝倉義景（心月寺蔵）

84 長篠合戦図（犬山城白帝文庫蔵）

89 明智光秀画像[伝]（東京大学史料編纂所所蔵[模写]）／本能寺焼討之図（愛知県図書館蔵）

90 山崎の戦い（国立国会図書館蔵）／豊臣秀吉（名古屋市秀吉清正記念館蔵）

91 柴田勝家（福井市立郷土歴史博物館蔵）

93 上杉景勝（米沢市上杉博物館蔵）／関ケ原合戦絵巻（国立国会図書館蔵）／前田利家画像（東京大学史料編纂所所蔵[模写]）

97 加藤清正（国立国会図書館蔵）

98 関ケ原合戦図屏風（関ケ原町歴史民俗資料館蔵）／井伊直政画像（東京大学史料編纂所所蔵[模写]）

99 石田三成画像・小早川秀秋画像・福島正則画像（東京大学史料編纂所所蔵[模写]）／島津義弘（尚古集成館蔵）／宇喜多秀家画像（岡山城蔵）

101 二十六夜待（山口県立萩美術館・浦上記念館蔵）／徳川吉宗肖像画（奈良・長谷寺蔵）

102 徳川秀忠（松平西福寺蔵）／真田幸村（上田市立博物館蔵）／徳川光圀画像（東京大学史料編纂所所蔵[模写]）／浅野長矩（花岳寺蔵）／大石良雄（山口県立萩美術館・浦上記念館蔵）

103 伊能小図（国立国会図書館蔵）／徳川吉宗肖像画（奈良・長谷寺蔵）／平賀源内・シーボルト（国立国会図書館蔵）／松平定信（福島県立博物館提供）／水野忠邦（首都大学東京図書館所蔵）／田沼意次画像・伊能忠敬画像（東京大学史料編纂所所蔵[模写]）／上杉鷹山（米沢市上杉博物館蔵）

104 江戸図屏風（国立歴史民俗博物館所蔵）／徳川秀忠（松平西福寺蔵）／崇源院（江）様 肖像画（京都 養源院蔵）

105 「徳川家系図」画像（国立国会図書館蔵）

107 伝淀殿画像（奈良市県立美術館蔵）／真田幸村・錦絵真田幸村勇戦之図（上田市立博物館蔵）

108 天草四郎陣中旗（天草市立天草キリシタン館所蔵）

109 長崎出島之図（長崎大学附属図書館経済学部分館所蔵）

110 加賀藩大名行列図屏風（石川県立歴史博物館蔵）／上杉鷹山（米沢市上杉博物館蔵）／徳川光圀画像・保科正之画像（東京大学史料編纂所所蔵[模写]）／日新館（国立国会図書館蔵）

111 松平不昧画像 大鼎宗充賛（島根県立美術館所蔵）／閑谷學図（岡山県立博物館蔵）／細川重賢画像（東京大学史料編纂所所蔵[模写]）／大井川・島津重豪（国立国会図書館蔵）

112 むさしあぶみ（国立国会図書館蔵）

114 浅野長矩（花岳寺蔵）／仮名手本忠臣蔵（山口県立萩美術館・浦上記念館蔵）

115 大石良雄（山口県立萩美術館・浦上記念館蔵）／ 大石内蔵助切腹之図（兵庫県立歴史博物館所蔵）

116 江戸城幕末期（横浜開港資料館蔵）／江戸城二重橋（国立国会図書館蔵）

117 大名行列・江戸古地図（国立国会図書館蔵）

118 徳川吉宗肖像画（奈良・長谷寺蔵）／甘藷記・纏持（国立国会図書館蔵）

119 田沼意次画像（東京大学史料編纂所所蔵[模写]）／松平定信（福島県立博物館提供）／水野忠邦（首都大学東京図書館所蔵）／救い小屋（国立国会図書館蔵）

120 二十六夜待（山口県立萩美術館・浦上記念館蔵）／遊女・天ぷら屋（国立国会図書館蔵）

121 二八そば屋・蒲焼き屋（国立国会図書館蔵）

122 武士・町人・花魁（国立国会図書館蔵）

123 女性と子供・遊びのルール・吉原全景（国立国会図書館蔵）

124 伊能忠敬画像（東京大学史料編纂所所蔵[模写]）／伊能小図・日本図（国立国会図書館蔵）

125 新訂万国全図・北蝦夷地部・シーボルト・浅草天文台（国立国会図書館蔵）

126 市川團十郎・好色一代男・松尾芭蕉・本居宣長（国立国会図書館蔵）

127 ペリー提督横浜上陸の図・前田砲台を占領したイギリス軍（横浜開港資料館蔵）

128 ペリー提督横浜上陸の図（横浜開港資料館蔵）／伊能忠敬画像（東京大学史料編纂所所蔵[模写]）／坂本龍馬（高知県立歴史民俗資料館蔵）／徳川家茂画像・吉田松陰画像（東京大学史料編纂所所蔵[模写]）

129 徳川慶喜（福井市立郷土歴史博物館蔵）／高杉晋作・西郷隆盛・近藤勇・桂小五郎（国立国会図書館蔵）

130 ペリー提督横浜上陸の図・ペリー像（横浜開港資料館蔵）／阿部正弘（福山誠之館同窓会蔵）

131 長崎出島（横浜開港資料館蔵）／長崎海軍伝習所絵図（公益財団法人鍋島報效会所蔵）／勝海舟（福井市立郷土歴史博物館蔵）／福沢諭吉（国立国会図書館蔵）

132 徳川慶喜（福井市立郷土歴史博物館蔵）／井伊直弼（井伊家菩提寺 彦根 清凉寺蔵：彦根城博物館提供）／島津斉彬（尚古集成館蔵）／徳川家茂画像（東京大学史料編纂所所蔵[模写]）

133 松平春嶽・山内容堂・伊達宗城・橋本左内（福井市立郷土歴史博物館蔵）／吉田松陰画像（東京大学史料編纂所所蔵[模写]）／徳川斉昭・梅田雲浜・永井尚志・西郷隆盛（国立国会図書館蔵）

135 桜田門外の変の現場（国立国会図書館蔵）／徳川家茂画像（東京大学史料編纂所所蔵[模写]）／和宮（阿育王山阿弥陀寺蔵）

137 生麦事件の現場（横浜開港資料館蔵）／島津久光・小松帯刀・大久保利通（国立国会図書館蔵）

138 池田屋旧蹟写真（東京大学史料編纂所所蔵）

139 近藤勇・土方歳三（国立国会図書館蔵）

140 前田砲台を占領したイギリス軍（横浜開港資料館蔵）／高杉晋作（国立国会図書館蔵）

141 久坂玄瑞・周布政之助・奇兵隊を指揮する高杉晋作・毛利敬親（山口県立山口博物館蔵）／伊藤博文・品川弥二郎・桂小五郎・山県有朋・山田顕義（国立国会図書館蔵）

142 坂本龍馬（高知県立歴史民俗資料館蔵）／中岡慎太郎（中岡慎太郎館蔵）／大村益次郎（国立国会図書館蔵）

144 後藤象二郎（福井市立郷土歴史博物館蔵）／山内容堂・坂本龍馬・新政府綱領八策（国立国会図書館蔵）

145 徳川慶喜（福井市立郷土歴史博物館蔵）／会津若松城・松平容保・岩倉具視（国立国会図書館蔵）／河井継之助（長岡市立中央図書館蔵）

146 木戸松子（国立国会図書館蔵）／幾松（山口県立萩美術館・浦上記念館蔵）／天璋院（尚古集成館蔵）／ お龍（京都国立博物館蔵）／新島襄と八重肖像写真（同志社大学蔵）

147 青島を攻撃する日本軍・シベリア出兵（写真提供：ユニフォトプレス）

148 牙山の戦い・伊藤博文・西郷隆盛・乃木希典・板垣退助（国立国会図書館蔵）

149 明治天皇・福沢諭吉・宮沢賢治・東郷平八郎・横山大観・夏目漱石（国立国会図書館蔵）

150 大久保利通・岩倉具視・大隈重信・板垣退助・西郷隆盛・木戸孝允・三条実美・江藤新平（国立国会図書館蔵）

151 地租改正測量図（秋田県立博物館蔵）／機関車・士族の商法・富岡製糸場・岩倉使節団（国立国会図書館蔵）

152 弾痕が残る土蔵（国立国会図書館蔵）

153 戦闘直後の田原坂（国立国会図書館蔵）／篠原国幹（福井市立郷土歴史博物館蔵）／桐野利秋（維新ふるさと館蔵）／肥後直熊筆西郷隆盛肖像・西郷隆盛軍服（鹿児島県歴史資料センター黎明館蔵）

154 三島通庸・河野広中・福田英子・大井憲太郎（国立国会図書館蔵）／板垣君遭難之図（高知市立自由民権記念館蔵）

155 仮議事堂・衆議院・明治天皇（国立国会図書館蔵）

156 豊島沖海戦・平壌の戦い・威海衛占領（国立国会図書館蔵）

157 下関条約・李鴻章（国立国会図書館蔵）／義和団の乱（写真提供：ユニフォトプレス）

158 203高地（国立国会図書館蔵）

159 乃木とステッセル・連合艦隊・東郷平八郎・秋山真之・三笠（国立国会図書館蔵）

160 統監府・伊藤博文・朝鮮総督府（国立国会図書館蔵）

161 青島を攻撃する日本軍・シベリア出兵（写真提供：ユニフォトプレス）／袁世凱・寺内正毅（国立国会図書館蔵）

162 浅井忠・横山大観（国立国会図書館蔵）

163 湖畔（東京文化財研究所提供）／黒田清輝・狩野芳崖・下村観山（国立国会図書館蔵）

164 安政江戸地震・行水する女性（国立国会図書館蔵）／関東大震災（写真提供：共同通信社）

165 真珠湾攻撃・被爆直後の広島・降伏文書の調印（写真提供：ユニフォトプレス）

166 真珠湾攻撃（写真提供：ユニフォトプレス）／歴代内閣総理大臣・柳条湖事件（国立国会図書館蔵）

167 被爆直後の広島・サンフランシスコ平和条約（写真提供：ユニフォトプレス）／歴代内閣総理大臣（国立国会図書館蔵）

168 浜口雄幸・井上準之助・犬養毅・荒木貞夫・高橋是清・東条英機・山王ホテル（国立国会図書館蔵）

169 柳条湖事件・蔣介石・張学良・第２次上海事変・南京入城・ノモンハン事件（国立国会図書館蔵）

170 真珠湾攻撃（写真提供：ユニフォトプレス）／山本五十六（国立国会図書館蔵）

171 真珠湾攻撃・ミッドウェー海戦（国立国会図書館蔵）／沖縄戦・被爆直後の広島（写真提供：ユニフォトプレス）

172 降伏文書の調印・サンフランシスコ平和条約（写真提供：ユニフォトプレス）／吉田茂（国立国会図書館蔵）

主要参考文献

『詳説日本史』（山川出版社）／『ビジュアルワイド 図説 日本史』（東京書籍）／『詳説日本史図録』（山川出版社）／『日本史B用語集』（山川出版社）／『ゼロからわかる江戸の暮らし』（学研）／『図説・戦国合戦図屏風』（学研）／『国史大辞典』（吉川弘文館）／『日本の歴史』（中央公論社）／『岩波講座 日本の歴史』（岩波書店）／『コンサイス日本人名事典』（三省堂）／『日本の歴史』（講談社）

索　引

青字は人名

あ

か

さ

著者 **橋場日月**（はしば あきら）

大阪生まれ。作家。日本の戦国時代を中心に歴史研究、執筆を行う。おもな著書に『明智光秀　残虐と謀略』（祥伝社新書）、『新説 桶狭間合戦－知られざる織田・今川 七〇年戦争の実相』（学研新書）、『真田三代－幸村と智謀の一族』（学研M文庫）などがある。雑誌、webなどに連載執筆中。

CG制作 **成瀬京司**（なるせ きょうじ）

名古屋在住。編集会社で航空機、産業機器などのイラスト、マニュアル作成に従事後、独立。古代から近世までの歴史関連のCGイラストを多数手掛ける。おもな著書に『CG日本史シリーズ 戦国の城と戦い』（双葉社）などがある。

イラスト　桔川 伸、小野寺美恵
地図製作　株式会社ジェオ
デザイン　株式会社スタジオダンク
DTP　株式会社明昌堂
編集協力　株式会社スリーシーズン、大道寺ちはる
浩然社、堀内直哉

※本書は、当社ロングセラー『大判ビジュアル図解　大迫力！写真と絵でわかる日本史』（2013年10月発行）を再編集し、書名・判型・価格等を変更したものです。

図解《ずかい》 面白《おもしろ》いほどよくわかる！ 日本史《にほんし》

著　者　橋場日月
発行者　若松和紀
発行所　株式会社 西東社
〒113-0034　東京都文京区湯島2-3-13
http://www.seitosha.co.jp/
営業　03-5800-3120
編集　03-5800-3121〔お問い合わせ用〕
※本書に記載のない内容のご質問や著者等の連絡先につきましては、お答えできかねます。

ISBN 978-4-7916-2796-7